Marcellin BOUDET

Les Derniers

Mercœurs

PARIS

PICARD, LIBRAIRE-ÉDITEUR

Rue Bonaparte, 80

—

1906

À Monsieur Léopold Delibes
De l'Institut

Respectueux hommage et reconnaissant souvenir

Les Derniers Mercœurs

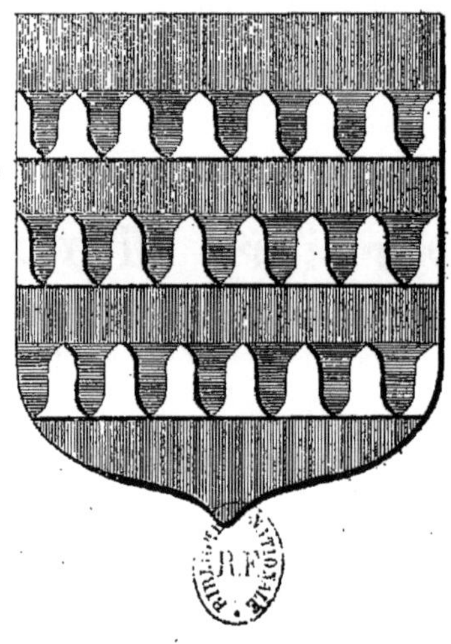

Marcellin BOUDET

Les Derniers

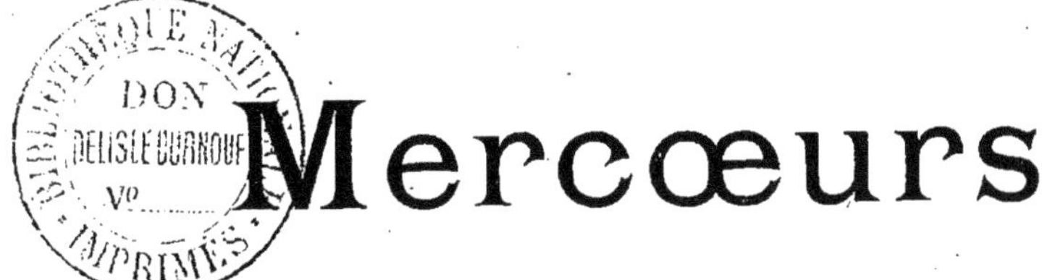

Mercœurs

PARIS

PICARD, LIBRAIRE-ÉDITEUR

Rue Bonaparte, 82

1906

BÉRAUD VII DE MERCŒUR

CONNÉTABLE DE CHAMPAGNE

1272-1321

Les hommes à tout faire et les légistes à tout prendre
de Philippe le Bel ont connu à sa cour un personnage qui
a dû leur paraître bien singulier. Hautain avec les forts,
débonnaire avec ses inférieurs, entêté de ses privilèges
d'indépendance et prodigue de ses intérêts, droit autant
qu'ils sont retors, primesautier autant qu'ils sont calcu-
lateurs, capable de toutes les audaces quand il croit l'honneur engagé, comme eux de toutes les concessions pour
atteindre le but. Il est de l'école de saint Louis par la
piété, le goût fâcheux de protéger les faibles, et de celle
des barons de l'an Mille par la conception politique : le
seigneur maître absolu dans son alleu, gouvernant sa
terre féodale avec un conseil de chevaliers qu'il commande et d'hommes de loi qui le mènent, quitte envers
le roi par le serment de fidélité tenu, le service de l'ost
et du plaid régulièrement acquitté. A l'école moderne il
n'appartient que par le faste et la haute allure.

Issu d'une race carlovingienne qui, depuis le xe siècle,
développait dans l'histoire une longue théorie d'officiers
royaux, de prélats, de fondateurs de monastères et de
saints, simple baron pourtant, il a, de concert avec Philippe le Bel, marié l'une de ses plus proches parentes à

Charles de Valois, propre neveu du souverain, et vu sa cousine, fille de Marie de Mercœur, fiancée à Haquin de Norwège, fils du roi Magnus, le futur Haquin VII, dernier de sa dynastie. Le sang maternel qui gonfle ses veines est celui de Barberousse; il est l'allié des plus grands feudataires du royaume. Il fut enfin le parent des trois reines qui occupèrent le trône de France depuis sa jeunesse jusqu'à sa mort.

Au point de vue territorial, il ne fut pas seulement le plus opulent seigneur de l'Auvergne son pays, il posséda encore des terres considérables dans neuf autres provinces, Bourbonnais, Champagne, Bourgogne, Franche-Comté, Lyonnais, Forez, Velay, Rouergue et Gévaudan, sans compter ses hôtels de Paris et de Lyon.

On l'entrevoit dans le demi-jour de tous les grands événements de son temps. Il commande jeune des corps de bataille, gouverne Lyon récemment conquis, siège au Grand Conseil; et, plus fort par les sympathies personnelles que sa bonne nature inspire que par la puissance matérielle et le talent, il est un instant l'homme de qui dépendent le réveil des ligues, la paix du royaume et l'expédition de Terre-Sainte projetée par le pape. Au début du pontificat de Jean XXII, et à ne consulter que sa correspondance de 1318 et 1319, aucun prince, aucune affaire politique si grave qu'elle fût, n'ont donné lieu à un aussi copieux échange de lettres et d'émissaires que lui entre le souverain pontife, le roi, la reine et les princes du sang les plus rapprochés du trône. Pour écouter ses explications dans un de ses conflits avec le premier ministre de la couronne, le pape ne réunit pas moins qu'un conseil de cardinaux, et le roi Philippe le Long une assemblée des princes et des grands du royaume.

Sa vie est heurtée parce qu'il est un féodal irréductible au moment où la monarchie s'accuse plus autoritaire et plus novatrice, et encore parce qu'il est à la fois sujet de France et d'Empire. Les époques de transition offrent de ces contrastes. La féodalité, il l'incarne dans une assez vaste région. Bon seigneur, c'est le patrimoine d'autorité des ancêtres qu'il défend. Rebelle convaincu, il combat les princes auxquels il est le plus attaché. Sage d'intentions, il déconcerte par ses excentricités; pieux, il a encouru l'excommunication. Il ne laisse rien derrière lui, pas même des enfants; et les débris de son immense fortune, bien supérieure à celle des Latour ses contemporains, de même que l'antiquité de sa race est plus incontestablement démontrée que la leur, ont suffi à former une principauté dont plusieurs membres de la maison de Lorraine se sont honorés de porter le nom.

Cet illustre original est Béraud VII de Mercœur, connétable de Champagne.

Cependant aucun historien, même épisodique, de l'Auvergne ne s'est occupé de lui. On dirait que l'œuvre considérable de Baluze, complément de Justel, a hypnotisé les écrivains de cette province depuis deux siècles, en donnant aux Latours une importance proportionnelle exagérée avant leur accession au comté d'Auvergne, en faisant aussi des seigneurs de Thiers une série de vicomtes qui n'ont jamais existé, au détriment d'autres tribus, alors éteintes, ou n'ayant à leur disposition ni la science énorme du célèbre bénédictin, ni l'or des Bouillons, ni la clef des dépôts monastiques par la main du cardinal Emmanuel-Théodose.

Béraud de Mercœur a beaucoup frappé le dernier historien de Philippe le Long. M. Lehugeur a vu en lui un des types les plus intéressants du règne; si bien, qu'après en avoir assez longuement parlé dans la première partie de son travail, il comptait lui consacrer une nouvelle et plus grande place dans le second volume qui n'a jamais paru. Il n'a pas semblé moins curieux à M. Coulon, l'éditeur des Lettres de Jean XXII, les quelques notes particulièrement développées qu'il lui consacre en témoignent. Béraud de Mercœur a également attiré l'attention

de M. Léopold Delisle qui l'a rencontré en s'occupant de l'annexion de Lyon à la France ; et le meilleur
des savants m'a engagé à publier l'étude que voici sur
ce personnage « nouveau ».

Je suis d'autant plus volontiers son conseil, cette fois
encore, que ma curiosité a été bien souvent éveillée par
le sujet. On ne connaissait guère, en effet, le connétable de Champagne dans son propre pays que par son
testament et ses héritiers, et on l'ignore à peu près complètement au dehors.

Une fois mis sur pied, d'autres peindront mieux ce
sire de Coucy de l'Auvergne.

I.

NOURRI DU ROI. — MARIAGE AVEC ISABELLE DE FOREZ.
LE CONTRAT. — LES DÉBUTS (1272-1302).

Béraud VII devait être le dernier des seigneurs de Mercœur de son nom. Ceux de ses collatéraux qui le portaient
encore à son décès ne devaient pas tarder à s'éteindre, et
la fin du XIV⁰ siècle vit disparaître obscurément cette race
illustre après cinq cents ans d'existence brillante, histori-
quement prouvée.

Il est né vers 1272 et semble n'avoir connu ni son père
Béraud, ni sa grand-mère paternelle Béatrix de Bourbon,
tandis que les noms de sa mère Blanche de Chalon et de
son aïeul Béraud VI de Mercœur reviennent sur ses lèvres
avec vénération, avec amour. Mais à côté de la tutelle de
nature et de droit, il y avait pour le mineur de haute race
et de grande fortune une tutelle politique dite de garde
noble ou de garde royale, privilège du suzerain. Philippe
le Bel eut d'autant moins envie de l'oublier pour le fils de
Blanche de Chalon que l'enfant, petit-fils d'une Courtenay, était aussi par sa mère le neveu du comte palatin de
Bourgogne époux d'Alix de Méranie allié des empereurs
de la maison de Habsbourg. Parent des ducs de Bour-

gogne, des comtes de Champagne rois de Navarre, il tenait en outre à tous les princes de la frontière du royaume
de Bourgogne, d'Arles ou de Vienne. Philippe méditait
l'annexion du comté de Bourgogne (Franche-Comté) qui
fut consommée en 1291. Il prit donc à sa cour, dans les
premières années de son règne, ce jeune parent de sa
femme Jeanne de Champagne, reine de Navarre. Béraud
entrait alors dans l'adolescence.

Il y fut élevé avec les fils et les damoiseaux du roi, et à
ses frais. Un chroniqueur qui l'a vu nous apprend qu'il
était beau ; sa vie agitée nous dit qu'il était brave et bon,
magnifique et ardent. Philippe s'attache à lui. Il le lui
rappellera plus tard, lorsque les guerres féodales les auront
un instant séparés (1). Les sentiments que l'enfant conserva pour le plus calculateur des princes, quand il fut
grand, contrastent par leur réserve, avec son affectueux attachement à la reine Jeanne.

Aussitôt qu'il eût atteint l'âge de l'émancipation, dix-
huit ans, le sire de Mercœur, son grand-père, la lui conféra
[mai 1290] (2), et il lui choisit une femme d'âge raisonna-
ble, au moins égal au sien, qui pourrait être au besoin son
conseil. Avec le concours de sa belle-fille Blanche de Chalon, intermédiaire tout naturel de cette union (3), il lui fit
épouser la fille du comte Guy VI de Forez, issu des Dau-

(1) « Ipse vero (Beraudus de Mercorio) caritatem quam ad eum habebamus, quem
autem *carum alumpnum habueremus, et, apud nos*, multis commodis et honoribus
preveneramus », dit Philippe le Bel dans ses lettres données à Passy, au mois de mai
1309, à propos d'une prise d'armes de Béraud. *(Arch. nat. JJ. 59, p. 90.)* Ailleurs
il est appelé son nourri, *nutritus Regis.*

(2) *Arch. nat. P.* 1400⁵, *cotes* 975 *et* 986. Deux vidimus originaux de 1321 sous
le sceau du prévôt royal de Palluet, faubourg de Saint-Pourçain (Allier). Le titre devait être aux archives du château d'Ussel. (Chaverondier. *Invent. des titres du comté
de Forez*, n° 975. *p.* 280. *Cf.* n°. 1007, *p.* 287.)

(3) C'était, en effet, le premier mari de Blanche de Chalon, Guichard VI de Beaujeu, fils d'Humbert connétable de France, mort le 26 mai 1265, qui avait enrichi la
maison de Forez du Beaujolais et de sa grosse succession territoriale, en instituant pour
héritière sa sœur Isabelle femme du comte Renaud de Forez. Or, cette Isabelle de Beaujeu était la grand'mère et la marraine d'Isabelle de Forez, la fiancée de Béraud VII
de Mercœur.

treprises possibles d'un homme jeune, ambitieux, pouvant s'appuyer sur la France ou sur l'Empire, suivant les circonstances. Les Mercœur se prêtèrent complaisamment à cette anormale quittance par un acte séparé en date du 3 juin suivant (1).

Enfin le bon grand-père se dépouilla de tout et remplaça la donation à cause de mort par un abandon immédiat de tous ses biens au profit de son fils Odilon, prévôt de Brioude, et de son petit-fils Béraud, ne se réservant que l'usufruit de la châtellenie de Mercœur et une modeste rente de 500 livres (2). Odilon eut la châtellenie de Saugues, en outre de celle de Murs qu'il avait déjà reçue; le jeune Béraud eut tout le reste, et quelques années plus tard Saugues et Murs lui revenaient par la mort d'Odilon (3).

Le vieux sire de Mercœur n'ayant plus rien à donner, le dialogue s'arrêta et le contrat de mariage fut clos dans ces conditions le 10 juin 1290 (4). Cette union assurait au marié la possession du comté de Forez si Jean Ier décédait sans postérité, car leur père, Guy VI, lui avait substitué Isabelle, sa fille aînée, par ses testament et codicille de 1277 (5). Béraud reçut de sa femme, outre le montant du legs paternel, le château de Cleppé en Forez, « afin, est-il dit au contrat, qu'elle pût être mariée plus honorablement au sire de Mercœur (6) », tellement la maison

(1) *Arch. nat. P.* 1394², *cote* 68. Orig. en deux exemplaires.

(2) Des lettres du prévôt Odilon de Mercœur données dix jours après le mariage attestent que son père Béraud s'est dépouillé de tous ses biens « en faveur du mariage de Bérault de Mercœur, son nepveu et Isabeau, fille de Guy, comte de Forestz ». (*Ibid. n° 971, p.* 279). V. aussi, pour Odilon : *Spicileg. Brivat.* en 1285.

(3) Avant la fin de l'année 1301. La situation de la châtellenie de Murs est marquée par la commune de Saint-Pal-de-Murs, canton de La Chaise-Dieu, arrondissement de Brioude (Haute-Loire). Le château de Murs était dans la commune de La Chapelle-Bertin, contiguë à celle de Saint-Pal-de-Murs (même cant.) Odilon ratifia la donation faite par son père à son neveu le 9 juin 1290, sous certaines réserves. *(Arch. nat. P.* 1400³, *cote* 971. Orig.)

(4) *Inventaire précité, n°* 68 *p.* 27-28.

(5) La Mure, *Hist. des ducs de Bourbon et des comtés de Forez, II* pp. 283-284, 286 *et* 298 *note* 1.

(6) La Mure. *Loc. cit. II, p.* 298.

de Forez réputait le parti avantageux. Ce château n'ayant pu être livré, il fut remplacé par celui de Sury-le-Bois (1).

Dans toute cette affaire le vieux Mercœur s'était montré digne et généreux ; le jeune Jean de Forez, âpre et serré, comme un homme qui, en ce moment, se préparait à acheter la ville de Roanne (2). Quant au marié, à peine moins âgé que son beau-frère, il paraît être resté absolument étranger aux questions d'intérêt ou n'avoir montré pour elles que de l'indifférence. Le comte Jean persistant dans sa touchante confiance en son jeune beau-frère, ne voulut payer la dot qu'entre les mains du grand-père tant qu'il vécut (3).

Celui-ci était, il est vrai, une sorte de patriarche jouissant d'une très grande autorité dans la province. Lorsque les comtes de Rodez et les vicomtes de Murat se décidèrent à mettre un terme à leur querelle séculaire au sujet de la suzeraineté du vicomté de Murat, qui avait occasionné tant de désordres en Haute-Auvergne, ils s'accordèrent à s'en rapporter à la décision de trois arbitres choisis dans ce que la haute chevalerie de la région comptait de plus capables et de plus loyaux prud'hommes, et le premier qu'ils désignèrent fut le vieux Mercœur, à qui furent adjoints Astorg d'Aurillac et Gilbert de Peyre seigneur de Pierrefort. Ce fut dans une solennelle assemblée des représentants du clergé, de la noblesse et des jurisconsultes des Montagnes, tenue à Saint-Flour le 1er juin 1285, qu'ils rendirent une décision dont la sagesse et la clarté ramenèrent la paix dans le pays. Elle ne se contentait pas d'attribuer la suzeraineté du vicomté de Murat aux comtes de Rodez, en leur qualité de vicomtes de Carlat, elle pré-

(1) Suivant acte du fidèle Bodocher. (*Inventaire de Chaverondier, n*os 1132, 1139 *et* 100.)

(2) Quelques mois après, la même année, il réussissait à acheter la moitié de la ville ; et il acheta l'autre moitié aux héritiers de Beaujeu, en mars 1293.

(3) *Ibid. n*os 1001, 968 *et* 970. Elle fut payée par fractions. Jean versait encore des acomptes en 1293 et 1294.

cisait aussi quels châteaux relevaient du roi, et quels d'autres seigneurs (1).

En même temps que le mariage de Béraud, en 1290, se célébra le mariage de son oncle maternel, Jean de Chalon-Rochefort, comte d'Auxerre, avec Marguerite de Beaujeu, issue de Louis et d'Eléonore de Savoie, fille du comte Thomas II. L'oncle et le neveu épousaient les deux petites-filles du comte Renaud de Forez et d'Isabelle de Beaujeu fille du connétable Humbert V, héritière de sa maison. Le jeune Béraud n'était d'ailleurs pas un étranger pour les Beaujeu : sa mère était veuve en premières noces de Guichard V, sire de Beaujeu, fils aîné du connétable et parent de saint Louis. On voit quels intimes mélanges unissaient ces familles (2). Ces Chalon étaient aussi intrépides au mariage qu'à la guerre. Veuf d'Elisabeth de Lor-

---

(1) Arch. du Cantal. Transcription. (Saige et Cte de Dienne. *Documents relatifs à la vic. de Carlat, I*, 189-198.)

(2)

Guy V comte de Forez.	*Humbert V*
× 1241. A 1º Mahaut de Bourbon ; 2º Ermengarde de Sully ; 3º Mahaut de Courtenay, fille de Pierre et d'Agnès de Nevers.	sire de Beaujeu, connétable de France. × 21 mai 1250. A Marg. de Baugé (Bugey) en 1218.

Renaud comte de Forez	*Isabelle de B.*	*Guichard de B.*
× 13 déc. 1270. Marié en décembre 1247 à *Isabelle* de Beaujeu (ci-contre) :	héritière.	× 29 mai 1265 s. p. A *Blanche de Chalon*, remariée à *Béraud de Mercœur* père de Béraud VII.

Guy VI comte de Forez et de Nevers × 19 janvier 1278. A Jeanne de Montfort (1268).	*Louis* sire de Beaujeu × 23 août 1296. A Eléonore de Savoie, fille du comte Thomas III (1272).

Jean comte de Forez et de Nevers. × 3 juillet 1333. A Alix de Viennois (1296), fille de Humbert Ier Dauphin et sœur : 1º de Béatrix femme de Hugues de Chalon sire d'Arlay ; 2º de Catherine femme de Philippe de Savoie et 3º de Marie femme d'Aymar III comte de Valentinois, morte en 1309.	*Isabelle* × 1333 à *Béraud VII de Mercœur* (1299).	*Laure* relig. à Bonlieu.	*Guichard VI* de B. le Grand. × 18 sept. 1331. A 1º Jeanne de Genève (18 juin 1300) ; 2º Marie de Châtillon, fille de Gaucher, connétable de France ; 3º Jeanne de Châteauvilalain.	*Marguerite* 3e femme de Jean de Châlon comte d'Auxerre (1290). Mort en 1309.	9 autres enfants.

raine, fille du duc Mathieu II et d'Alix de Bourgogne,
comtesse d'Auxerre, morte en 1290, Jean II de Chalon
ne perdait pas de temps et, de suite, à l'exemple de son
père Jean Ier dit le Sage ou l'Antique, qui avait eu trois
femmes, il convolait en troisièmes noces, les cheveux gris
sinon blancs, avec une toute jeune fille, presque une
enfant.

Lequel était le plus obéré du beau-père et du gendre,
on ne sait. Toujours est-il que le comte d'Auxerre éprouva
les plus grandes difficultés pour arracher au sire de Beaujeu, morceau à morceau, à coups de saisies, les 10,000 liv.
de petits viennois constitués en dot à sa femme, en outre
du château de Montmélas, près de Villefranche-sur-
Saône. Il fallut que Philippe le Bel intervînt en personne,
et que la reine en payât généreusement une partie, de sa
bourse, au marié qui était son cousin (1). Par son testament du mois de mai 1294, Louis de Beaujeu substituait
Marguerite à ses fils dans le Beaujolais et ses autres terres (2) ; mais comme elle avait quatre frères, elle ne bénéficia pas plus de cette substitution qu'Isabelle de Forez,
femme de notre Béraud, ne bénéficia de sa substitution
aux comtés de Forez et de Nevers.

Blanche de Chalon ne fut pas moins vigilante que son
beau-père contre une prodigalité que tous ont semblé re-
douter ; et, dès 1291-1293, on la voit employer en achats
de terres en Champagne, pour son fils, une bonne partie
des sommes qu'il doit toucher sur la dot. Beau-père et
belle-fille s'entendent pour lui créer un établissement
digne de lui en Champagne près de la cour, et ils obtien-
nent de la jeune femme l'engagement de ne rien réclamer
de cet acquêt (3).

---

(1) *Arch. nat.* P. 1382², *cote* 1603 ; 1390, *cote* 492 ; 1370 *cote* 1900. Trois mois
avant sa mort, Louis de Beaujeu faisait encore déférer le serment à son gendre sur les
paiements arrachés de lui, par acomptes partiels et minimes. *(Ib.* P. 1358, *cote* 1603).

(2) *Arch. nat.* P. 1370⁴, *cote* 1900.

(3) *Ib.* 1400³, *cotes* 968 *et* 1001.

En 1294, le vieux Béraud notifiait au Dauphin d'Auvergne la donation générale qu'il avait faite à son petit-fils, avec requête de le recevoir à hommage en sa place pour les terres qu'il tenait du Dauphiné (1). Ce fut son dernier acte ; il mourut peu après dans un âge très avancé. Jusqu'à l'extinction de ses forces, sa verte vieillesse s'était employée à être l'économe administrateur des biens dont il s'était dépouillé ; il se fit l'intendant de son petit-fils après avoir été son bienfaiteur.

La belle-mère du jeune Béraud, fille de Philippe de Montfort, comte de Castres, maréchal de Charles Ier d'Anjou roi de Sicile, remariée en 1285 avec Louis de Savoie seigneur de Vaud et du Bugey, frère du comte Amé V (2), et les deux sœurs de celle-ci, Laure femme de Bernard V comte de Commingues et Eléonore, femme de Jean comte de Vendôme, l'apparentaient dans deux parties de la France où il avait jusque-là peu de liens. Les deux frères de Jeanne de Montfort, Jean comte d'Aquilée et seigneur de Tyr, chambellan du roi de Sicile, et Rupin de Montfort époux d'une Chypriote Marie d'Ibelin, les nombreuses autres alliances de sa famille à lui avec les

(1) Invent. Chaverondier, n°s 125, 958, 978, 1001. Béraud VII se dit, en janvier 1292-1293, « fils de feu Béraud de Mercœur, jadis fils de Béraud de Mercœur » dans la quittance d'un acompte de 1,000 livres pour solde des 9,000 livres de dot de sa femme Isabeau, dont 8,000 ont été payées à son grand-père ; mais il ne dit pas clairement que ce dernier fût mort ; les 1,000 livres restant pour parfaire les 10,000 promises furent données par Jeanne de Montfort, mère de la future.

En 1294, Béraud, le grand-père, expose à Robert, dauphin d'Auvergne et comte de Clermont, « qu'il avoit par avant émancipé monseigneur Bérauld, son nepveu, et fils a mondit seigneur Bérauld, fils, chevalier, et aysné dudit suppliant ; et, oultre, lui plust pour ce aussi que led. suppliant avoit cédée, donnée et transportée toute sa terre et seigneurie audit son nepveu, de laquelle ja l'avoit et induit et mis en possession, de recevoir et mettre à fief et hommage des terres et seigneuries qu'il tenoit de lui... Scellée du scel propre dud. suppliant au pendant, datée de l'an mil CC IIII-xx XIIII. (*Invent. des titres de la grosse tour d'Ardes, Mercœur, etc... Mss Crouzet, Bibl. de Clermont. Copies de pièces du fonds Baluze.*)

(2) Leur fils, Jean de Savoie, épousa, en 1329, Marguerite de Chalon, cousine de Béraud VII.

maisons de Flandre et de Savoie, notamment Philippe de
Savoie prince d'Achaïe, les Courtenay, et tout ce que
l'Orient latin avait connu de plus grand, emplirent de
bonne heure ses oreilles de rois de Thessalonique, d'empereurs de Constantinople, de princes sonores d'outremer
et de tous les souverains plus ou moins illusoires de la
Palestine. Ce milieu ne pouvait manquer d'impressionner
son imagination ardente et sa foi de paladin. Son rêve
sera bientôt la croisade et une conquête nouvelle du tombeau du Sauveur. Pour le moment, il n'est encore que
damoiseau, le 23 mai 1295 (1).

Il tarda peu, d'ailleurs, à recevoir le ceinturon chevaleresque. Peut-être fut-ce dans l'un de ces tournois de
Montaigu, de Chelles, de Tours ou de Senlis où deux
princes de ses parents, Robert, comte de Clermont, sire
de Bourbon, et Charles de Valois payèrent de leur personne et où il se fit une telle hécatombe de chevaux
que, de 1297 à 1299, Robert en perdit à lui seul vingt
et un (2).

En attendant, grâce aux libéralités de son aïeul, le nouveau sire de Mercœur peut faire bonne figure à la cour de
Philippe le Bel quand il y reparaît. Le souverain con-
tribue à la faire plus brillante encore à ce jeune seigneur
à qui la mort peut donner du jour au lendemain les
comtés de Forez et de Nevers, en lui constituant une
forte rente sur le trésor dont il touchait le second
terme en 1299, sur les revenus royaux d'Auvergne (3).
Depuis qu'il avait acheté le comté de Bourgogne au
palatin Othon IV de Chalon, cousin germain de Béraud

(1) *Arch. nat.* P. 1400⁵, *cote* 982. Deux actes des 19 et 23 mai 1295.

(2) Voir le compte de ces chevaux : *Arch. nat.* P. 1400⁵, *cote* 982.

(3) On lit dans le compte de Géraud de Paray, bailli royal d'Auvergne pour 1299 :
« Beraldo domino de Mercorio, de mandato, propter constitutionem domini regis, et
per litteras patentes, pro solutione secundi termini Vᵉ LXXIII l. xs. ». (*Arch. nat.
K.* 496 *f.* 403). Chassaing a publié ce compte dans son *Spicilegium*, p. 256. Deux
trimestres représenteraient une rente annuelle de 1,147 livres tournois; le bailli ne
dit pas que ce soit le dernier; et il faisait trois versements par an au trésor.

en 1291, depuis surtout qu'une seconde fille et un fils étaient nés au palatin après cette cession. Philippe ne perdait aucune occasion de s'attacher les seigneurs comtois. La plus puissante maison de cette province était incontestablement celle de ses maîtres, les Chalon, et ce furent les oncles de Béraud, Jean de Chalon-Rochefort, comte d'Auxerre, et Jean de Chalon sire d'Arlay, époux de Marguerite de Bourgogne, qui menèrent contre lui, sous les auspices de l'empereur, le parti national hostile à l'annexion. Béraud, appelé à recueillir de multiples et vastes seigneuries en Haute-Bourgogne dans les partages de la maison de Chalon et qui les eut en effet, bénéficia de cette situation. Il vivait à la cour avec ses cousines les deux filles du palatin, Jeanne et Blanche alors fillettes, qui devaient épouser bientôt (1308) les deux fils du roi, Philippe le Long et Charles le Bel. Il reçut aussi de la reine Jeanne ou du roi lui-même de belles terres en Champagne.

Cela ne l'empêchait pas d'arrondir son domaine d'Auvergne et d'y revenir. Il n'y a rien de moins sédentaire que lui. En 1301, après avoir hérité de son oncle Odilon le prévôt de Brioude, il fait avec Robert VI comte d'Auvergne un échange en vue d'un meilleur groupement de leurs possessions. Béraud cède au comte ce qui est venu à sa famille, soit de ses alliances avec les Chamalières et la maison Dauphine, soit des libéralités de Philippe-Auguste, c'est-à-dire ce qu'il possède à Chamalières près Clermont, à Montrognon, Manson, Nébouzat, Chanonat, Aubière, Pérignat, « entre le château de Montferrand et la ville de Cebazat », dans les châtellenies de Rochefort et de Vernines, à Mazayes et à Volvic; le comte lui donne en échange tout ce qu'il a sur Arlanc, Peyrusse, Taillac, Langeac et Pinols, ces trois dernières localités reliant son Mercœur du Brivadois avec ses châtellenies de Saugues, de Ruines et ses grandes terres du

Gévaudan. Il en reçoit de plus un retour de 800 livres tournois (1).

Le premier acte de quelque importance de Béraud en Haute Auvergne dénote son caractère. Un de ses plus importants vassaux, Bertrand de Rochefort, seigneur de Rochefort et du Saillant, était entré en guerre avec le prieur haut justicier de Saint-Flour (2) qui obtint l'alliance de la commune assez indépendante de cette ville. Les Sanflorains vainqueurs dans un combat livré entre 1299 et 1301 à Sebeuge, près d'Andelat, exercèrent des représailles sur les terres du vaincu et de son suzerain aux environs de leur ville. Béraud les fit poursuivre en justice et les reçut presque aussitôt à composition au prix de 1,000 livres tournois ; mais, en 1302, il leur faisait royalement remise complète de cette indemnité. Ce n'était pas là l'économie du grand-père, c'était plutôt l'école du souverain à la cour duquel il vivait : autorité dans la répression, largesse à la soumission. Comment ne se serait-il pas senti porté, du reste, à l'indulgence pour le droit des autres à la guerre privée, lui qui le revendiqua toute sa vie pour lui-même et l'exerçait en ce moment sur ses terres du Gévaudan.

II.

Commandement dans la campagne de Flandre. — Au siège de Saint-Omer ; a la bataille de Mons-en-Puelle. — Le beau Mercœur (1302-1303).

Après la défaite de Courtray (1er juillet 1302), Philippe le Bel prit des dispositions énergiques pour réparer les effets de ce désastre. Il assembla la plus grande armée qu'on ait vue sous les Capétiens directs dans des guerres étrangères aux questions religieuses, et il demanda de lourds sacrifices à la nation, la noblesse en tête.

(1) Copie du Fonds Baluze. Mss. Crouset, vol. à coins de cuivre ; à la Bibl. de Clermont.

(2) *Cartulaire de Saint-Flour.* (Sous presse).

Dans la détresse du fisc royal, Béraud de Mercœur fut un des rares grands barons à qui Philippe le Bel s'adressa nommément, bien qu'il ne fût revêtu d'aucune fonction (1302-1303). Il écrivit à ceux d'Auvergne de faire porter à la monnaie la moitié de leur vaisselle d'argent et d'obliger les autres personnes du pays à imiter leur exemple. Par le même courrier, il enjoignait au bailli d'Auvergne et à d'autres officiers comptables d'y porter toute la leur. Il s'agissait, dit-il, de la défense du royaume, lisez la guerre de Flandre. Son ordonnance, du 30 janvier 1304 (n. st.), fixa le contingent des nobles à fournir pour un service de quatre mois à partir de juin. Chaque noble possédant de 500 à 1,000 livrées de terre, ce qui équivalait de 500 à 1,000 livres de rentes en biens fonds, devait envoyer « un gentilhomme bien armé, monté sur un cheval de 50 livres tournois et couvert soit d'une armure de fer, soit d'une armure pourpointée (1) », plus un homme d'armes par chaque 500 livrées de terre en sus (2). Nous avons l'état des hommes à fournir pour cette levée par les nobles d'Auvergne. Sur 365 hommes d'armes du contingent produit par l'application de l'ordonnance, Béraud devait en fournir à lui seul 60, le sixième de toute la province. Seul, le comte Robert VI en amena plus que lui, 100 hommes pour ses deux fertiles comtés d'Auvergne et de Boulogne. Le Dauphin d'Auvergne, Guillaume Flotte le fils du chancelier enrichi par son maître, et Guérin Aycelin ne figurent chacun que pour 20 hommes (3). En calculant sur la base de l'ordonnance, cet état implique-

---

(1) Sorte de plastron d'étoffe solide ou de cuir très rembourré remplaçant la cuirasse et qu'on appelait vulgairement un jaque ou jacque.

(2) *Arch. nat. JJ.* 46, *n°* 120. Les non-nobles étaient taxés à 6 hommes armés ou une contribution de 100 livres pour chaque 500 livrées de terre ; les communes à 4 hommes armés par 100 feux.

(3) Les seigneurs de Montboissier, de Rochesavine, d'Allègre, de Tinières, de Vissac, de Blot, de Bréon, Guillaume Comtour sire d'Apchon, Chatard de Vichy, les seigneurs de Chastel-de-Montagne, de Chalus, ne sont portés que pour 10 hommes seulement chacun.

rait pour le sire de Mercœur une fortune d'environ
30,000 livres tournois de revenus en terres, soit près de
3 millions de rentes d'aujourd'hui en valeur relative du
temps et du pays. Plus d'un prince du sang n'en possédait
pas une pareille.

L'armée devait opérer sa concentration à Douai, à l'abri
de la place de Lille ; mais il fallait la couvrir plus au
nord pour lui permettre de se former. Un corps de troupes
fut lancé en avant à Saint-Omer, qui était à nous. Philippe le Bel en partagea le commandement entre Béraud
de Mercœur, Aimery de Neuville et Jacques de Bayonne,
lieutenant du connétable Gaucher de Châtillon, et les
deux maréchaux de France Miles de Noyers et Foucaud
do Mello. Le connétable ne tarda pas à les rejoindre (1).
L'armée flamande s'avança pour assiéger Saint-Omer.
Menacé d'être coupé du gros de l'armée française, Châtillon sortit de la ville avant qu'elle ne fût investie, et
peut-être pour opérer une diversion. Béraud de Mercœur
délogea pour le suivre ; il ne fut pas plutôt hors des murs
qu'il eut du regret d'abandonner à ses seules ressources,
au moment du danger, une ville qui nous avait donné des
preuves éclatantes de sa fidélité. Après en avoir conféré
avec Pierre de Beaufremont, il revint s'enfermer dans la
place. Les jours suivants, il contribuait, avec les autres
généraux français, à organiser la défense ; un des plus
solides chevaliers d'Auvergne, Pons de Vissac, était mis
par eux à la porte d'Aire (2), et ils passaient les nuits à
visiter les postes de garde avec les chefs des bourgeois.
Quand les bannières flamandes furent en vue, on incendia
les faubourgs pour que l'ennemi ne pût s'y loger. Cette

(1) « Si envoia (Philippe le Bel) à Saint-Omer ung moult vaillant chevallier tenant
lieu du connestable de France qui fut appelé Jacques de Bayonne, et ung moult riche
baron nommé Bérault de Marcuel et les deux mareschaux de France sire Milo de Noyers
et sire Foucaut de Melle, etc...». (*Rec. des hist. XXII, p.* 384. *A.)*

(2) Le chroniqueur estropie son nom en « Pons de Bissac, chevallier d'Auvergne »,
(*Anc. chron. de Flandre. Rec. des hist. XXII, p.* 392. *F.)*

héroïque mesure déconcerta les Flamands et les fit reculer. Au bout de dix jours, ils levaient le siège [juillet 1303] (1). Un autre chroniqueur dit que leur armée, forte de 30,000 hommes, franchit le pont d'Arques, près de Saint-Omer, pour entrer en Artois (2).

Le 18 août suivant, Béraud assistait à la bataille de Mons-en-Puelle où fut vengée la défaite de Courtrai. Le soldat chroniqueur, qui nous a laissé une description si détaillée de cette bataille à laquelle il a pris part, fut frappé de la haute mine d'un chef parmi tant d'autres, et il en a marqué le souvenir dans sa chronique rimée : « Marcueil qui bel à cheval est ». Il le signale deux fois, d'abord avec le groupe des seigneurs d'Auvergne, le comte Robert VI de Boulogne, Guichard sire de Beaujeu, Guillaume Comtour (sire d'Apchon), le sire de La Tour, Gilles Aycelin, Aimery ou Aimar de Neuville, le seigneur de Bréon ; une autre fois avec le comte Jean II de Dreux, et non loin du « preux Jean de Chalon (3) ». Dans les deux groupes il était en famille. La bravoure à part, qualité qu'il a commune avec ses pareils, la richesse du train et la superbe prestance de Béraud sont les signes particuliers par lesquels il se distingue aux yeux des contemporains étrangers; tel un chevalier des chansons de gestes. Dans le rôle des nobles d'Auvergne appelés au service du roi à la fin de 1304 pour cette campagne de Flandre, il figure encore le premier après le comte et le Dauphin (4) ; et, dans d'autres appels du ban, il est taxé à un contingent

(1) Mêmes chroniques. (Ibid. XXII, p. p. 384 A ; 391, 392. A. G.)

(2) En ajoutant que les Français avaient pour chefs à Saint-Omer Gaucher de Châtillon, Miles de Noyers, Aimery de Neuville et « Béraus de Marqueil ». (Chron. de Jean Desnouelles. Rec. des hist. XXI, 193, D.)

(3) Guillaume Guiart. La Branche des royaux lingnages. (Rec. des hist., XXII, 289 et 290 C.)

(4) Rec. des hist., XXIII, 806, C. — Après « Messires Beraut de Marqueil », Guillaume Flotte, seigneur de Ravel fils du chancelier de Philippe le Bel tué récemment à Courtrai, et le sire de La Tour, figure « Monsieur P. de Marqueil ». Peut-être y a-t-il erreur d'initiale et s'agit-il de Guillaume de Mercœur, seigneur de Gerzat, cousin de Béraud.

très supérieur à celui du Dauphin. Seul encore le comte, plus intéressé que personne aux guerres de Flandre à cause de son comté flamand de Boulogne, y conduit plus de chevaliers que lui.

Fût-ce en récompense de ses services dans les campagnes de Flandre qu'il fut fait connétable de Champagne, terre personnelle de la reine, je ne sais. Mais il est certain qu'il occupait ces fonctions au mois de juin 1305 (1), et qu'il portait une affection particulière à la reine Jeanne, femme de Philippe le Bel, morte l'année précédente. Il est d'autant plus probable qu'il lui dut cette marque d'estime et d'honneur que Philippe laissait une très grande part à sa femme dans le gouvernement de ses états personnels (2). Ce serait donc en 1304 au plus tard, qu'il aurait reçu la connétablie.

Il fit une perte immense en cette même année 1304. Sa mère mourut (3). Jusque-là il avait mené une existence heureuse, brillante et pleine de rectitude ; en perdant sa mère il en perdit la pondération. Blanche de Chalon paraît

(1) Béraud de Mercœur en porte le titre dans son traité conclu à Lyon, en juin 1305, avec Jean Dauphin, alors comte de Gapençais, fils aîné d'Humbert Ier, dauphin de Viennois auquel il succéda. *(Arch. de l'Isère. Chambre des comptes. Série G, n° 3164 Orig.)*.

(2) Philippe IV ne gouverna jamais seul la Champagne. Il n'agissait qu' « avec le consentement de sa femme » pour les actes d'administration générale et ne prenait pas plus le titre de comte de Champagne qu'il ne porta celui de roi de Navarre. (Boutaric. *La France sous Philippe le Bel*, page 6.)

(3) Au mois de juillet 1304, Guichard VI, sire de Beaujeu, donne 10 livres viennoises de rente sur le péage de Belleville au prieuré de la Déserte de Lyon « récemment fondé » par Blanche de Chalon, dame de Belleville, dont sa femme Jeanne de Genève (fille du comte Aymon II) « *avait été* » la nièce. *(Arch. nat. P. 1390, cote 412, Orig.)*. Elle est donc morte avant juillet 1304. Elle vivait encore le 18 août 1302, date d'un traité entre elle et son beau-fils Guichard VI, sire de Beaujeu, au sujet de son douaire. Comme elle n'avait pas eu d'enfants de Guichard V, elle se montra fort conciliante. Elle reçut 1,650 livres viennoises et la propriété des seigneuries de Chevagny et « Rognens » (Rognaix en Savoie?) qu'elle détenait en gage de la restitution de sa dot. Mais elle se réserva l'usufruit des terres de Belleville, Martinet, La Rivière (Rhône), Thoissey (ch.-l. de canton, arr. de Trévoux), Arnas (canton de Villefranche-sur-Rhône), et Juliénas (canton de Beaujeu, arr. de Villefranche). *(Mêmes arch. P. 1388², cote 47)*.

avoir été une femme de grand sens et de haute vertu, telle qu'en avait fait le règne de saint Louis. Veuve de bonne heure, ordonnée et pieuse, elle avait appris à bien gérer ses affaires, à se défendre contre les entreprises injustes de ses voisins (1). Elle paraît aussi s'être contentée de son douaire, pour faire à son fils une plus haute situation, qui grandit encore lors du dernier partage des Chalons opéré en 1309, après le décès de Jean II comte d'Auxerre, chef de la branche issue du mariage de Jean l'Antique avec Isabeau de Courtenay. Dame douairière de Belleville en Beaujolais et de Chavannes en Franche-Comté (Jura, arrondissement de Lons-le-Saunier) du chef de sa famille, elle résidait ordinairement dans sa fort belle terre de Belleville-sur-Saône, à portée de Lyon où elle avait un hôtel et dont elle se rapprocha sur la fin de sa vie. Je crois même qu'elle mourut dans cette ville. Elle avait fait du bien un peu partout, surtout à Villefranche, et son dernier acte de bienfaisance fut la fondation du monastère de femmes connu alors sous le nom de la Déserte, à Lyon. Les constructions étaient à peine commencées à sa mort, si toutefois elles l'étaient.

A partir de ce moment, la vie de Béraud devient bruyante et des plus mouvementées; ce n'est plus qu'une longue suite d'aventures.

(1) Au mois de novembre 1299 notamment « Blanche de Chalon dame de Mercuil », achète et amortit la moitié du péage de Belleville à titre d'aumône aux Frères Mineurs de Villefranche. (*Arch. nat. P.* 1389-1, *cote* 150). Guichard VI de Beaujeu l'appelle sa tante dans cet acte. Déjà au mois de juin 1282, « Blanche de Chalon dame de Belleville, veuve de Guichard sire de Beaujeu, et ensuite de Béraud de Mercœur, fils de Béraud de Mercœur », leur avait donné, pour le repos de son âme, 5 sous viennois de rente par jour valant 91 livres de rente par an, qu'elle s'engage à asseoir sur bonnes terres. C'était le revenu d'une petite seigneurie. (*Ibid. P.* 1,366-1, *cote* 1,480.)

III.

LES PREMIERS ÉTATS GÉNÉRAUX. — L'OPINION AUTOUR DE BÉRAUD
ET DANS LA PROVINCE SUR LE CONFLIT DU ROI ET DE BONI-
FACE VIII. — IL EST ADMIS AU GRAND CONSEIL. — MISSION POLI-
TIQUE AVEC PLASIAN ET NOGARET. — LES PREMIERS ÉTATS PRO-
VINCIAUX D'AUVERGNE (1302-1304).

Pendant que l'on guerroyait sur la frontière du Nord, le
violent conflit du roi avec Boniface VIII, l'innovation des
Etats généraux et l'appel direct du gouvernement royal
à la couche populaire pour en obtenir des hommes et des
subsides dont il fixait lui-même le montant proportionnel
sur la terre des seigneurs au mépris de la constitution
féodale, bouleversaient les esprits dans l'intérieur de la
France. L'attitude d'un familier de la cour, aussi loyal
feudataire que respectueux de l'Eglise et soucieux de ses
propres droits, devenait difficile.

Le nom de Béraud de Mercœur ne figure pas parmi
ceux des grands du royaume qui approuvèrent la conduite
du roi contre le pape dès l'ouverture de la mémorable
assemblée du 10 avril 1302 où, pour la première fois connue dans l'histoire, les trois classes de la nation furent
simultanément convoquées par le souverain dans un but
politique. Mais sa famille paternelle et maternelle la plus
proche, ses oncles Jean de Joigny et les deux Jean de
Châlon, le sire d'Arlay et le comte d'Auxerre, son beau-
frère Jean de Forez, son cousin germain Aimar de Poitiers comte de Valentinois et de Diois, ses parents les
comtes de Dreux et d'Evreux, Guichard VI de Beaujeu,
les ducs de Bourgogne et de Lorraine, Renaud de Châlon
comte de Montbéliard et Robert VI comte d'Auvergne,
souscrivaient ce jour-là, à Paris, la lettre collective par
laquelle la noblesse du royaume approuvait l'appel à un
concile général où Philippe voulait faire déposer le pon-

tife (1). Le roi le leur avait « ordonné comme seigneur et les en avait instamment priés comme ami (2) ». En outre ses chevaliers-légistes Guillaume de Nogaret et Guillaume de Plasian, chargés par lui de lancer l'appel au concile et de le motiver fortement, l'avaient étayé de calomnies énormes et d'une falsification de bulle qui n'est plus contestée aujourd'hui (3).

Différente était l'impression de la noblesse de province qui n'était pas de la cour et de la majorité du clergé. La résistance de ce qu'il y avait de plus indépendant et de plus pur dans l'épiscopat appuyé sur la protestation indignée des cardinaux faisait contrepoids à la pression officielle; et cependant, sur une pareille question, l'opinion du clergé était la plus précieuse de toutes pour Philippe le Bel qui se posait en défenseur désintéressé de l'Eglise gallicane. Si dans l'Ile-de-France et le domaine direct, l'audace du prince et de ses légistes trouva de la docilité, le Midi ne bougeait guère ! Philippe n'accepta pas son échec, il revint à la charge par le procédé d'assemblées régionales où il espérait davantage d'une action plus personnelle et plus prolongée de ses commissaires : assemblées de Paris (13 juin 1303), de Montpellier (22 juillet), de Nîmes (7 août), pour ne citer que celles où les gens de l'Auvergne, du Rouergue, Velay et Gévaudan furent appelés.

Les abstentions furent en tel nombre à ces nouvelles assemblées qu'aussitôt close celle de Paris, le roi adressait à ses gouverneurs de provinces l'ordre d'assigner derechef les défaillants à comparaître devant lui et de saisir tous les biens temporels de ceux qui ne se-

______

(1) G. Picot. *Documents relatifs aux Etats généraux et assemblées sous Philippe le Bel*, pp. 12-18. *Lettre des nobles aux cardinaux*. Imp. nat. 1901.

(2) « Precepit ut dominus, rogavit ac precibus instilit ut amicus ». *Op. cit.* *Pièce* V, p. 8.

(3) « Le faux est évident », confesse Boutaric visant spécialement la fameuse bulle *Ausculta fili* (*La France sous Philippe le Bel*, pp. 22 et suiv.).

raient pas partis pour Paris dans les huit jours de la
notification (21 juin 1303) (1). C'était le vote obligatoire
dans toute sa beauté. Il y eut une émulation dans la
recherche des excuses chez les compatriotes et les voisins de Béraud. L'un alléguait la faiblesse de sa com-
plexion comme Bertrand de la Roque prieur des Calmels
en Haute-Auvergne (2), l'autre, un gentilhomme, l'excès
de son embonpoint (3) ; celui-ci son âge, ceux-là leurs occu-
pations comme Gilbert de Peyre, seigneur de Pierrefort et
Astorg d'Aurillac (4). L'abbé de Chantoin n'était pas assez
bon marcheur pour aller à Paris à pied et son abbaye pas
assez riche pour lui fournir une monture (5). Les moines de
Saint-Gilbert de Neufons près des terres bourbonnaises
de Béraud, situées alors en territoire d'Auvergne, ne de-
mandaient pas mieux que d'obéir au roi, quand ils auraient
l'assentiment de leur abbé, lequel pour le moment parcou-

(1) *Arch. nat. J.* 909, *n*° 31 *bis.* L'exemplaire adressé au sénéchal du Rouergue
pour le clergé de son gouvernement nous est seul parvenu ; mais des réponses
faites par les seigneurs, les villes, les prieurs et abbés des diverses provinces, il ressort
que des instructions semblables durent être adressées aux pays limitrophes du Rouergue, en Auvergne, Velay, Gévaudan, etc.

(2) M. Georges Picot (*op. cit.* p. 76), par suite d'une faute de scribe ou de lecture
(*Carmelis* pour *Calmelis*), a pris à tort ce monastère pour celui de Charmeil (Allier).
Il s'agit certainement de celui des Calmels, Caumels ou Escalmels (paroisse de Saint-
Saury, arrondissement d'Aurillac) qui dépendait de l'abbaye de la Couronne d'Angoulême. En effet, la lettre d'excuse du prieur est écrite par « Faucon, abbé de la Couronne », du Breuil, près de Saintes, le 18 juillet 1303. Les officiers royaux qui classèrent
à Paris ces lettres par bailliages ne s'y sont pas trompés. I's ont écrit au dos : *Montanarum Alvernie.* (Arch. nat. J. 909. n° 15). Charmeil n'avait rien à faire avec cette
circonscription, ni avec la Couronne.

(3) « *Propter ponderositatem nostre persone* », écrit Astorg de Bulhon, seigneur
de Sereys, fief situé exactement sur la limite des diocèses de Clermont et du Puy (Lettre
du 19 juillet 1303. Arch. nat. J. 909, n° 102).

(4) Gilbert de Pierrefort, chevalier, lieutenant de Jean de Coucy, sénéchal du
Rouergue, allègue par lettre du 16 juillet 1303, qu'il est trop occupé à réunir les
fonds pour l'armée de Flandre, avec Astorg d'Aurillac. Il députe son fils Bertrand,
(Picot, *op. cit.* pp. 104-107 — Arch. nat. J. 909, 31 *bis,* 25, 41, 44). Le comte de
Rodez profita de ce qu'il avait été convoqué à deux assemblées pour ne venir à
aucune.

(5) Arch. nat. J. 481, n° 104. — Il dit se nommer *Mauziacus,* c'est-à-dire de Mau-
zat, nom en effet d'une famille de Basse-Auvergne de ce temps,

rait l'Espagne (1). Adalbert de Peyre, évêque de Viviers, envoya une vieille et vague procuration d'une date antérieure à la convocation, mandat dérisoire qui fut annulé par les commissaires royaux (2).

Tous n'eurent pas une aussi bonne raison à fournir que Dragonnet de Montauban, abbé d'Aurillac, qui se cassa bien à point la jambe à son retour du Dauphiné son pays natal (3). Il reçut dans son lit au château de Belvès près d'Aurillac la sommation de se rendre à l'assemblée de Paris. Mais telle fut sa crainte, ou si forte la défiance du bailli des Montagnes, que cet officier royal, Etienne de Nérestaing, se transporta de sa personne à Belvès, « inspecta, palpa et repalpa lui-même la jambe droite fracturée », et reçut la déclaration sous serment des trois hommes de l'art qui soignaient le blessé, attestant qu'il ne pourrait se lever d'un mois encore ni marcher sans béquilles d'un autre mois. Le certificat du bailli du 12 juillet 1303 fut joint à la lettre d'excuses de l'abbé au roi en date du même jour (4).

Ni l'abbé de Féniers (Cantal), ni les autres gens d'église vassaux de Béraud ou placés sous son patronage ne se rencontrent parmi les convoqués connus ; et on sait que les commissaires firent un choix. Tandis que la plupart des villes convoquées se montrèrent prêtes à approuver tout ce que le roi déciderait, pourvu qu'elles n'eussent rien à payer, les membres du clergé en grand nombre, n'adhérèrent que terrorisés ou bien en formulant des réserves de conscience qui les laissaient complètement libres.

(1) *Ibid.* 481 n° 104. Lettre du 13 juillet 1303.

(2) *Ib.* 481 n° 104. Lettre du 12 juillet 1303. Il ne donne que son prénom mais il se dit *Dragonetus de Monte Albano* dans la charte de franchises qu'il concède le 26 juillet 1302 à la ville d'Aspres-sur-Buëch [Hautes-Alpes] (M. Boudet. *Les Chartes coutumières et gardiennes d'Aspres-sur-Buëch*. Bull. de l'Acad. delphinale. T. XVI, p. 301. 1903).

(3) Il y était encore au mois d'avril 1303. Le mois précédent il se trouvait dans la ville d'Aspres-sur-Buëch relevant de son abbaye d'Aurillac. (*Op. cit.*)

(4) Arch. nat. J. 481, n° 104. Comme les autres, Dragonnet députa un mandataire.

De cette lutte, en définitive, Philippe le Bel ne sortit pas. le plus grand. Les Dominicains de Montpellier, au nombre de 28 sur 32, persistèrent dans leur refus de comparaître ou de se faire représenter à l'assemblée tenue dans leur ville le 22 juillet. Les commissaires royaux, le vicomte de Narbonne et Mᵉ Denis de Sens, eurent beau se rendre à leur monastère, les haranguer en bloc, les travailler ensuite un à un pour arracher leur adhésion, ils finirent par refuser tout colloque avec eux. Sur quoi les commissaires les chassèrent du royaume séance tenante, avec injonction d'en sortir dans les trois jours (1).

Cependant le fils d'un seigneur d'Auvergne, Gilles Aycelin, archevêque de Narbonne, le plus influent des prélats politiques du moment à la cour de Philippe, opina un peu trop politiquement pour la réunion d'un concile général « afin que l'innocence du pape apparût à tous les yeux »; ce qui ne trompa personne sur le but passionnément poursuivi. Furent entraînés par son exemple, Pierre de Cros, évêque de Clermont, que devait très peu de temps après remplacer Arbert Aycelin, neveu de Gilles, et Jean de Commines, évêque du Puy; autant en fit Bertrand de Colombier, abbé de Cluny, de qui relevaient tant de monastères d'Auvergne haute et basse (2). La pensée vraie du clergé fidèle quoique adhérent se révèle par des restrictions très significatives « dans la mesure permise aux yeux de Dieu.. sauves la dignité, l'autorité du siège apostolique.. l'unité de l'église » ou autres formules équivalentes.

Ce fut sans doute sous des réserves de même nature que Béraud placé entre ces courants opposés donna, lui

______

(1) *Ibid.* J. 490, nᵒ 707. Les quatre qui reculèrent devant l'exil n'adhérèrent à l'appel que sauves toutes questions de foi et de déférence due à l'Eglise. L'un des 28, l'allemand Colrad, dit Colrad le Teutonique, se rallia bientôt et complètement à Philippe le Bel. Nommé procureur du roi et son chancelier dans les Montagnes, il y déployait en 1312 un zèle envahisseur et tyrannique digne de Plasian (Arch. nat. J. 1034, nᵒ 12).

(2) G. Picot. *op. cit.* pp. 49, 53, etc.

aussi, l'adhésion si impérieusement demandée par le souverain, si l'on en juge par sa conduite subséquente; quant à un refus radical, la faveur dont il jouit à la cour à son retour de Flandre la rend peu vraisemblable.

Il est admis, en effet, au grand conseil dans la première semaine d'octobre 1303 avec Louis d'Evreux, frère du roi, et le connétable de Châtillon revenus en même temps que lui de l'armée, Charles de Valois, Robert duc de Bourgogne, Hugues de Lusignan comte de la Marche et d'Angoulême, Jean de Châlon-Arlay, Jean de Dampierre seigneur de Dampierre et de Saint-Dizier et trois prélats dont Gilles Aycelin, tous adhérents (1).

Là encore il y eut conflit avec la politique royale. Il s'agissait de décider comment se lèverait le deuxième subside de Flandre réclamé par le roi à la nation (2). Les seigneurs consentaient à l'octroyer sous condition que l'assiette, la répartition et la levée sur les hommes de leurs terres leur resteraient réservées à l'exclusion des officiers royaux, en leur qualité de suzerains et hauts justiciers. Ces prétentions étaient conformes à leurs droits mais contraires à la doctrine du *jus regium* que l'école des légistes entendait rendre pour base à la monarchie. L'établissement du lien direct entre le roi et tous ses sujets en matière d'impôt, par-dessus la tête des seigneurs, était une véritable révolution, une révolution par en haut. La condition ne fut subie par le roi « qu'après plusieurs voyes, traités et pourparlers ». Il fut entendu que l'officier royal préposé à la surveillance du subside ne pourrait s'entremettre en rien dans l'opération; qu'en matière de contrainte il ne pourrait l'obtenir que par voie de requête au seigneur « en sa terre »; que, par le seigneur seul l'aide

---

(1) *Ordon. du Louvre*, 1, 408, 409. — Ces huit membres sont les seuls indiqués nommément dans le texte de l'ordonnance. « Bérault seigneur de Merceuil » y prend place après Jean de Dampierre, de la famille des comtes de Flandre, et Jean de Châlon.

(2) Le premier fut levé entre les mois d'avril et d'octobre 1303.

pourrait être, dans ses domaines, « assise, cueillée et levée loyalement et raisonnablement, compensation faite du riche au pauvre » (1).

Ces bases arrêtées, Philippe le Bel chargea Béraud de Mercœur d'aller, avec trois autres commissaires, dans les provinces, d'y convoquer leurs états en assemblées générales et de leur demander des subsides. Deux des commissaires étaient les légistes les plus célèbres de son règne, Guillaume de Nogaret et Guillaume de Plasian, chevaliers de son hôtel (2) ; l'autre, Pierre de Belleperche, chanoine de Bourges. Béraud est nommé le premier de ces délégués royaux dans les lettres de commission que Philippe leur délivra de Montpellier le 15 février 1304 (n. st.) (3).

Le temps pressait. Les commissaires se partagèrent les provinces. L'Auvergne revenait naturellement à Béraud qui, seul des quatre, y possédait des attaches. Et comme l'assemblée des états pour le vote des subsides s'y tint précisément quelques semaines après, il est à croire qu'il y a représenté le souverain. Par ses lettres du mois de mars 1304 (n. st.) Philippe le Bel s'engagea formellement vis-à-vis de ces états de la province d'Auvergne à respecter les « franchises, libertés et privilèges des seigneurs, de leurs hommes et sujets » (4). Et au mois de mai de la même année, il reconnut que cette seconde « subvention à

---

(1) *Ordon. du Louvre*, I. p. 419. Un exemplaire de cette ordonnance existait en 1788 dans les archives municipales de Clermont (Bergier et Verdier-Latour. *Recherches sur les Etats généraux, etc... Pièces justif.* p. 2.

(2) Ce personnage est appelé aussi Plaisians par plusieurs historiens. La forme de *Plasiano* étant la plus usitée de beaucoup dans les actes originaux de 1303 à 1309, on adopte ici la variante la plus conforme au nom latin.

(3) Dilectis et fidelibus Beraudo domino Mercolii, magistro Petro de Bella pertica, canonico Bituricensi, Guillelmo de Nougareto et Guillelmo de Plasiano, militibus, etc... (*Arch. nat. Reg. JJ. vol.* 89 ; *Reg. XXXV du Trésor des Chartes*, nᵒˢ 198 et 199).

(4) *Ordon. du Louvre, loc. cit.*, Bergier et Verdier-Latour l'ont datée de 1303 : ce qui doit s'entendre de l'ancien comput. Comme elle porte la date du jeudi après la fête de Saint-Grégoire qui tombe le 12 mars et que l'année finissait alors à Pâques, soit le 25 mars, elle est du mois de mars 1304, nouveau style.

lui accordée » par les *habitants nobles ou non* de l'Auvergne lui avait été octroyée « de pure grâce » (1).

Ce fut sur la foi de ce pacte si clair, si formel, et si conforme à l'ordonnance du grand conseil à laquelle le sire de Mercœur avait participé au mois d'octobre précédent — le maintien de leurs franchises et privilèges — que lui et ses pareils consentirent à voter les aides de guerre innovées par le prince. Philippe avait besoin d'argent, il promit tout ce qu'on voulut.

Voilà le point de départ, le nœud et l'explication des différends qui vont naître entre Béraud de Mercœur et son royal parent, se succéder coup sur coup pendant quinze ans, pour se terminer en 1319 par un triomphe éphémère et chèrement payé. Il y a deux points de vue bien divergents pour juger la conduite des hommes, celui du progrès général des institutions et celui de la propriété individuelle ; il y en a même un troisième, la moralité des contrats. Suivant qu'on se place dans la première perspective ou dans les autres plans, Béraud de Mercœur sera un affreux réactionnaire ou un brave homme défendant son droit héréditaire et le respect de la parole royale.

Les pouvoirs confiés à Mercœur et à ses trois collègues par les lettres de Montpellier avaient une très grande ampleur. Le roi les députait auprès de toutes les villes du royaume « afin de traiter de la paix », termes vagues à dessein dans la bouche d'un homme aussi précis que Philippe le Bel. Et, par lettres du lendemain, il étendait leur ambassade à « toutes les églises et à tous les séculiers de France, pour les affaires du royaume »

(1) *Ordon. du Louvre*, I, 419. — Bergier, *op. cit. Pièces justif.* p. 4. — Par ordonnance du samedi après l'Annonciation de 1302 (fin mars 1303 n. st.) Philippe avait dispensé du service militaire les habitants non nobles qui paieraient l'impôt demandé ; et par une seconde instruction avait interdit à ses officiers de « faire la finance dans les terres des barons (*Ordonn. I*, 369. — Bergier, *op. cit. Pièces just.* pp. 6-2). Il s'agit là, sans doute, du premier subside demandé à l'Auvergne, à l'occasion duquel une autre ordonnance royale confirma « les seigneurs dans la plénitude de l'exercice de la justice de leurs terres », au mois de mars 1303 (*Ordonn. du Louvre*, I, 405)

avec des attributions presque illimitées : droit d'assembler
partout les divers ordres de l'Etat, les communautés municipales, de négocier avec elles sur tous les sujets, de
traiter avec les feudataires et les bourgeois en son nom ;
de confirmer les franchises des villes et d'en octroyer
de nouvelles ; de mettre en liberté les prisonniers laïcs
et même ecclésiastiques, en quelque lieu qu'ils fussent
détenus ; de distribuer enfin toutes sortes de grâces et de
faveurs royales (1). C'était la monarchie nationale et ambulante personnifiée dans un représentant du haut baron-
nage, un du clergé et deux légistes, figurant l'union de la
masse et du souverain. Certes, cette commission avait pour
but immédiat d'obtenir les subsides extraordinaires que
les affaires de Flandre rendaient indispensables, mais la
mission était politique aussi, et l'une des plus étendues
que jamais Philippe ait données à ses diplomates. Elle
tendait à relier en un seul faisceau tous les éléments de la
nation sous la main du roi, à fortifier la monarchie par ses
rapports directs avec les sujets, à mettre en œuvre les fa-
meuses ordonnances de 1302-1303 ; elle devait orienter
l'ère des assemblées d'états provinciaux à peine ouverte.
Mais il est tout à fait invraisemblable que Béraud ait été
initié à une autre partie de la mission que vont accomplir
Plasian et Nogaret, confidents intimes de la pensée du
maître, l'extension de la monarchie aux dépens de la puissance féodale. Après avoir heureusement employé son
nourri aux armées, il l'essayait dans la diplomatie sous
la tutelle d'hommes sûrs, sauf à voir ce qu'on en pourrait tirer par la suite. En attendant sa coopération rassu-
rerait les féodaux récalcitrants. A cette heure l'avenir
politique le plus brillant s'offrait au connétable de Champagne, s'il avait voulu monter dans le train royal, dont
Plasian et Nogaret, narquois peut-être dans leur déférence, lui ouvraient les portières.

(1) *Arch. nat. R g. JJ, vol. 89. — Reg. XXXV du Trésor des Chartes*, n°ˢ
198 *et* 199.)

Mais le nourri vient de dépasser la trentaine; l'homme de cour s'est retrempé dans ses immenses domaines montagnards où sa race est une dynastie populaire. Il est sincèrement dévoué au roi, nullement disposé toutefois à la spoliation ou à l'amoindrissement non mérités. En faisant apparaître la distance qui sépare la politique intérieure du souverain d'avec la sienne, la mission qu'il vient de recevoir produira une désillusion réciproque. Comment reprocher aux Mercœurs de ce temps de n'avoir pas compris qu'un irrésistible courant entraînait les esprits vers la monarchie absolue, et que Philippe le Bel n'était lui-même qu'une vague poussée par d'autres vagues, une conséquence de faits antérieurs ; alors que ce prince qui fut, somme toute, un homme d'état supérieur, ne paraît pas avoir saisi lui-même l'immense portée des Etats généraux dont il inaugura la pratique. Il semble n'y avoir vu autre chose qu'un expédient du moment. Associer à Plasian, l'implacable autoritaire, à l'indépendant roitelet de ses montagnes, le pieux seigneur au patarin Nogaret, l'homme d'Agnani (1), à des hommes nouveaux, le descendant des leudes, c'était réunir des éléments par trop disparates. Philippe ne tarda guère à s'en apercevoir.

(1) Voir *La vie privée de Nogaret*, étude que **M. L.** Thomas publie dans les *Annales du Midi* [T. XV, 1904], au moment où je corrige ces épreuves.

IV.

RUPTURE AVEC PLASIAN LE CONQUÉRANT PACIFIQUE. — ALLIANCE DE
BÉRAUD AVEC LE DAUPHIN DE VIENNOIS ET LE COMTE DE GAP
CONTRE LE COMTE DE SAVOIE (1305).

L'une des plus grandes idées du règne de Philippe IV et la plus imperturbablement poursuivie a été de reconquérir les frontières naturelles de la France sans risquer une guerre avec l'Empire. Pour les atteindre à l'Est, il lui fallait mettre la main sur le royaume de Bourgogne, démembré de la France carlovingienne en 879 et annexé à l'Empire allemand en 1032 à la mort de Rodolphe III, son dernier souverain particulier (1). L'annexion du Languedoc en 1271, celle de la Franche-Comté accomplie par lui vingt ans après et la possession, ancienne déjà, du Mâconnais lui permettaient d'enserrer dans un étau, dont les mâchoires vivantes étaient son sénéchal de Beaucaire et son bailli de Mâcon, le centre de ce royaume mal bâti, c'est-à-dire les archevêchés de Lyon et de Vienne. Il vient de l'entamer à Lyon (2), de rendre son influence tout à fait prépondérante en Forez (3); mais il existe en-

(1) Ce royaume qui s'étendait, tout en longueur de Marseille à Belfort, comprenait notamment les archevêchés d'Avignon, Vienne et Lyon, et confinait au diocèse de Clermont sur une cinquantaine de lieues, depuis les environs d'Arlanc jusqu'à la hauteur de Moulins (Allier). On y entrait en sortant de la seigneurie de Thiers. On l'appelait aussi depuis le commencement du xiiie siècle, royaume d'Arles ou de Vienne; on l'avait naguère appelé encore royaume de Provence. Il englobait en effet la Provence; et aussi le Dauphiné, la Savoie, une partie de la Suisse, la Franche-Comté.

(2) Les bourgeois de Lyon s'étaient bien mis sous la garde de Philippe le Hardi et s'étaient déclarés *de ressorto domini nostri regis Francie*, par un acte du 1er mai 1271, pour qu'il prît leur parti dans leurs luttes avec le chapitre primatial. Ils avaient même souscrit un traité d'alliance avec lui en 1290; mais ce n'était là qu'un germe de domination. Le premier, Philippe le Bel la réalisa militairement en 1302 en occupant le château de Saint-Just, soi-disant pour protéger les Lyonnais; en réalité pour les maîtriser au besoin. (Boutaric. *La France sous Philippe le Bel*, pp. 406-407. — Ménétrier. *Histoire municipale de Lyon*, p. 39.)

(3) Le Forez, situé dans le diocèse de Lyon, était du royaume de Bourgogne. Les rois de France possédaient la souveraineté de droits et de territoires assez étendus en

core une grande lacune entre l'Auvergne royale et le Rhône dont elle est séparée par le Velay, le Gévaudan, le Vivarais; il entend la combler. C'est le but de la mission secrète de Plasian (1). Elle fut accomplie de main de maître, à la fois souple et brutale. En deux ans, de 1305 à 1307, la seigneurie directe du roi était implantée dans le Gévaudan, le Vivarais et le Velay (2), par le moyen de traités de pariage obtenus des évêques de ces trois provinces, suzerains temporels d'une très grande partie de leurs diocèses (3). Dans le diocèse de Valence, Aimar IV de Valentinois ne peut plus lutter contre « les incessants envahissements des agents du roi.. Le roi de France est en fait maître de tout le Valentinois » sur les deux rives du Rhône (4). Son pouvoir fait de grands progrès en cette même année dans Lyon et le Lyonnais.

Maintenant il peut aller des deux extrémités de l'Auvergne au Rhône presque sans sortir de son domaine direct. La circonvallation du Dauphiné, qui seul à cette heure le sépare de la frontière convoitée des Alpes, est complète avec la Savoie alliée et la Provence amie. L'annexion est

Forez, mais le comte ne leur faisait pas hommage alors du comté. D'ailleurs, pour si nominale que pût être la souveraineté de l'empereur sur ce pays, y compris les fiefs royaux, elle ne subsistait pas moins en principe. Les empereurs n'y avaient jamais renoncé; et il aurait suffi de l'avènement d'un nouveau Barberousse pour la rendre effective. En 1303, Philippe le Bel venait de faire très habilement le comte Jean 1er de Forez, son vassal direct en Auvergne par le don de tous ses droits sur la seigneurie de Thiers et l'autorisation d'acheter le surplus aux seigneurs du lieu en déconfiture.

(1) Ce juriste qui avait été juge mage de Nîmes, jouissait tellement de la confiance de Philippe le Bel en 1303, que le Dauphin de Viennois, Humbert 1er jugea prudent de s'assurer sa protection en le gratifiant, a-t-on dit, cette année-là de ce qu'il possédait dans la seigneurie de Vinsobres (Drôme). (Valbonnais. *Hist. du Dauphiné*, II, 109). Valbonnais n'aurait-il pas confondu avec Vezenobres (Gard) qui appartint de toute certitude à Plasian ?

(2) La reconnaissance de la suzeraineté du roi sur les biens de son église en Vivarais et ailleurs dans la vallée du Rhône fut obtenue en février 1305, par Guillaume de Plasian, assisté de Bernard Jourdain de l'Ile et du sénéchal de Beaucaire. (*Hist. du Languedoc*, IV, 132-133). Nous aurons à revenir sur celle de l'évêque de Mende.

(3) Le traité de pariage du roi avec l'évêque du Puy finit par être signé au mois de septembre 1307. Il avait été négocié par Plasian. (*L'Ancienne Auvergne et le Velay*, II, 281-283. — Secousse. *Ordonnances*; à la date).

(4) P. Fournier. *Le royaume d'Arles et de Vienne*, pp. 331-332.

préparée; elle ne sera plus qu'une affaire de temps et
d'occasion. Les conquêtes ne font de bruit dans l'histoire
que si elles sont accompagnées du fracas des batailles; il
le faut bien pour que l'annexion d'à peu près trois provinces contiguës en si peu de mois avec des légistes et
quelques poignées de sergents ait passé presque inaperçue
de l'histoire générale. Béraud de Mercœur s'est trouvé
sur le chemin de Plasian dans le diocèse de Mende, tant
pis pour lui. Les procédés des agents royaux plus encore
peut-être que la perte de droits acquis, en firent un mécontent. On comprend que dans de pareilles conditions
toute collaboration avec Plasian et Nogaret devint vite
impossible. Les événements de 1304 à 1307 inaugurent
une nouvelle phase dans sa vie. La majesté royale n'a plus
pour lui ce rayonnement paternel sous lequel il a grandi
un peu en enfant gâté jusque-là.

En arrivant dans la vallée du Rhône, il trouve ses parents le Dauphin de Viennois et le comte de Genève plus
inquiets et bien autrement irrités que lui, formant une
ligue contre le comte de Savoie leur ennemi héréditaire,
fort de son alliance récente avec Philippe le Bel. Dans
cette ligue entrent plusieurs membres de la famille de
Châlon, des seigneurs de la frontière menacés par l'ambition d'Amé V et l'archevêque de Lyon lui-même qui ne
l'est pas moins par les prétentions du roi sur sa métropole. L'empereur Albert d'Autriche comble le Dauphin
Humbert de toutes les faveurs de nature à le fortifier de
son appui moral, par une série de diplômes tous délivrés
à Schaffouse à la fin du mois de mai 1305, la date est
à noter. Il le confirme dans la dignité d'archisénéchal du
royaume de Bourgogne dont l'empereur Rodolphe de
Habsbourg, son père, l'a déjà décoré (1); mais on ne

____

(1) Valbonnais. *Hist. du Dauphiné*, II, 125. — Arch. de l'Isère. Chambre des
comptes. B, 3164. — Par un autre de ces diplômes, l'empereur donne au Dauphin
Humbert 1er la seigneurie d'Orange, s'il triomphe de la maison des Baux. [Fournier.
Op. cit., p. 329).

bat pas les ennemis à coups de diplômes, et le comte de Savoie a commencé les hostilités (1). Ce fut dans ces circonstances que le Dauphin et son fils sollicitèrent le concours armé de Béraud de Mercœur à qui de nombreux liens l'attachaient (2).

Ils s'abouchèrent à Lyon. Béraud était fort connu dans cette ville où le sire de Beaujeu son ex-beau-père possédait des péages sur le pont du Rhône, des droits au quartier des Vieux-Terreaux, des redevances sur 24 moulins; son oncle ne les céda que le 10 décembre 1308 à Pierre de Savoie (3). Lui-même y avait un fief, un hôtel, et il y construisait le monastère de la Déserte. Il n'entra pas dans une ligue qui pouvait l'exposer à se trouver en guerre avec son souverain Philippe; mais il promit son aide au Dauphin de Viennois et à son fils aîné Jean, comte de Gap, par un engagement assez singulier pour mériter une reproduction intégrale. Il fut libellé à Lyon par la chancellerie delphinale en deux exemplaires d'une rédaction identique, un pour le père, un pour le fils, au mois de juin 1305, et revêtus du sceau de Mercœur, dont les attaches sont encore pendantes aux deux originaux. Ces pièces inédites reposent dans les archives de la Chambre des comptes du Dauphiné, à Grenoble, où je les ai copiées.

En vertu de ces actes, Béraud s'engage à prêter le secours de ses armes à son « très cher et espécial cousin, Monseigneur Humbert, dauphin de Viennois, comte

---

(1) Ed. Mallet. *Aimon du Quart et Genève pendant son épiscopat. 1304-1311. (Mém. et docum. publiés par la Société d'histoire et d'archéologie de Genève,* ix, 106 et suiv.)

(2) Indépendamment de leurs parentés et alliances par les maisons d'Auvergne, de Bourgogne, de Savoie, de Beaujeu, Genève, Châlon, etc., les trois filles du Dauphin Humbert 1er, Alix, Marie, Béatrix, épousèrent les plus proches parents de Béraud. La première était devenue sa belle-sœur par son mariage en 1297 avec le comte Jean de Forez ; la deuxième, sa cousine germaine par son union toute récente avec Aimar, comte de Valentinois (1302). La troisième devait bientôt prendre pour époux Hugues de Châlon-Arlay, son cousin germain également.

(3) Arch. nat. P. 1388¹, cote 23. Guichard de Beaujeu reçut en échange la seigneurie de Meximieux, près de Trévoux.

d'Albon, seigneur de la Tour (et à son fils le comte de Gap) contre tous hommes quels qu'ils soient » sans autre exception que « ses oncles (1) et le seigneur de Beaujeu » (2). Si le roi de France n'est pas excepté, Béraud prend soin de limiter son concours aux pays situés « hors le royaume de France ». Il entend rester fidèle au roi de France en France, et à l'empereur sur terre d'Empire ; il est, en effet, par ses possessions, sujet de l'un et de l'autre. Politique rudement difficile à concilier avec celle de Philippe le Bel dans le royaume de Bourgogne ! Telle est la sienne cependant, et il n'en a jamais démordu. Il s'engage de plus à aider les deux comtes de ses armes, à ses propres dépens, à première réquisition, spécialement contre le comte de Savoie ; à combattre de tout son pouvoir pour faire lever le siège s'ils sont assiégés par ce prince, et en la manière qu'ils lui indiqueront ; à ne faire ni paix, ni trêve, ni « guerre lasse » (suspension de fait des hostilités), sans leur assentiment. Le côté le plus singulier de ces actes est que Béraud se lie à une partie des plus périlleuses sans aucune stipulation de réciprocité. Il dit bien qu'il en a préalablement « délibéré en son conseil » et que les lourdes obligations qu'il contracte sont à « son profit évident comme à celui de ses héritiers et ses successeurs » (3). Le profit a pu paraître évident aux deux comtes, il ne l'est guère pour nous.

(1) Cette clause vise les Châlons de Rochefort et d'Arlay, comtes de Tonnerre et d'Auxerre, Amé II, comte de Genève, Jean Ier, comte de Joigny, Hugues de Châlon-Bourgogne, seigneur d'Avallon, les de Vienne et les Courtenay.

(2) Exception de convenance. Le sire de Beaujeu en question est Guichard VI, seigneur du Beaujolais, de Montpensier, d'une partie de la Bresse et du Bugey, dont le père Guichard V avait été le premier mari de la mère de Béraud. Nous avons vu aussi que Jean de Châlon-Rochefort avait épousé Marguerite de Beaujeu, dame de Saint-Julien en Savoie, fille de Louis et d'Eléonore de Savoie. Guichard V de Beaujeu était, de plus, le fils d'Isabelle de Forez.

(3) « Nous Berauz sire de Marqueull, connestables de Champagne, savoir faisons à touz que nous par plaine et saine délibération de nostre conseill en ce regardant diligemment nostre profit évident, pour noz hoirs et pour noz successeurs, a très noble baron nostre très chier et espécial cousin monseigneur Humbert dalphin de Viennois.. comte d'Albon.. seigneur de la Tour (le second exemplaire porte : J. Dalphin comte

Ce n'est pas qu'un conflit personnel avec le comte Amé V de Savoie soit invraisemblable; leurs points de contact par les personnes et les intérêts sont, au contraire, tellement nombreux qu'ils ne permettent pas de se hasarder dans les conjectures sans textes précis. Ce qui est surprenant c'est que, dans ce cas-là, le Dauphin et son fils ne s'obligent pas de leur côté à le secourir. On ne voit pas un seigneur auvergnat allant se battre, à ses frais, à toute

de Gapençois), faisons et avons fait les convenances qui s'ensuivent. Li prometons que nous li aiderons de tout nostre povoir a grant force et a petite, sanz fraude et sanz barat, *contre touz hommes quiex que il soient, hors du roiaume de France*, toutes les foiz que il nous en requerra ou fera requerre, pour quelque cause que ce soit, à noz couz, frez et missions, sanz rien prendre dou sien. Exceptez de ceste.. aide noz.. (A) oncles et le..(B) seigneur de Biaujeu, contre les quiex nous ne voudrions pas aider le dit monseigneur Humbert. Et aus personnes desus dites meismes nous ne presterions ne ferions aide contre le dit monseigneur Jehan, tant comme il voudroit faire et prendre droit par nous.. Et prometons et avons promis au dit monseigneur Humbert que si i.. (C) cuens de Savoie ou si aidant ou autres quiex que il fussent, exceptées les personnes desus dites, li faisoient dommage, que nous li aiderions en la manière desus dite et devisée. Et se il avenoit que il ou ses gens fussent asségez, nous, de tout nostre povoir et de noz aideurs et conducteurs, li aiderions à lever le siège et faire de celui fait ce que il en voudroit conseiller et deviser salonc la fourme desus dite. Et encore li avons nous promis et prometons que nous ne ferons pais, triève, ne guerre lasse sanz sa volonté et sanz son assentement. Et toutes les choses desus dites et devisées, pour nous, pour noz hoirs et pour noz successeurs, prometons nous au dit monseigneur H. par sollempnes stipulation et par nostre sarrement donné corporelment seur saintes Evangiles tenir et garder loialment et en bonne foi sanz venir encontre par nous ne par autrui en appert ne en cele. Et renonçons en ce fait a touz droiz de canons ou de lois par les quiex len pourroit casser et annuller toutes ou aucunes de convenances desus dites; espacialement au droit qui dit que general rénontiation ne vaut si l'especial ne devantoit.

En tesmoing de laquele chose nous avons mis nostre seau a ces lettres. Donné à Lion lan de grace mil trois cenz et cinc, ou mois de jung. » (2)

De A à C. — Les deux points alignés figurent ainsi dans les deux originaux. La place occupée par les deux points ne comporte guère une adjonction postérieure autre que les prénoms.

1. — Arch. de l'Isère. Série B cote 3164. Acte original, en deux exemplaires identiques, sur parchemin de 0ᵐ25 de long sur 0ᵐ17 de hauteur, jadis scellés. L'un, celui du traité avec le comte Humbert Iᵉʳ, porte encore l'attache verte du sceau fixée au parchemin par deux trous; l'autre, qui est l'exemplaire destiné à son fils Jean, comte de Gap, offre bien les deux trous en forme de losange, mais l'attache a disparu.

Si l'acte n'avait été qu'un projet il n'aurait pas été scellé et les deux originaux d'Humbert et de son fils n'auraient pas été laissés entre leurs mains.

réquisition et sans compensations, à la pointe de toutes les aiguilles des Hautes-Alpes où il plairait à un autre seigneur de l'appeler. Y eut-il réciprocité promise par actes séparés? Pourquoi ce procédé de division contre l'usage? Béraud était-il tenu à raison d'un fief dauphinois? Il aurait rappelé le devoir de ligialité ou traité le Dauphin comme son seigneur. Un coup de chevalerie, alors? C'est bien probable; il en a fait toute sa vie au risque de sa liberté, de sa fortune et de sa peau.

Philippe le Bel vint quelques mois après à Lyon pour assister au sacre du pape Clément V (22 novembre 1305). Le peuple et le clergé le virent chevaucher respectueusement près de la haquenée qui portait le nouveau pontife et dont les princes de la famille royale tenaient les brides. Relevé aussitôt de l'excommunication prononcée par Boniface VIII, il dénoua la ligue dauphinoise avec une habile indulgence pour les clients de l'empereur, car il avait de nouveau les Flamands sur les bras. Jean de Châlon-Arlay, rallié, reçut de lui, le 28 août 1306, le gouvernement du comté de Bourgogne (1). A Jean II dauphin de Viennois, qui venait de succéder à son père (2), il confia la garde de Lyon (1307), qu'il ne tarda pas toutefois à transmettre à son beau-frère Philippe de Savoie prince d'Achaïe, pour ne pas mécontenter la maison de Savoie toujours jalouse des Dauphins.

Béraud ne prit pas une part aussi prompte aux faveurs du souverain. A peine était-il délié de ses téméraires engagements contre la Savoie qu'il se heurtait à la politique royale en Gévaudan. Ses domaines s'y trouvaient saisis par les agents de Philippe le Bel.

______

(1) *Arch. nat. J.* 195, n° 91. — P. Fournier. *Op. cit.* Il lui avait déjà fait récupérer la vicomté de Besançon.

(2) Humbert, retiré à la Chartreuse du Val Sainte-Marie dans le comté de Bourgogne, y mourut le 12 avril 1307, après avoir abdiqué au profit de son fils aîné Jean, comte de Gap.

V.

LA TERRE DE MERCŒUR ET LE VICOMTÉ DE GRÈZES. — LE PARIAGE
DU GÉVAUDAN. — L'AFFAIRE DES TEMPLIERS. — LE PROCÈS DE GUI-
CHARD DE TROYES. — RENTRÉE EN FAVEUR DU CONNÉTABLE DE
CHAMPAGNE (1305-1308).

La grande place que les affaires du Gévaudan tinrent
dans sa vie serait inexplicable si l'on ne connaissait pas
dans son ensemble la topographie de la Terre de Mercœur.

Au mois de janvier 1227 son bisaïeul Béraud V avait
reçu du roi, en garde et en jouissance pour toute sa vie,
le vicomté de Gévaudan dit de Grèzes, du nom de son
château chef-fief situé près de Marvejols. Ce fief, sur lequel l'évêque de Mende et le roi d'Aragon élevaient des
prétentions sérieuses, celui-ci comme vassal de celui-là,
était le plus considérable du comté de Gévaudan (diocèse
de Mende). Il s'étendait sur la majeure partie de l'arrondissement de Marvejols, avec des dépendances sur la
marche des arrondissements du Puy, de Florac, de Saint-
Flour (2).

En récompense des services rendus, le roi et les évêques laissèrent la propriété féodale d'une vaste portion de
ce fief aux descendants de Béraud (1). Le roi garda le

(1) Ego Beraudus de Mercorio, notum facio... quod karissimus dominus meus Ludovicus rex Francie illustris *(Louis IX alors mineur)* mihi concessit castrum suum
Gredonense cum omnibus pertinenciis ejus, et cum illis que pertinent ad viccecomitatum
Gredoneusem, tenenda de eodem domino rege per totam vitam meam, etc... Datum
Parisius anno Domini Mᵒ CCᵒ XXᵒ VIᵒ mense januarii. (Arch. nat. J. 295. *Languedoc* nᵒ 5). Béraud V était connétable d'Auvergne pour le roi en 1229-1235 et contri-
bua grandement à établir le pouvoir royal dans cette province encore frémissante de la
conquête de Philippe-Auguste.

(2) Au mois de novembre 1269 notamment, Béraud VI de Mercœur reconnaissait
tenir de l'Eglise de Mende et de l'évêque, qui n'était autre que son frère Odilon, la

surplus dans son domaine direct. L'arrondissement de Marvejols se trouva par ce fait divisé entre le roi et les Mercœurs vassaux de l'évêque.

Béraud VII possédait dans le comté de Gévaudan correspondant au diocèse de Mende :

La « ville de Grèzes » et son mandement (1).

La « ville de Malzieu » et son mandement (2).

La châtellenie et le mandement de Verdezun (3).

La châtellenie de Saugues et son mandement (4).

Les châtellenies de Thoras (5), Vazeilles (6), Villaret (7), La Roche (8), que tenaient de lui les seigneurs de Peyre, d'Apchier, de Canillac.

Les seigneuries de Saint-Juéry (9), de Grandvals (10), d'Anglars (11).

Celle de Saint-Martial (12).

---

ville de Malzieu et le château de Verdezun, la ville de Grèzes, le château de Thoras et tout ce qu'il avait dans le diocèse; excepté ce qu'il y possédait comme dépendance du mandement de Saint-Urcize (dont le chef-lieu était assis dans le diocèse de Clermont, cant. de Chaudesaigues, arrond. de Saint-Flour). En considération de cette reconnaissance, Odilon de Mercœur donnait à son frère tout ce qui ressortait de lui dans les terres de Pierre de Saint-Juéry (cant. de Fournels, arrond. de Marvejols), de Robert de Chaliers, mari d'Isabelle, fille dudit Pierre, et de « un appelé La Valley » (Pierre de Neuvéglise, seigneur de la Vallée). (Arch. nat. n° 18.679, fol. 50. — *Invent. du Trésor de Mercœur.* — Arch. de la Lozère, G, 98).

(1) Auj. ch.-l. de com. du canton de Marvéjols.

(2) Ch.-l. de canton de l'arrondissement de Marvejols.

(3) Verdezun, ch.-l. de com., cant. de Malzieu-Ville.

(4) Saugues, aujourd'hui chef-lieu de canton de l'arrondissement du Puy (Haute-Loire).

(5) Ch.-l. de com., cant. de Saugues.

(6) Vazeilles-près-Saugues, ch.-l. de com., même canton.

(7) Vilaret, com. de Chirac, cant. de Saint-Germain-du-Teil, arrond. de Marvejols; ou plus probablement Villaret, cant. de Barre, arrond. de Florac, près de Pompidou que le roi céda à l'évêque Odilon.

(8) La Roche-Canillac, com. de Saint-Rémy, cant. de Chaudesaigues, arrond. de Saint-Flour; membre de la grosse seigneurie de Saint-Urcize; lieu séparé du Gévaudan par la seule rivière du Bex.

(9) Ch.-l. de com., cant. de Fournels, arrond. de Marvejols.

(10) Ch.-l. de com., même canton.

(11) Com. de la Fage-Montivernoux, même canton.

(12) Ch.-l. de com. cant. de Chaudesaigues.

Les fiefs de Freyssinet (1), La Vallée (2), Lascols (3), Vabre (4), Bairac et Ferragnols.

Plus divers fiefs paroissiaux le long des frontières de la Haute-Auvergne et du Gévaudan qui augmentèrent les grandes châtellenies de Ruines (5), Chaudesaigues et Saint-Urcize (arrondissement de Saint-Flour). Des trois dernières les Mercœurs avaient la suzeraineté pour partie.

En résumé les domaines gévaudanais de Béraud VII s'étendent plus ou moins en 1305 sur huit cantons du Gévaudan, dont trois sont à lui, Malzieu, Saugues, Nas·binals. Ils confinent d'un côté à ses domaines de la prévôté de Saint-Flour, de l'autre à ses vastes terres du Brivadois.

Il a des vassaux dans les neuf cantons des arrondissements de Saint-Flour et de Murat et dans près de 70 paroisses du Cantal (6). Par sa grande châtellenie du Luguet et sa terre d'Al Buges, dont on fit plus tard Aubijoux, il rejoint son Mercœur d'Ardes. Il est le seigneur ou le coseigneur des chefs-lieux de canton de Chaudesaigues,

(1) Com. d'Ispagnac, cant. et arrond. de Florac, sur le Tarn.

(2) La Vallée Française, arrond. de Florac ?

(3) Lieu disparu du Gévaudan, ou Lascols, com. de Cussac, arrond. de Saint-Flour.

(4) Vabres, ch.-l. de com. du cant. N. de Saint-Flour ; plus probablement La Vabre, près de Mende.

(5) Audigier a dit que Ruines, ch.-l. de canton contigu à celui de Saint-Flour-Nord, avait été la capitale du vicomté de Gévaudan ; on ne connaît aucune preuve de cette allégation ; mais ce qui porte à croire que Ruines fut une dépendance du Gévaudan est que : 1º Pons, comte de Gévaudan, dit en 1010 que l'église de Faverolles (ch.-l. de com. cant, de Ruines) était *in comitatu Gabalitensi (Cartul. de Brioude ch.* 331 *et* 310*)* ; 2º que l'un des fils de Richard II, vicomte de Gévaudan, mort en 1077, donna le monastère de Ruines à l'abbaye de Saint-Victor de Marseille, ainsi qu'il ressort du *Cartulaire* de cette abbaye. Ce fut une conquête du Gévaudan sur la frontière de la Haute-Auvergne.

(6) D'après les hommages de la Terre de Mercœur relatés à l'Inventaire du Trésor de Mercœur, aux Archives nat., Vol. nos 18679 et 18680 ; la pièce J. 190 nº 30 ; les terriers, l'Inventaire des titres des Dauphins et de la Tour d'Ardes au Fonds Baluze de la Bibl. nat. et le Cartulaire de Saint-Flour, pour ne citer que les principales sour-

Ruines, Allanche et Marcenat. Ce dernier n'existe pas encore sous ce nom, mais est représenté par le Luguet et Aubijoux.

Il est seigneur ou coseigneur aussi des chefs-lieux cantonaux de Lavoûte-Chilhac et Blesle (H^te-Loire). Lavoûte est le cœur de la terre, s'il n'en est pas tout à fait le centre ; le château de Saint-Cirgues, sa principale résidence en Auvergne, s'élève dans une paroisse contiguë ; le prieuré de Lavoûte, fondé, il y avait trois siècles par ses ancêtres, est depuis cette époque le Saint-Denis de sa famille, de même que la paroisse de Mercœur dans ce canton en est le berceau. Ardes ne deviendra la capitale de la terre qu'après lui, sous les Dauphins.

La personnalité de la race fut si puissante qu'elle communiqua son nom au château chef de l'un de ses fiefs près d'Allanche et de Maillargues ; à celui d'Ardes ; à une

ces et les documents depuis 1247 jusqu'à la fin du xive siècle, la Terre de Mercœur a des possessions dans les paroisses suivantes de l'arrondissement de Saint-Flour :

Canton de Saint-Flour-Nord : Saint-Flour, Anglars, Coren, Lastic, Mentières, Vabres, Montchamp, Rezentières, Saint-Georges, Thiviers, Vabres, Vieillespesse.

Canton Sud : Alleuse, Cussac, Neuvéglise, Tanavelle, Ussel, La Vastrie (Montbrun), Valuéjols.

Canton de Ruines : Ruines et Corbières, Chaliers, Faverolles, Lorcières, Clavières, Rageade, Celoux, Saint-Just, Saint-Marc.

Canton de Chaudesaigues : Chaudesaigues, Anterrieux, Espinasse, Jabrun (Requistat), Maurines, Saint-Martial, Saint-Rémy (La Roche-Canillac), Sarrus (Magnac, Malet).

Canton de Pierrefort : Oradour, Cezens.

Canton de Massiac : Saint-Poncy, La Chapelle-Laurent, Molompize, Saint-Mary-le-Cros.

La Terre a des dépendances dans toutes les paroisses du Cantal limitrophes du Gévaudan sans exception.

Parmi ses vassaux figurent dans le même temps et ce même pays de Haute-Auvergne : les de Peyre, d'Apchier, Châteauneuf, Canillac, Saint-Juéry, Chaliers, Montchanson, Torrette, de Besse du Coufour, Lastic, d'Oradour, vicomtes de Murat, les Comtours seigneurs d'Apchon. Voir pour ces derniers une charte du lundi de Pâques 1239 (*Arch. nat.* Trés. des Ch. Reg. 80, p. 195), et l'hommage de Guillaume Comtour à l'évêque de Clermont en 1297 (*Bibl. nat.* Fonds Baluze, Arm. iii, paq. 1, n° 2, p. 73).

Le nombre des paroisses où elle a des sujets est plus considérable pour les autres cantons du Puy-de-Dôme, du Cantal, de la Haute-Loire, de la Lozère et de l'Aveyron réunis.

partie de sa seigneurie de Nébouzat, entre Clermont et
Rochefort, la montagne de Mercœur ; au Mercœur de la
commune de Saint-Privat-d'Allier (cant. de Loudes, arr.
du Puy) ; à un ruisseau qui descendait de ses montagnes
de la Margeride, entre Vendèze et Ruines. La seigneurie
de Blesle, que Béraud possède avec l'abbesse du lieu,
relie encore le haut Mercœur au canton d'Ardes où il
domine. De là, la Terre de Mercœur remonte vers le canton de Besse où elle rencontre les Latour, et redescend
de l'autre dans le Lembronnais où elle confine à celle des
Dauphins d'Auvergne, par ses fiefs de Moncelet, d'Unsat,
de Saint-Gervazy, etc.

Elle commande le cours de l'Allier en amont d'Issoire
et de Brioude ; elle chevauche les quatre provinces d'Auvergne haute et basse, Gévaudan, Rouergue et Velay.
Trait d'union dans la paix entre la France centrale et le
Languedoc, elle fermerait dans la guerre les défilés qui
leur servent de communications à travers le massif can-
talien. Par ses chaînes du Cézallier, du Luguet et de la
Margeride, qui, soudées l'une à l'autre, forment une longue barrière transversale, elle défend l'accès des refuges
traditionnels. Ses maîtres sont les seigneurs d'au moins
dix de nos chefs-lieux cantonaux (1) ; et le chapelet de
leurs fiefs montagnards hérissés d'une quantité de forteresses, dont plusieurs imprenables autrement que par la
faim, s'allonge sur 130 à 140 kilomètres à vol d'oiseau
du pied de la chaîne des monts Dore jusqu'aux monts
Cévenols, du cours supérieur de la Couze jusqu'au Lot,
et il semble même jusqu'aux gorges du Tarn. Les comtes
de Rodez vicomtes de Carlat et les vicomtes de Polignac
exceptés, aucune situation de seigneurs laïcs n'est comparable militairement à celle de Béraud VII dans une
vaste partie de la France. Et ce qui complète sa force
dans le haut Gévaudan c'est l'appui que ses possessions y

(1) Ardes, Blesle, Marcenat (sous d'autres noms), Allanche, Lavoûte-Chillac, Pinols ?
Ruines, Saugues, Le Malzieu, Nasbinals, Chaudesaigues.

reçoivent de ses domaines et du cordon de ses forteresses de Haute-Auvergne et du Brivadois parallèles à la frontière gabalitane.

Telle était dans son ensemble la Terre de Mercœur, principauté de fait longtemps avant d'en recevoir le titre.

Depuis la mort de Béraud V qui avait rendu la jouissance du vicomté de Grèzes à la couronne et le démembrement qui l'avait suivi, les plus importants seigneurs directs de l'arrondissement de Marvejols étaient le roi et les Mercœurs. Mais qui était le suzerain de Béraud VII en Gévaudan, le roi ou l'évêque ? Et dans quelle mesure ? Ce fut entre ces deux puissances, le prélat et la couronne, un gros et long débat. La même question se posait pour les autres hauts barons de la province dont la réunion au nombre de neuf, Béraud compris, formait ce qu'on appelait le « Tour du Gévaudan », comme on disait ailleurs les « grands chevaux ». L'évêque réclamait la suzeraineté du vicomté de Grèzes en sa qualité de comte de Gévaudan, et il fondait cette qualité sur une bulle d'or du roi Louis VII qui avait reconnu à l'évêque de Mende, en 1161, les droits régaliens sur tout son diocèse sous réserve du simple serment de fidélité. Le roi se disait seul maître comme étant aux droits des comtes de Toulouse et des rois d'Aragon descendants des vicomtes carlovingiens du Gévaudan. D'un autre côté les seigneurs, tout en se reconnaissant vassaux de l'évêque, n'étaient pas d'accord avec lui sur l'étendue de leurs privilèges respectifs. Il y avait donc deux débats, l'un entre le roi et l'évêque, l'autre entre l'évêque et les seigneurs (1).

En 1269, le sénéchal de Beaucaire était d'avis de tran-

(1) Entrer dans plus de détails serait sortir du sujet. En outre de l'*Histoire du Languedoc*, on les trouvera exposés dans trois notices spéciales : 1° Maisonobe et Porée : *Mémoire relatif au pariage de 1307* (Bull. de la Soc. de la Lozère (1896-1897); 2° *La formation territoriale du domaine royal en Gévaudan*, étude publiée par M. Roucaute; 3° André, archiviste de la Lozère ; *La vicomté de Grèzes*.

cher la première à coups de sergents, suivant la méthode chère à messires les sénéchaux ; il commença même cette démonstration péremptoire. Odilon de Mercœur, alors évêque de Mende, alla trouver saint Louis et l'honnête prince remit à son parlement le soin de décider. Dans son embarras, le parlement prescrivit une enquête afin d'interpréter la convention par l'exécution que les parties lui avaient donnée. Odilon mourut, de nouvelles complications surgirent. Le procès durait ou dormait depuis trente-six ans, lorsque l'évêque Guillaume Durand II pria Philippe le Bel de le terminer. Le meilleur moyen d'y mettre fin, c'était d'y mettre Plasian et Nogaret. Ainsi fit le roi par un mandement de 1305 (1). L'affaire revint, enquêtes terminées, devant le parlement. Le roi, qui venait de poser le pied en Vivarais, voulut assister à l'audience ; nous avons vu quel prix il attachait à toute étape vers le Rhône et les Alpes. Plasian parla fort bien *(eleganter)*, et conclut naturellement que le roi devait tout prendre et sur-le-champ. Le parlement moins souple ne fut pas de cet avis, et, désirant s'entourer de plus de lumières, il débouta Plasian de ses moyens de nullité avant de statuer au fond (2). Les choses étaient aussi embrouillées que devant lorsque les parties en terminèrent par un traité de pariage (1307).

L'évêque associait le roi à sa justice et suzeraineté sur tout le comté, chacun d'eux conservant la propriété et la jouissance exclusives de ses domaines directs, régis par un bayle particulier, celui de l'évêque à Mende, celui du roi à Marvejols côte à côte avec celui de Béraud de Mercœur (3). Une cour supérieure, dite « Cour commune »

---

(1) Arch. de la Lozère, G, 872. — Roucaute et Saché. *Lettres de Philippe le Bel relatives au Gévaudan.* A la date.

(2) Maisonobe et Porée. *Mémoire relatif au Pariage de* 1307. (Bull. de la Soc. de la Lozère, 1896-97).

(3) Les terres que le roi possédait en Gévaudan au moment du pariage étaient beaucoup moins importantes que celles de l'évêque. Elles formaient deux groupes de

munie d'un personnel spécial, bailli, juge et autres officiers, devait rendre la justice au nom des deux. Les traités
de cette sorte tournaient toujours au profit du plus fort.
Cependant le traité négocié par Guillaume de Plasian
avait fait une part plus belle à l'évêque de Mende qu'à
ses voisins les évêques de Viviers et du Puy. C'est
que, depuis trois ans au moins, Durand II, docteur ès-lois,
légiste de l'école moderne, était devenu ce qu'il resta, un
prélat politique tout dévoué au roi (1). Il résidait près de
la cour dans son pricuré d'Argenteuil. On ne le voyait pour
ainsi dire plus dans son diocèse, où son caractère entier
et son attitude politique lui avaient fait beaucoup d'ennemis dans toutes les classes, sans excepter le clergé. En
1305 fut découverte une conspiration contre sa vie et celle
de Hugues de Montauroux, son bailli de Mende (2); cinq
ans après le roi dut l'autoriser, sur sa demande, à se faire
escorter dans le royaume par une troupe de gens armés.
De si nombreuses plaintes s'élevèrent contre lui que le
pape Jean XXII dut ordonner une enquête à son encontre. Philippe le mit du grand conseil, prit ses biens
en sa garde et lui reconnut par le pariage divers privilèges
féodaux, avec le titre de comte de Gévaudan. Actif et
intelligent, plus ami du roi que du pape, il fut également
très en faveur sous Philippe le Long. Béraud eut plus
d'une fois maille à partir avec lui.

biens, l'un dans l'arrondissement de Florac, provenant de confiscations sur la maison
d'Anduze, l'autre dans celui de Marvejols provenant de la partie du vicomté de Grèzes,
retournée à la couronne au décès de Béraud V de Mercœur.

(1) Il avait été l'un des seuls prélats qui, au concile de Bourges en 1304, avaient
consenti à la levée des dîmes sur le clergé, obtenues par le roi de Benoît XI. Il fut
l'un des trois évêques chargés, avec l'archevêque Gilles Aycelin, de réunir les documents
qui devaient servir au concile de Vienne à se prononcer contre l'ordre du Temple.

(2) Lettre de Philippe le Bel, du 21 juin 1305, ordonnant au sénéchal de Beaucaire
et aux baill s d'Auvergne, des Montagnes, du Rouergue et du Velay, d'arrêter les coupables et de saisir leurs biens. (Roucaute et Saché. *Op. cit.*, p. 45). Adalbert de Peyre,
moine d'Aurillac et prieur d'Ispagnac, y fut compromis avec des laïcs. Il était exaspéré
de ce que Guillaume Durand s'opposait à un traité de pariage qu'il avait, de son côté,
conclu avec les officiers royaux.

« Ce fut évidemment aux dépens des nobles que fut
signé le pariage », conclut fort justement le dernier historien de cette constitution provinciale qui dura jusqu'à
la révolution (1). Ils sentaient venir au-dessus d'eux une
puissance dominatrice dans cette contrée d'accès difficile
où leur indépendance était presque complète. Philippe le
Bel se hâta d'instituer un bailli de la Cour commune et
l'homme qu'il choisit pour inaugurer le nouveau régime
fut précisément Jacques de Plasian, le frère de Guillaume, l'homme à poigne pour qui l'ordre général était
fait de violences aux droits particuliers.

« Issus des plus vieilles familles du royaume, ajoute
l'auteur, Béraud de Mercœur, Astorg de Peyre, Marquis
de Canillac, Guillaume de Châteauneuf, Raymond d'Anduze, seigneur de Florac, s'élevèrent contre cette extension de l'autorité royale. Les viguiers ou bayles royaux de
Marvejols, Uzès, Meyrueis, Anduze, Alais, dont les familles appartenaient pour la plupart à la région, leur ont
montré jadis autrement d'indulgence que ne le fait maintenant le bailli du Gévaudan, cet étranger, ce Jacques de
Plaisians, frère de l'un des plus énergiques défenseurs du
droit royal, de celui-là même qui est venu jusqu'à Marvejols leur imposer la prestation de serment de fidélité au
pariage » (2).

Non seulement Béraud ne se fit pas représenter le 6 avril
1307 à Marvejols où Guillaume de Plasian avait fait citer
les nobles gévaudanais pour cette cérémonie, mais il forma
opposition au pariage en tête de la noblesse de la province. Les opposants, au nombre de quarante-huit, toute
l'élite du pays, furent assignés à comparaître à Alais, le
22 avril 1309, aux assises du sénéchal de Beaucaire pour
déduire leurs moyens. Les feudataires de Béraud, Guérin

____

(1) Roucaute. *La formation territ. du dom. roy. en Gév.*, p. 55. — Voir
aussi : Maisonobe et Porée. *Mémoire relatif au Pariage de* 1307. — André. *La
vicomté de Grèzes.*

(2) Roucaute. *Op. cit.*, p. 55-56.

et Odilon-Guérin d'Apchier, Marquis II de Canillac, Astorg, Guillaume et Raymond de Peyre, Guillaume de Châteauneuf, Guillaume de Verdezun, les seigneurs de La Garde- Guérin, Pierre de Montjézieu qui tiennent de lui des fiefs des deux côtés de la frontière arverno-gévaudanaise, l'ont suivi dans ce syndicat (1). Absent pour cause d'une autre ligue dans le centre de la France, il se fit représenter à l'audience où « les nobles, barons et *comtors* (2) du Gévaudan » exposèrent leurs griefs.

Le roi a été lésé et joué dans ce pariage, allèguent-ils dans leur mémoire ; l'évêque lui a cédé ce qui ne lui appartenait pas ; ils étaient ses égaux au temporel, ils offrent de le prouver et demandent que l'exécution du traité soit suspendue en attendant. Disons tout de suite qu'ils eurent tout le temps d'administrer cette preuve, vu que le procès ne se termina qu'en 1341, et qu'ils ne prouvèrent rien sur ce point de positif. Le traité d'association est inique, il trouble tout le pays. En leur donnant deux maîtres, il augmente leurs charges. Il accorde à l'évêque la frappe de monnaies d'argent et d'airain qui, n'ayant pas cours hors du Gévaudan, leur font perdre le tiers de leurs revenus. Il lui reconnaît le droit de porter les armes dans toute l'étendue de son diocèse, même sur leurs domaines personnels, en violation de leurs privilèges de hauts justiciers et de seigneurs dominants. Les rois avaient interdit de créer plus de quatre à six sergents dans la baylie de Marvejols ; les bayle et juge de l'évêque et du roi en ont, chacun de leur côté, créé plus de trente, ayant chacun une

---

(1) Citons parmi les autres : Dragonnet de Joyeuse, Guy de Montlaur, Guy de Cénaret, Guy de Serverette, Guy de La Roche, Guy de Couffour, Guillaume de Montesquieu, Raymond d'Anduze seigneur de Florac, Hugues de Montferrand, Guy de Deux-Chiens (Douchanet, commune de Monistrol-sur-Allier, canton de Saugues) ; les de Barre, Peyrebesse, Merle, Chanac, Jalès, Montrodat, Quintinhac. *(Lettres de Philippe le Bel,* etc., pp. 203 et suivantes. Mende, 1897. D'après les arch. de la Lozère, G 872,751.)

(2) *Op. cit.,* 205, etc. Les Comtours les plus connus du Gévaudan étaient alors les Comtours de Nant et de Montferrand.

troupe de valets insolents, ramassis de « bannis et de vo-
leurs » (1).

Ces derniers griefs étaient plus fondés. Le roi avait
payé l'acquiescement de l'évêque en tranchant au profit
du prélat les questions judiciairement pendantes entre lui
et les seigneurs, en privant ceux-ci même de la voie de
l'arbitrage et sans les admettre au traité. Pour le leur imposer, une force mixte et permanente était nécessaire.
On a la gendarmerie qu'on peut et celle-ci au début ne
connaissait, à la vérité, ni freins, ni lois.

A ces plaintes communes, Béraud en ajoutait personnellement une autre. Ses auteurs, possesseurs du vicomté
de Grèzes d'abord et restés maîtres ensuite d'une grande
partie du territoire, y avaient introduit la coutume d'Auvergne, devenue la loi du pays ; le traité lui substituait,
au détriment de ses sujets et de lui-même, la loi de la
sénéchaussée de Beaucaire qui était le droit écrit. Les seigneurs n'étaient pas seuls à souffrir de ces innovations,
dont l'utilité générale échappait à beaucoup d'hommes de
ce temps.

Ce serait une erreur de croire que la substitution de la
justice royale aux justices seigneuriales ait partout reçu
du peuple le même favorable accueil sous Philippe le Bel.
Dans les provinces montagneuses, quand le seigneur était
bon pour ses sujets et c'était l'ordinaire, le peuple reçut
avec défiance des étrangers peu au courant de leurs usages, de leur langue, parlant trop haut parce qu'ils par-
laient au nom du roi. Les officiers des justices seigneuriales atteints dans le produit de leurs charges, la bour-
geoisie locale diminuée dans son influence, activaient de
leur mieux ce mouvement d'opinion. On en vit alors la
preuve.

(1) Ils se plaignent aussi de l'augmentation du nombre des notaires, d'un accrois-
sement des frais de justice. Il est certain que le personnel judiciaire fut doublé ou
triplé au détriment des justiciables. Il fallait gagner des adhérents dans le monde des
hommes d'affaire si influents dans la région des montagnes.

Il y eut en 1307 une insurrection contre le pariage que nous connaissons par un arrêt du parlement du 7 avril 1309. Le lieutenant du bayle *royal* de Marvejols, un certain Chamlong, ses sergents et une troupe d'habitants du pays, armés jusqu'aux dents, déguisés et masqués, envahirent la nuit l'édifice où se tenait la cour commune, maltraitèrent ou blessèrent Raymond de Volmas, lieutenant royal de cette cour et ses sergents ; ils renouvelèrent leurs attaques quatre ou cinq nuits de suite. Ils tinrent assiégés les officiers du roi et de l'évêque en vociférant qu'il fallait les mettre à mort et démolir la cour commune (1). Mieux encore, les officiers *royaux* chargés par Philippe le Bel de saisir les terres de Béraud de Mercœur, et par le sénéchal de Beaucaire de garder ses châteaux saisis du Gévaudan, prirent son parti et celui des habitants. Ils arrêtèrent les sergents de la cour commune dans l'exercice de leurs fonctions, les emprisonnèrent et commirent des exactions diverses que l'évêque de Mende dénonça au roi (2).

Malgré leurs défectuosités et les violences du début, les pariages de 1305-1307 furent un grand bienfait pour les trois provinces ; ils apportèrent une justice meilleure et plus égale, plus de sécurité à tous dès que le tassement se fut produit ; plus de force au Vivarais devenu frontière du royaume. L'évêque du Puy, qui s'était fait prier tout d'abord, disposait au profit de Philippe le Bel, le 22 mars 1310 (n. st.), de l'argent et des bijoux qu'il avait mis en dépôt chez les marchands de la compagnie des Guilhem (3). Le traité de 1307 subit victorieusement l'épreuve de la pratique en Gévaudan dont il resta la charte constitutionnelle jusqu'à 1789 ; et la guerre de Cent ans ne tarda

---

(1) *Arch. de la Lozère G,* 783. Texte publié par M. Roucaute. *Op.* cit. pp. 81 et suiv.

(2) *Ibid.* p. 94-96. Le roi prescrivait, le 4 octobre 1307, une enquête sur ces faits à son sénéchal de Beaucaire.

(3) Bibl. nat. Fonds Baluze. Arm. I, page 4, nº 1. T. XIV, p. 350.

pas à démontrer à tous les yeux l'avantage de l'unité dans le commandement. Cela dit, il n'est guère douteux que la monarchie eût obtenu le même résultat en employant la patiente sagesse des deux prédécesseurs de Philippe le Bel en ces matières, et elle n'eut pas jeté le pays en des troubles qui ne finirent qu'en 1341. Quant à Béraud de Mercœur, s'il eut le tort de laisser faire ses officiers et de les couvrir, même en faute, il se montra accommodant dès que la cour voulut bien recourir à la voie des bons procédés. Il ne fut pas un rebelle dans la véritable acception du mot, mais l'homme dont on ne peut rien faire par la brutalité.

Sur ces entrefaites, la politique royale creusait un nouveau et profond fossé entre Béraud de Mercœur et la cour. L'arrestation en masse des Templiers, le 13 octobre 1307, fut un coup de tonnerre pour lui. N'était-ce pas son grand-père Béraud qui avait servi de parrain de chevalerie au jeune Guy Dauphin, fils de Robert III comte de Clermont son gendre, le matin de sa réception (1) ; lui qui l'avait accompagné jusqu'à la porte du Temple de Ronzières ? Et combien de parents, d'amis, de feudataires ne comptait-il pas dans l'Ordre ! Aussi resta-t-il à l'écart et ne trouve-t-on aucun concours de sa part dans l'opération. Son entourage immédiat manifeste une opinion plus ou moins franchement hostile. Elle se révèle par la correction fort sèche de la réponse que l'on y fit, en avril 1308, aux lettres de convocation pour les Etats de Tours,

(1) Alixent de Mercœur, tante paternelle du connétable de Champagne, étant veuve de Pons de Montlaur, puis d'Aimar III comte de Valentinois, avait convolé, en 1279, avec Robert III, Dauphin d'Auvergne, comte de Clermont, veuf lui-même et père de Guy. (Baluze. *Hist. généalogique de la Maison d'Auvergne*. I, 177 ; II, 301, etc.). Ce fut l'année suivante que Guy Dauphin fut reçu au temple de Ronzières, près Champeix. Voir ce qu'il dit lui-même de Béraud de Mercœur dans son interrogatoire subi en 1310 (*Procès des Templiers*, II, 417). Au bout de six ans et demi de détention, Guy Dauphin fut brûlé avec le grand-maître Jacques de Molay et l'Auvergnat Pierre de Madic, à Paris, le 11 mars 1314.

qui devaient s'ouvrir le 5 mai suivant. Philippe mandait au clergé, à la noblesse, aux villes, de venir l'assister de leurs conseils, non pour décider si l'Ordre du Temple avait mérité de périr, mais sur le plus sûr moyen « d'extirper » de l'Eglise une association qui en était devenue la souillure (1).

Les principaux vassaux et amis de Béraud, en Auvergne et Gévaudan (2), de même que ses parents les plus proches (3) envoient des mandataires munis d'une simple lettre de créance sans protestations d'appui ni marques d'approbation. Seul le comte d'Auvergne, Robert VI, remet à son clerc, Jacques Grenier, chargé de voter en son nom, une lettre faite pour plaire au maître : « Je lui donne, écrit-il, la mission et le pouvoir d'entendre et de recevoir votre bénigne mandement au sujet de l'erreur et de l'abominable conduite des Templiers » (4). C'était la reproduction littérale des termes de la convocation royale. Aucun de ces seigneurs n'a voulu tremper, en personne présente, dans l'œuvre à laquelle le roi les conviait. Parmi les onze villes d'Auvergne convoquées, dont quatre des Montagnes (5), il se produisit deux courants : dans celles

(1) On a conservé la lettre de convocation adressée par le roi au comte de Comminges. On pense que ce texte est celui d'une circulaire adressée à tous les nobles convoqués (G. Picot. *Documents relatifs aux Etats généraux et assemblées sous Philippe le Bel*, p. 489 et *Introduction*, p. xlvi). Le roi mande aux nobles de venir en personne ou « à tout le moins » de se faire représenter. Il leur en fait un devoir de vassal.

(2) Astorg de Peyre, Guérin V, de Châteauneuf d'Apchier, Marquis II de Canillac, Astorg d'Aurillac, Durand de Montal. (Arch. nat. J. 414, nos 28, 33, 31, 19. Lettres échelonnées du 23 au 26 avril 1308).

(3) Comtes de Forez, de Valentinois, vicomte de Polignac, sire de Beaujeu. (Lettres du 21 au 17 avril 1308. *Loc. cit.* J. 314. nos 6, 26-27, 36, 5).

(4) Loc. cit. no 13. Lettre du 13 mai 1308. — Georges Picot a pris à tort ce prince pour Robert III dauphin d'Auvergne (*Docum. relat. aux Etats gén.*, etc., p. 575).

(5) Basse-Auvergne : Clermont, Montferrand, Billom, Issoire, Saint-Pourçain, Mauriac, Brioude (*Arch. nat.* J. 475. nos 193, 194, 196, 195, 197, 203, 198). — Montagnes : Aurillac, Saint-Flour, Maurs, Montsalvy (Ibid. nos 201, 199, 200, 201). Les lettres de députation sont des 29 et 30 avril 1308.

dépourvues de consulat et sujettes de seigneurs d'église, les députés reçurent un mandat de prudente défiance (1); la plupart des autres donnèrent à leurs députés, quelquefois même avec entrain comme le fit Issoire, des pouvoirs sans restriction ou des lettres respirant la docilité aux volontés royales. Saint-Pourçain, quoique ville d'église, suivit la même ligne de conduite; cela tint à ce que le prieur du lieu, seigneur de la ville, était un cardinal qui n'y résidait pas. En son absence, la désignation des députés fut laissée aux bourgeois. Ils s'assemblèrent au nombre de plus de quatre-vingts chefs de famille et n'imposèrent aucune condition aux élus de leur choix.

Quant à Béraud, toujours en défaveur, on n'a aucune preuve qu'il ait assisté, député, ou même été convoqué aux Etats de Tours. Aucune des villes relevant de sa Terre de Mercœur ne figure dans les convocations. L'avis de leur maître était connu d'avance.

Un événement pénible pour la famille royale ne tarda pas à rapprocher le maître et le familier. La cour eut besoin, en Champagne, d'un homme personnellement dévoué à la mémoire de la reine Jeanne, femme de Philippe le Bel, qu'une fin très prompte avait surprise au château de Vincennes, le 2 avril 1305 (n. st.). On accusait un membre du grand conseil, Guichard de Troyes, de l'avoir fait périr par poison, envoûtement et sorcellerie. Un témoin très suspect parlait même de projets ou de tentatives d'empoisonnement du frère et des trois fils du roi. De vagues soupçons s'égaraient encore dans le public sur les causes de la mort imprévue et presque soudaine de Blanche de

---

(1) « Faire ce qui sera opportun » (Mauriac). — « Adhérer à toutes choses licites. » (Brioude). Les consuls de Saint-Flour députent deux prêtres dont l'un, Faucon Vallat, fut l'un des notaires chargés par la Commission de Paris, de recevoir les interrogatoires des Templiers en 1310, et un bourgeois, parent de ce dernier, Pierre Vallat. — A Clermont, dont les privilèges municipaux étaient très restreints, ce fut le bailli de l'évêque qui désigna les députés. Les villes en envoyèrent vingt-neuf en tout, dont huit nommés par Issoire.

Navarre, comtesse de Champagne, survenue trois ans avant celle de sa fille ; si bien qu'au mois d'août 1308, Philippe saisissait le pape d'une plainte contre Guichard ; et le ténébreux procès entrait dans sa phase aiguë. Les passions étaient soulevées, des machinations ourdies, de terribles haines déchaînées, la subornation employée. Guichard, arrêté, niait tout avec la dernière énergie, et ses adversaires s'étaient nui à eux-mêmes par cette accumulation de scélératesses dont on n'apercevait ni un mobile suffisant, ni des témoins dignes de foi.

L'organisateur de l'enquête était un florentin véreux, Noffo Dei, que l'on disait avoir été templier, et qui, condamné pour d'autres méfaits, n'avait acheté la liberté, croyait-on, qu'au prix des services qu'il allait rendre dans l'information confiée par le roi à Guillaume de Hangest, bailli de Sens, et à Nogaret (1). L'immixtion d'un Noffo faisait murmurer la conscience publique.

Béraud fut alors réintégré dans la connétablie, où on le retrouve à cette époque (2). Ce n'était assurément pas une doublure à Noffo Dei et à Nogaret qu'on cherchait en lui, mais bien plutôt une satisfaction donnée aux honnêtes gens de Champagne et de la cour émus par cette sombre procédure. Philippe le Bel a fondé une école chez les princes du moyen âge, celle du souci manifeste et du maniement de l'opinion, l'art de la créer et de s'en servir. Il en donna la preuve, dans cette affaire même, en faisant lire devant le clergé et le peuple de Paris assemblés·dans le jardin de la Cité, le 6 octobre 1308, l'acte d'accusation criminelle dressée par ses officiers contre Guichard, afin de préparer l'opinion, quelques jours avant l'arrestation (3). Si ceux qui approchaient le sire de Mer-

(1) Abel Rigault. *Le procès de Guichard de Troyes*, p. 57 et suivantes.

(2) Du Chesne (*Hist. des ducs de Bourgogne*, III, 145, pour l'année 1308). Un de ses ancêtres, Archambaud VI de Bourbon, avait reçu de la comtesse de Troyes la connétablie de Champagne à vie (Trésor des Chartes, 1, 461, 462, n° 1283).

(3) Abel Rigault. *Op. cit.*

TERRE DE MERCŒUR

AUX XIIIe ET XIVe SIÈCLES

Chevauchement sur l'Auvergne, le Rouergue et le Gévaudan

LÉGENDE

L'affection que Béraud avait eue pour la reine Jeanne, il la reporta sur son fils Louis le Hutin, son successeur dans le royaume de Navarre. Mais il resta plus convaincu que jamais que la main-mise du gouvernement royal dans les affaires personnelles des hauts barons sur leurs propres terres, hors les cas de forfaiture et de lèse-majesté, était une usurpation pure, il ne changea rien à sa ligne de conduite dans les questions qui se rattachaient à cette conception politique. Et il en donna immédiatement la preuve.

VI.

Guerre privée contre Dreux de Mello; la Ligue de Bourgogne. — Défaite en Nivernais. Béraud fait prisonnier. — Rebelle au roi. Seconde saisie de ses terres (1308).

A peine de retour en Champagne, un différend assez grave pour lui mettre les armes à la main survint entre lui et son parent Dreux de Mello; je n'ai pu en découvrir la cause précise. En général, ce n'est pas lui qui commence; il ne provoque ni ne chicane, mais quand il a dégainé il ne sait plus reculer. Le roi intervient; Béraud se fait un point d'honneur de ne pas se soumettre à l'ordre de désarmer avant d'avoir reçu satisfaction légitime (1). Eudes ou Odon de Montaigu, celui qu'on appelait communément Oudart, d'une branche cadette des ducs de Bourgogne issue de la maison de France, formait à ce

(1) Nous avons vu que la grand'mère paternelle de Béraud, Béatrix de Bourbon, était la fille de Béatrix de Mello, fille elle-même de Dreux de Mello, connétable de France. Le Dreux de Mello avec qui Béraud était en querelle en 1308, doit être Dreux IV de Mello, seigneur de Sainte-Hermine, qui venait d'épouser Eléonore de Savoie, veuve de Guillaume Ier de Châlon, comte d'Auxerre et de Tonnerre, cousin-germain de Béraud. Il y avait, du premier mariage de ce dernier un enfant mineur, ce Jean II de Châlon, auquel Béraud porta toute sa vie une si grande affection, et dont il était le soutien avec son oncle Jean de Châlon-Rochefort.

moment une ligue contre Erard de Saint-Verain, à qui s'allia Dreux de Mello. Au fond c'était, de la part de Montaigu, une confédération de couleur impériale. Ni le Dauphin Jean II, ni le comte d'Auvergne Robert VI, ni le comte Jean de Forez, ces deux derniers membres du grand conseil, n'en furent ouvertement; mais, pour les Dauphins de Viennois et d'Auvergne tout au moins, on ne peut nier qu'ils ne lui fussent favorables, en voyant le premier laisser ses deux frères Guy baron de Montauban et Hugues seigneur de Faucigny s'y engager, et le second, Robert III comte de Clermont, permettre à son fils aîné Robert d'y entrer également. La mère de ce jeune homme était Alixent de Mercœur.

Béraud s'y jeta à corps perdu du côté Montaigu, puisque Dreux de Mello tenait pour Saint-Verain. Pour lui, ce n'était pas affaire d'Empire cette fois, mais question personnelle. A Saint-Verain s'étaient unis les comtes de Sancerre et de Dreux, Miles de Noyers, sénéchal de Champagne et autres seigneurs français. On tua, on brûla de part et d'autre en violation des ordonnances du royaume.

Béraud de Mercœur prend donc les champs « enseignes déployées » contre Dreux, lui livre des combats à la porte des palais royaux en Champagne et « presque sous nos yeux », a dit Philippe le Bel (1), pendant que les autres coalisés de Bourgogne bataillent pour leur compte. Le 21 novembre 1308, le roi écrit de Nîmes à Jean de Grés, maréchal de France, et à Jean de Bléville, nouveau sénéchal de Champagne, de s'emparer de « tous ceux qui ont esté au fait d'armes qui a esté entre Oudart de Montaigu et Erart de Saint-Verain et et ses *aidans* d'autres, soient de nostre royaume out de

____

(1) « *Prope nos, quasi coram oculis nostris* ». Lettre de Philippe le Bel donnée à Poissy l'année suivante au mois de mai 1309 (*Arch. nat. JJ.* 42, n° 59, f. 90).

dehors. Quelque part que vous les pourrez trouver de dans nostre royaume, prenez et mettez les en nos prisons » (1). Les *aidants*, c'était Béraud de Mercœur, Robert, fils du Dauphin d'Auvergne, les frères du Dauphin de Viennois et leurs alliés.

On ne put s'emparer du baron Auvergnat. Le roi l'assigne alors, en ce même mois de novembre, à comparaître devant lui en personne avec le comte de Dreux à Paris le jour de la Saint-André ; il se présente. Par égard pour son connétable de Champagne qu'au fond il aime encore, le roi se contente de le consigner aux arrêts, sans gardes et sans serment, dans l'hôtel que Béraud possède à Paris, au lieu de le faire mettre en prison comme les autres, « voulant moins le punir, dit-il, suivant la gravité de son crime que corriger avec mansuétude, miséricorde et autant de douceur que possible l'homme qu'il chérissait, qu'il avait élevé et comblé ensuite de biens et d'honneurs (2) ». Ces bienveillantes paroles ne calment pas l'orgueil froissé de Béraud. A ses yeux le coupable est le roi Philippe qui fausse sa parole si récemment et si solennellement donnée, de respecter le privilège du franc baron de soutenir son droit par les armes ; or, son droit, Dreux de Mello l'a violé. Il s'évade de sa demeure, quitte Paris et se retire dans ses terres.

Ordre du roi de saisir cette fois tous ses biens, envoi de plusieurs officiers de Philippe pour prendre possession de ses forteresses ; sommations à ses capitaines de les leur livrer. Tous restèrent fidèles à leur maître ; ils ne connaissaient d'autre chef que le sire de Mercœur et répondirent aux gens du roi par des bravades et des insolences. Il fallut que les agents royaux entrassent en composition avec ce vassal plus roi que le roi dans ses domaines.

<hr>

(1) *Arch. nat. JJ, n° 31, p.* 75. — Bibl. mun. de Clermont. Mss. d'Auv. n° 745.

(2) Lettre de Philippe le Bel, datée de Fontainebleau, le 29 novembre 1308 (*Arch. nat. JJ.* 55, *f.* 75).

Béraud consentit à se soumettre au jugement de son souverain, sous la condition absolue qu'il resterait libre et que nul ne porterait la main sur sa personne. Il entendait aussi répondre seul pour ses officiers et ses soldats, les couvrir tous en les avouant en vertu de son droit baronial. Ceux-ci n'en furent pas moins poursuivis comme complices. Sommé de les livrer, Béraud tint pour lâcheté d'obéir à cet ordre, mit ses capitaines en sûreté et s'offrit à payer seul pour tous suivant les vieilles coutumes féodales. Il consentit à rendre aux troupes royales les seuls châteaux qu'il tenait sous l'hommage du roi, après en avoir retiré toutes ses garnisons jusqu'au dernier homme. Pour les châteaux où il relevait d'autres suzerains (tels que les évêques de Clermont, du Puy, de Mâcon, de Lyon et de Mende), il n'en voulut remettre aucun. Quant au château de Mercœur, « je n'y relève que de Dieu », répondit-il; et il n'en ouvrit pas les portes, refusant par là même de reconnaître ce droit supérieur de police générale qui était la base essentielle de l'évolution monarchique. Pour sa personne, il « se déclara prêt à obéir pourvu qu'on lui promît la vie sauve et pas de prison; sans quoi, ajoutait-il, il se mettrait en rebellion ouverte en contumace manifeste (1) ».

Lorsque Philippe connut ce hautain langage, il ordonna aux sénéchaux de Beaucaire et de Rouergue, aux baillis de Mâcon, d'Auvergne, des Montagnes d'Auvergne et de Berry, car Béraud VII avait des châteaux dans ces divers gouvernements, de faire publier dans toutes ses propriétés une citation à comparaître devant lui en son parlement de Paris, dans la quinzaine de la Saint-Jean-Baptiste (24 juin) (2). Ses conditions n'étant pas

____

(1) Du moins le roi lui prête ce langage : « *Quod de persona sua obedire paratus erat, dum tamen traheret vite securitatem, et quod in prisionem vel carcerem non poneretur; et, non aliter, se, contra publicam disciplinam, ponens in contumaciam manifestam* ». (*Ibid.*)

(2) *Ibid.*

acceptées, Béraud refusa de comparaître. C'était la guerre.

Le roi le connaissait si bien et doutait si peu du médiocre effet de tout ce bruit de sergents que, le même jour 31 mai 1309 où il écrivait de Poissy à ses sénéchaux et baillis de procédurer contre lui, il enjoignait, par lettre datée du même lieu, au vicomte de Murat, voisin de terres de Béraud de Mercœur en Haute-Auvergne, d'amener trois semaines après la Saint-Jéan-Baptiste, les chevaux et les hommes d'armes de son fief, dans la ville de Saint-Flour, où il se proposait de concentrer ses troupes pour combattre le rebelle (1). Le même jour encore, il expédiait au comte de Sancerre l'ordre de se rendre à Clermont pour la même époque avec son contingent (2); au bailli d'Auvergne, Géraud de Paray, de lever un homme d'armes par 100 livres de rentes sur tous les vassaux de la terre royale d'Auvergne et d'assembler ces levées à Clermont toujours dans le même délai (3). En

(1) « *Mandatum vicecomiti de Murato quod sit ad Regem apud Sanctum Florum cum equis et armis propter inobedientiam* domini de Mercurio.

» *Philippus... Dilecto nostro vicecomiti de Murato salutem et dilectionem. Cum propter nonnullas graves inobediencias quas* dominus de Mercurio *nobis et gentibus nostris (commisit), in hujusmodi solertia perseverans, ad terros et loca ipsius gentes nostras, exigendo justiciam, destinemus, requisimus vos; nichilominus mandantes quatinus ad tres septimanas instantis festi beati Johannis Baptiste, apud Sanctum Florum in equis et armis, secundum exigenciam status vestri sufficienter parati, personaliter intersistis, nostris et gentium nostrarum quas ad diem et locum predictos mittere proponimus, parituri mandatis. — Datum Pissiaci ultima die maii anno domini M° CCC° nono ». (Arch. nat. Reg. JJ.* 42, *n°* 60, 61, 90 v°*).

M. Coulon a eu raison de relever l'erreur des auteurs qui ont vu dans cet appel du ban une levée destinée à la guerre de Flandre. Elle était dirigée, comme le dit cet éditeur des *Lettres de Jean XXII*, contre la ligue de Bourgogne et l'insurrection de Béraud de Mercœur. La lettre précitée et les suivantes en sont la preuve formelle.

— La terre proprement dite de Mercœur, rappelons-le, s'étendait sur les arrondissements d'Issoire, Murat, Saint-Flour, Brioude, le Puy, Marvejols. Saint-Flour en était donc entouré. Béraud devait ainsi être investi par le nord et le sud, et attaqué au centre.

(2) *Ibid. n°* 61, p. 90.

(3) *Alia littera ballivo Alvernie directa propter inobediencias B. de Mercorio Philippus... ballivo Arvernie salutem. Cum ad cohercendum aliquas graves inobediencias per* Beraudum de Mercurio, *etc...* (JJ 42, *n°* 62. V. 90 V°).

outre de ces forces prises en Auvergne haute et basse et en Berry, Philippe le Bel jugea la situation assez grave pour envoyer de Paris un corps d'armée et pour en confier le commandement au connétable de France Gaucher de Châtillon (1). Si je cite ces correspondances inédites, c'est que la formation de cette armée d'Auvergne sur deux points opposés, Saint-Flour et Clermont, révèle chez le roi un plan qui n'avait pas été aperçu par les historiens, celui d'étouffer le soulèvement de la noblesse du pays avant de lancer ses troupes sur les Bourguignons. Ils ont cru, bien à tort, qu'il s'agissait des guerres de Flandre.

L'agitation se propageait dans le pays sous l'impulsion de ses plus influents seigneurs, Béraud de Mercœur, Robert III Dauphin, et quelques membres de la maison comtale. Ils sentaient que l'existence de l'Ordre du Temple n'était plus seule en jeu, que la vie de leurs templiers eux-mêmes était actuellement menacée, à commencer par Guy Dauphin, prieur d'Aquitaine, frère du comte de Clermont et fils de Mahaut d'Auvergne, emprisonné depuis dix-huit mois avec d'autres chevaliers tenant à des familles puissantes et fort irritées de la région.

Sous la multiplicité de taxes de guerre inconnues jusqu'alors, l'obligation du service militaire direct, et la rudesse de certains officiers royaux, le peuple lui-même grondait.

Le réveil de l'esprit féodal déchaînait les guerres lo-

(1) L'ordre de concentration à Clermont que Philippe lui envoya le 31 mai 1309, de Poissy, est au Trésor des Chartes : « Philippus Dei gratia, etc... A nostre amé et féal le comte de Sanceurre salut et amour. Comme par aucunes désobéissances *que li sires de Marqueil* a faites à nous et à nos gens, et encore y persévère, nous envoions nostre amé et féal Gaucher de Chastillon, comte de Porcian et connestable de France, *ès terres et biens dudit seigneur de Marqueil*. Nous vous requérons que, sur la féance que vous nous devez, que, à trois sepmaines de la saint Jehan Baptiste prochaine à venir, soiez en armes et en chevaux suffisamment suivant vostre état, à Clermont en Auverne, appareilhez d'obéir audit connestable en tout ce qui vous dira de par nous. Et vous monstrez en cette besoigne si honorablement et en telle obéissance que nous vous en devrions savoir gré. — Donné à Poissi le dárrenier jour de mai lan de grâce mil CCC et nuef. » (*Arch. nat. JJ*, nº 61, *f.* 90).

cales avec toutes leurs violences dans cette contrée paisible ; il nous faudra bientôt en donner des preuves trop éloquentes. Nombre de seigneurs d'Auvergne et du Bourbonnais imitaient l'exemple de Béraud ; la Franche-Comté s'agitait, et si Philippe eût été coupé de Lyon, il pouvait de ce côté perdre dans la bourrasque le fruit de plus de quinze ans d'efforts heureux. D'autres événements compliquaient terriblement pour lui la situation en 1308 et 1309 ; la guerre du nord était loin d'être terminée, elle avait sa répercussion en Nivernais, propriété de la maison de Flandre. Il fallait à tout prix, dans de telles circonstances, écraser une ligue pourvue d'alliés jusque dans ses propres domaines et dans sa cour. De là un déploiement de forces tout à fait disproportionné d'apparence avec un simple mouvement séditieux de quelques seigneurs.

Philippe avait raison de compter peu sur le concours de la noblesse d'Auvergne pour combattre les plus estimés de ses membres. Il n'est nullement démontré que le vicomte de Murat ait obéi d'une manière utile à la semonce royale ; il l'est moins encore que la plus forte place du pays ait consenti à ouvrir ses portes aux troupes du vicomte au détriment de ce qui fut le plus cher des privilèges militaires de Saint-Flour, et à l'encontre du descendant de ses bienfaiteurs, bienfaisant lui-même. Du moins l'attitude énergique du roi réussit-elle à circonscrire le mouvement au groupe des plus audacieux.

En même temps que les ordres de mobilisation de l'ost, il expédia dans la province, par son clerc G. de Dôme (ou du Buisson) et par un chevalier de son hôtel Philippe de Blot, l'ordre à ses deux baillis de Haute et Basse Auvergne, d'arrêter et de châtier impitoyablement ceux des seigneurs de ce pays qui « sous le couvert de leurs *franchises et coutumes détestables* », se permettraient de prendre les armes sans son ordre et de s'opposer aux saisies royales. Ils devront s'emparer de leurs biens *sans égards pour le rang,* qu'ils fussent barons, nobles ou bourgeois des communes (1) ». Quant à leurs coutumes et franchises, tranchant d'un mot, il les « supprimait ». Cet ensemble de mesures rapidement prises intimidèrent les barons et les clients de Mercœur. Elles maintinrent les dauphins d'Auvergne et de Viennois, dont la conduite persistait à rester équivoque. Elles ne firent pas reculer Béraud et ne diminuèrent que son contingent. Il rejoignit ses alliés; le connétable de Châtillon et le comte de Sancerre prirent le commandement de l'armée et marchèrent sur lui.

Pendant ce temps le parti Montaigu, se voyant en trop petit nombre, avait fait venir d'Allemagne des mercenaires à sa solde. On n'a ni preuve ni indice que Béraud ait pris la moindre part à cet acte coupable. Lui, il ne voyait que Dreux de Mello. Royaux et Impériaux se rencontrèrent le jour de la fête de Saint-Denis (9 octobre 1309) dans la partie du Nivernais qui appartenait au comte d'Auxerre. La bataille fut chaude et courte, les Auvergnats et les Bourguignons défaits. Béraud de Mercœur, sur le point d'être capturé par Mello, ne voulut pas subir la honte de remettre son épée à son ennemi personnel; mais, avisant son parent le comte de Sancerre, il la lui rendit (2). Philippe le Bel ordonna de poursuivre

(1) Ista littera directa in Balliiviis Alverniae, magistro G. de Dumo et domino Philippo de Blau seu de Sancto Verano, militi. Item, ne quis sine nostra licencia in regno nostro cetum, cohortem, vel aliquam congregationem faciat armatorum, ne quis contra gagiamentum attemptet vel pacem nostram Regni nostri quolibet modo infringat ; et cum aliqui corruptelas pro consuetudinibus in hiis partibus soleant allegare, tales *dampnatas consuetudines tollimus* et penitus reprobamus. Vobis insuper precipimus et mandamus quod si quis contra predicta quicquam attemptare presumat, statim eis viriliter resistatis et eos in personis et bonis capiatis et distringuatis, et debite puniatis. Precipiatis insuper baronibus, nobilibus et plebeis communitatibus, etc. *(Arch. nat. JJ,* 60, 91).

(2) *Contin. de Géraud de Frachet (Rec. des Hist.,* xxi, 32 A). — *Cont. de Guill. de Nangis* (Ibid., xx, p. 598, D et E). Cette chronique écrit, par erreur de scribe, *Berandus de Mercolio,* pour *Beraudus.* — Voir aussi le *Memorialis historiarum* de Jean de Saint-Victor. (*Ibid.,* xxi, p. 652, G, H). — Du Chesne. *Hist. des ducs de Bourgogne,* p. 145. — Arch. nat. JJ, *loc. cit.,* 218.

et d'arrêter vainqueurs et vaincus, c'est-à-dire Mello et
ses partisans, aussi bien que Mercœur et ses alliés. Erard
de Saint-Verain et l'un des Sancerre furent incarcérés à
Melun, Dreux de Mello et son frère à l'Hôpital près de
Corbeil. L'enquête démontra qu'ils avaient été les provo-
cateurs et les principaux coupables dans cette affaire.
Béraud, laissé libre par le comte de Sancerre, n'en restait pas moins sous le coup des poursuites criminelles
ordonnées contre tous les chefs de la chevauchée et de
l'ordre d'arrestation lancé contre lui. Il se retira tranquil-
lement dans ses domaines.

VII.

Au cours des préparatifs de guerre de Philippe le Bel
contre lui et ses alliés avant la campagne malheureuse
du Nivernais, de même que pendant les poursuites judi-
ciaires ordonnées par le roi après la défaite, Béraud
parcourait la France comme le plus intangible et le plus
innocent des hommes. On le trouve en Auvergne, en
Bourbonnais, en Forez, à Lyon, en Dauphiné, aux deux
extrémités de la France. Il assiste le 22 mai 1309, dans la
ville de Vienne, aux fiançailles de Marguerite de Savoie
sa cousine, veuve de Jean de Châlon, sire de Vignory
son cousin, avec un autre de ses parents Simon de Com-
mercy comté de Sarrebruck. Neuf années auparavant,
lors du mariage de Guichard VI de Beaujeu avec Jeanne
de Genève, il s'était porté caution du paiement de la dot
par le comte de Genève (1) ; cette fois il se fait le garant

---

(1) Ce fut le 18 juin 1300 qu'il rendit ce service à son parent Guichard avec son
oncle Jean de Châlon-Arlay ; et il n'était pas mince, car la dot était de 14.000 livres
viennoises, en outre des terres. Le comte de Genève n'ayant pas tenu parole aux
échéances, Béraud était encore le 19 juin 1309, sommé par le bailli royal de Mâcon
de payer pour le comte. (*Arch. nat. P*, 1389, *cote* 150.)

de Louis de Savoie de concert avec le comte Amé V, frère
de la future, Guy Dauphin de Viennois et Aimar de Poitiers, pour le paiement de la dot de Marguerite de Savoie,
10,000 livres viennoïses. Il s'engage à fournir les ôtages
gardés à Besançon jusqu'au versement de la somme (1);
et le service est d'autant plus méritoire qu'en ce moment
même, il est poursuivi en justice pour payer, comme,
caution, la dot que le comte de Genève n'a pas encore
soldée. Le bon Béraud était, on le voit, aussi prompt à
ouvrir sa bourse qu'à tirer l'épée pour ceux qu'il aimait.

Après la noce, l'enterrement. Le 5 novembre 1309,
trois semaines après sa défaite du Nivernais, il conduisait,
à Besançon, le deuil de son oncle, Jean de Châlon comte
d'Auxerre, mort la veille, qu'on inhumait dans le couvent
de la Charité. La veuve, Marguerite de Beaujeu (2), s'avança vers la tombe et, dénouant sa ceinture, elle la déposa sur le cercueil de son mari, en signe de renonciation à
la communauté de biens ayant existé entre eux. Cela fait,
elle chargea Béraud de Mercœur de proclamer devant
l'assistance, où se trouvaient Renaud de Châlon-Bourgogne comte de Montbéliard, son frère Hugues, Miles de
Noyers, gardien de Bourgogne pour le roi, contre qui
Béraud venait de combattre, et beaucoup d'autres personnages, qu'elle entendait rester étrangère aux biens
mobiliers comme aux dettes de son époux (3), se réservant toutefois la restitution de sa dot et les legs dont il
l'avait gratifiée. Cela fait, Hugues de Châlon, archevêque
de Besançon, frère et exécuteur testamentaire du défunt,

____

(1) *Arch. nat. P*, 1389, *cote* 147. Les autres pleiges furent Raoul de Neufchâtel,
Otou évêque de Bâle et Guichard de Clérieu. Dans cet acte où le rang hiérarchique
est observé, Béraud de Mercœur est nommé immédiatement après le puissant comte de
Savoie.

(2) Troisième femme de Jean II de Châlon qui, avant elle, avait épousé Elisabeth de
Lorraine, fille du duc Mathieu II et veuve de Guillaume de Vienne; puis Alix de
Bourgogne, comtesse d'Auxerre, fille de Eudes, comte de Nevers et de Mahaut de
Bourbon-Dampierre, comtesse d'Auxerre, Nevers et Tonnerre, morte en 1290,

(3) *Bonis mobilibus et debitis.*

déclara accepter en cette qualité la renonciation, et le notaire qu'on avait amené dressa du tout un procès-verbal qui existe encore (1). C'est que le patriotisme local et la longue résistance des Châlons à l'occupation française leur avaient coûté cher.

Ce qui restait pourtant du patrimoine de l'aïeul Jean l'Ancien à ses nombreux petits-enfants, collatéraux du Palatin, après tant de ligues, était encore fort beau. Béraud de Mercœur qui profita de sa présence en Franche-Comté pour partager avec eux, en eut comme seul héritier de sa mère, de grandes possessions en Haute-Bourgogne, les châteaux et seigneuries de Sainte-Colombe (Doubs), de Boutavant (Jura) ; 1,500 livres de rentes à prendre sur les puits de Salins, soit environ à 120 mille livres de revenu en valeur relative actuelle pour ce seul article, plus une châtellenie d' « Oliferne, Olopherne », que je ne sais où placer (2). Pendant son voyage de 1309 à Besançon, il reconnut encore tenir, au même titre, du jeune comte d'Auxerre (3), la châtellenie de Chevannes près Lons-le-Saunier, et la terre de Monnet [Saône-et-Loire] (4). Rien que par l'héritage des Châlons, en Franche-Comté, il eût été, on le voit, un très riche homme.

(1) *Arch. nat. P*, 1388³, *cote* 138. Il y est dit que tel est l'usage du pays : *ut moris est.* — Malgré sa situation obérée, la dernière parole du comte d'Auxerre avait été pour augmenter le douaire et assurer le bien-être de sa jeune femme.

En augment de douaire il lui laissait, par un codicille du 24 octobre 1309, la jouissance des châtellenies de Châteauneuf sur Saint-Amour et de Montgefond (dans les cantons de Saint-Amour et d'Arintod, arrondissement de Lons-le-Saunier (Jura) ; il lui léguait, en outre, tout le mobilier petit et grand nécessaire à son hôtel (*Ibid.*, P., 1389², cote 239. Orig.)

(2) Anselme. *Hist. généalog. de la Maison de France*, VIII, 417. Ces biens lui furent délaissés entre 1303 et 1308 par son oncle Jean qui se qualifiait « comte de Bourgogne et de Châlon », par protestation contre la vente du comté de Bourgogne faite au roi par le Palatin sans le consentement de ses cohéritiers.

(3) Jean III de Châlon, fils du défunt.

(4) *Arch. dép. du Doubs. Série B*, 418. *Liasse.* La reconnaissance de fief fut faite par « *Béraud de Mercœil* » entre les mains d'Hugues de Châlon, archevêque de Besançon, en sa qualité de tuteur des enfants mineurs que laissait Jean II, comte d'Auxerre.

Il se fit, dès ce jour, le protecteur des enfants que laissait le frère de sa mère. Il prit une des orphelines avec lui qu'il éleva à ses frais, dans sa maison, où nous la retrouverons bientôt ; et nous lui verrons la lance aussi facile pour soutenir les droits du jeune comte d'Auxerre que pour défendre les siens.

Dans l'intervalle de ces deux voyages de Vienne et de Besançon, vers la fin d'octobre, il réglait le différend presque séculaire pendant entre sa famille et l'abbaye de Blesle au sujet de la justice et de la seigneurie du lieu communes entre elles. Il le fit avec des sentiments de modération et par cette voie de l'arbitrage qu'il estimait supérieure à toutes les justices de droit romain, et dont on aurait beaucoup obtenu si on eut voulu l'employer plus souvent avec lui. Ce compromis de 1309 aboutit deux ans après à une pacifique sentence arbitrale (1).

Que dire en attendant, de ce saisi par ordre de justice, de ce poursuivi sur commandement royal placé sous mandat d'arrêt, qui court la France au grand soleil, fait ses affaires le plus publiquement du monde, et va même à la noce ; si ce n'est qu'il était plus aisé d'enjoindre que d'exécuter, et qu'au fond personne ne le jugeait bien coupable, pas même Philippe le Bel.

Après cette tournée de famille qui lui laissait des mineurs sur un bras, un nouvel engagement de 10,000 livres sur l'autre, et une poursuite criminelle sur la tête, le bon Béraud rentre à Paris librement et se présente au roi en compagnie du plus jeune fils du souverain, Charles comte de la Marche, le futur roi Charles le Bel, tout nouvellement marié avec sa jeune cousine Blanche de Châlon-

---

(1) Rendue entre Béraud de Mercœur et l'abbesse Alix. (Bibl. nat. Fonds Baluze. Arm. VI, paq. 8, n°⁸ 4, 6, 7. *Affaires ecclésiastiques*. Rubrique : *Pactum super multis litigiosis apud Blesla*. Mention insérée dans une transaction du 23 février 1376 visant aussi la transaction de 1253. Voir sur le même sujet *Spicil. Brivat*, pp. 35-39. et Bibl. de Clerm. Mss. d'Auv., n° 745, p. 70.)

Bourgogne (1). Tant de bonne grâce et de simplicité auraient désarmé le plus sévère des souverains. Le fait qu'il y avait eu de sa part chevauchée illicite, et non pas trahison, lui servit sans doute beaucoup plus que la caution du royal adolescent. Philippe le reçut en chef de famille déguisant sa joie sous un froncement de sourcils. Pour le principe, il l'envoya tenir prison quelques jours à Melun et le fit venir ensuite à Poissy à la fin de novembre (2). Là, Béraud lui fit sa soumission, accepta galamment l'amende et toutes les conditions qui lui furent faites. Réconcilié avec Philippe, il recouvra sa pleine liberté, sa charge et ses domaines ; mais, par exemple, le roi ne lui confia plus jamais de missions diplomatiques.

A force de droiture dans les actes, il avait réussi dans ses malheureuses aventures de l'année à ce que personne ne mît la main sur lui. Cela suffisait à Béraud qui poussa toujours cette sorte de susceptibilité à ses plus extrêmes limites.

En plus d'un endroit son retour fut salué comme une délivrance. Les agents royaux commis à la garde de ses forteresses et de ses terres s'étaient conduits comme en pays conquis ; au lieu de l'administration assez bienveillante de leur seigneur, les habitants avaient trouvé la cupidité de gens de guerre peu enclins à ménager une population qu'ils étaient appelés à quitter le lendemain ; ou des chevaliers ès lois, durs instruments d'un pouvoir très fort.

Philippe le Bel se montra moins débonnaire pour Eudes de Montaigu coupable d'avoir agi en partisan de l'empe-

---

(1) Le mariage avait été célébré au commencement de 1308 à à Hesdin, en même temps que celui de Jeanne de Châlon-Bourgogne, sœur aînée de Blanche, avec Philippe, frère aîné de Charles le Bel. (*Anc. Chron. de Flandre : Rec. des Hist.* xxii, 307). Ces deux filles du palatin de Bourgogne avaient pour mère une descendante directe de saint Louis, Mahaut d'Artois.

(2) *Contin. de Géraud de Frachet (Rec. des Hist.* xxi. 32, A). — *Contin. de Nangis (Ib.* xx, 598, D et E). — *Memoralis historiarum de Jean de Saint-Victor (Ibid.* xxi, 652, G et H). — Du Chesne. *Hist. des ducs de Bourg.*, p. 145. — Arch. nat. JJ, *loc. cit.* 218.

reur : il le bannit du royaume (1). Il imposa au Dauphin de Viennois Jean II qui s'était gardé de se prononcer ouvertement pendant la lutte, tout en laissant ses frères s'y compromettre, un traité d'alliance qui fut signé au mois d'octobre 1310 (2) ; et il chercha à se rattacher le comte de Forez en train de se rapprocher de l'Empire, en lui restituant le château et la seigneurie de Thiers qu'il avait fait mettre sous sa main (21 avril 1310) (3).

VIII.

Béraud de Mercœur, gouverneur et gardiateur de Lyon (1311). — Nouvelle insurrection du Gévaudan (1311-1313).

C'est que, depuis son avènement, l'empereur Henri VII de Luxembourg s'occupait aussi activement qu'il le pouvait de rétablir son autorité sur ses sujets du royaume de Bourgogne ; et que cette année 1310 fut pleine d'intrigues françaises et allemandes. La noblesse de la frontière paraît s'y désaffectionner de Philippe le Bel et revenir à l'empereur. Les frères du Dauphin de Vienne, le comte de Forez, les seigneurs du Valentinois, du Diois, du Lyonnais, du Dauphiné, Philippe et Amé de Savoie eux-mêmes se rendent à son appel et lui amènent leurs troupes à Lausanne pour l'expédition qu'il prépare en Italie (4). C'était reconnaître implicitement que le royaume d'Arles, de Bourgogne ou de Vienne existait encore en principe, ce royaume qui confinait à l'Auvergne sur presque toute sa longueur. Le 13 septembre, Henri VII annonçait son intention d'y nommer son fils Jean de Bohême, vicaire

(1) A la fin de l'année.

(2 et 3) Pour ces faits, voir Valbonnais. *Hist. du Dauphiné*, I, 269. Et Arch. nat., J. 277, nᵒˢ 9 et 10 ; documents cités par Paul Fournier *(Le roy. d'Arles*, p. 364). — Le comte Jean paya cette faveur le 19 octobre 1311 à l'Assemblée du Lyonnais qui, sous sa présidence, proclama l'annexion de la province à la France. (La Mure, édition Chantelauze, 1, 338). De même le don des possessions de la couronne dans Thiers à ce prince n'avait-il été autre chose qu'une sorte de marché politique.

(4) Arch. nat. P. 1380², cote 8300.

de l'Empire, tandis que Charles Ier de Valois tentait timidement de le restaurer à son profit avec l'appui de son frère (1), et que le pape Clément V, las des exigences du roi de France, laissait s'agiter dans la curie romaine la candidature du fils de Robert d'Anjou, roi de Naples.

Il n'était pas jusqu'à la commune de Lyon qui n'essayât de secouer le joug de la France qu'elle trouvait plus lourd que celui de son archevêque. Les habitants prirent les armes, s'emparèrent du château de Saint-Just, en chassèrent la garnison française et fortifièrent leur ville. Philippe sauta sur l'occasion. Il envoya pour les réduire une nombreuse armée sous le commandement de ses trois fils, de Charles de Valois et du comte d'Evreux. A ces troupes se joignirent celles d'Amé V de Savoie, possessionné, nous l'avons déjà vu, dans la vallée du Rhône et jusqu'aux faubourgs de Lyon. Les Lyonnais investis capitulèrent. Philippe s'annexa la haute justice de la ville, dont il avait acquis la suzeraineté cinq ans avant. Lyon et son territoire entre le Rhône et la Saône étaient incorporés désormais du domaine direct de la couronne (1310) [2].

Nul doute que Béraud de Mercœur ne se soit bien comporté dans cette expédition, car ce fut à lui que le roi confia la délicate mission de gouverner la conquête nouvelle et de contenir la population remuante de la grande cité humiliée de sa défaite. Le 20 janvier 1311 (n. st.), par des lettres pleines d'éloges pour la droiture et la fidélité du connétable de Champagne, il lui donne la garde de Lyon. Ces lettres sont à la fois une commission de gouverneur et un véritable traité par lequel le sire de Mercœur entreprend à forfait la conservation du pays à ses risques et périls, moyennant une somme fixe.

---

(1) P. Fournier. *Op. cit.* 351, *note* 5 — et J. Petit. *Essai sur Charles de Valois (1270-1325).* 1898.

(2) Ménestrier. *Hist. municip. de la ville de Lyon*, p. 39. — Boutaric. *La France sous Philippe le Bel*, 407, citant : Arch. nat., J. 262, n°s 7 et 8.

Non seulement la ville et la citadelle qui la commande du haut de la colline abrupte de Saint-Just, près de Fourvières, mais toutes les forteresses, châteaux et maisons-fortes que l'archevêque a été obligé de remettre en garde au roi, Pierre-Encize, Villefranche, Saint-André, Cerrot et autres, lui sont délivrés, et Béraud s'engage à les défendre comme il l'entendra. Il devra entretenir toujours avec lui, dans le château de Saint-Just, sept chevaliers, un porte-enseignes et dix-huit écuyers de son choix, avec leur suite ordinaire de gens d'armes, s'entend ; pour les autres places il agira à sa guise. Le roi lui donnera 10,822 livres 10 sous tournois pour la première année, et, pour les années suivantes, plus ou moins à dire d'experts, suivant les dépenses militaires qu'il aura faites. Si, pour une cause quelconque, il devient nécessaire de mettre plus de quatre sergents à chacune des six portes de Lyon et à chacune des trois portes du bourg de Saint-Just ou encore d'augmenter les garnisons du château du sire de Mercœur (1), ou des autres forteresses du pays, le roi devra lui payer 20 sous par jour et par chevalier, 5 sous par écuyer, 2 sous par sergent noble, etc. Mais si Mercœur veut se contenter à forfait de l'annuité de 10,822 livres tournois pour ses dépenses militaires après la première année, il restera libre de le faire sans que le roi puisse s'y opposer. Les frais de justice, de chancellerie et de saisie dans la ville de Lyon seront à la charge du roi. Béraud s'engage sur sa personne et sur tous ses biens présents et futurs à protéger et défendre le pays contre tous et à ne rendre les châteaux à personne sans un ordre écrit revêtu du sceau royal. Enfin, si Lyon ou l'un des châteaux du Lyonnais venait à être pris ou rendu par sa faute évidente ou son dessein préconçu, il accepte d'être réputé traître au roi et qu'il soit fait justice de lui en n'importe quel lieu. Ainsi est

(1) Il avait donc encore son hôtel de Lyon. Il paraît toutefois avoir gardé peu de temps ses biens du Lyonnais.

conçu le traité passé à Poissy, le 20 janvier de l'année ancienne 1310, entre le roi et le connétable de Champagne (1).

Il n'était pas possible à Philippe le Bel de lui témoigner une plus haute confiance que de lui remettre la défense d'un pareil poste sur la frontière même de l'Empire et du Dauphiné Viennois, au moment même où ses alliés le Dauphin Jean, son frère Guy et les Savoie étaient en Italie au service de l'empereur. Mais les liens qui l'unissaient à ces princes servirent à la sécurité du pays mis sous la garde de son épée au lieu d'être un péril. En effet, trois semaines après (10 février 1311), dans le traité d'alliance que le Dauphin et son frère conclurent à Milan avec Philippe de Savoie envers et contre tous, ils exceptèrent en termes exprès Béraud de Mercœur, nommé immédiatement après l'empereur, les rois de France et de Sicile, et avant le comte de Forez (2). Une pareille stipulation dit mieux que je ne saurais le faire la situation occupée par notre personnage dans la société de son temps.

Ce fut donc à la portée d'une ville fidèlement gardée que s'ouvrit, le 12 octobre 1311, le concile de Vienne, d'où Philippe attendait une solution conforme à ses desseins dans la grosse affaire des Templiers. Maintenant qu'elle était soumise à la décision de l'Eglise, l'angoisse de la solution attendue pouvait bien rester aussi vive chez les amis des Templiers, mais leur conscience était moins

---

(1) Quomodo dominus Rex tradidit *B. domino Mercorii* civitatem Lugdunum, nec non castra et villas hic descriptas ad custodiendum. (*Arch. nat., JJ. L. et transcription au Reg. XV, n° 129, fol. 118 verso*).

(2) Valbonnais. (*Hist. du Dauph. Preuves*, II, à la date). Valbonnais a traduit à tort « Béraud de Mercœur comte de Forez ». L'erreur provient du simple oubli d'une virgule dans le texte latin entre *Beraldus de Mercorio* et *comes Foresii*, et il faut lire « Béraud de Mercœur, le comte de Forez », etc... Jamais Béraud ne fut comte de Forez, il était simplement le beau-frère du comte Jean. — D'autre part, La Mure (*Hist. des comtes de Forez*, I, 342) signale le comte de Forez parmi ceux que les contractants du traité de Milan de 1311, excluent de leur hostilité. Jean de Châlon, Aimar de Poitiers comte de Valentinois, cousins germains de Béraud, l'archevêque de Vienne, sont aussi exceptés nommément.

troublée. Les enquêtes avaient à tout le moins démontré l'habitude de certaines pratiques sacrilèges dans l'Ordre (1). La responsabilité passait d'un pouvoir humain désintéressé à la plus haute autorité du monde catholique. On savait le pape plus disposé à réformer qu'à détruire un Ordre si nécessaire au soutien des Eglises d'Orient. Ils n'avaient qu'à attendre. On n'a pas trouvé le sire de Mercœur au nombre des agents royaux qui ont servi la politique de Philippe IV dans ce colossal procès; aujourd'hui il peut accepter sans scrupules le rôle de défenseur de l'ordre matériel autour de la solennelle assemblée. Il n'est toutefois qu'un gendarme à distance. Trop près, le roi n'est peut-être pas bien sûr des sentiments que pourrait manifester le plus orthodoxe et le moins servile de ses officiers.

Cette année 1311 apporta un soulagement à sa double conscience de Mercœur et de Châlon, constamment ballotée entre la fidélité due à l'empereur et l'obéissance due au roi, par l'accord intervenu entre ses deux suzerains. Henri VII reconnaissait définitivement à Philippe la propriété du comté de Bourgogne, sous condition d'en recevoir l'hommage. Désormais Béraud et les Châlons pouvaient, sans forfaiture, obéir au roi de France, leur seigneur direct dans ce pays.

Le comte Amé intercéda auprès de Philippe le Bel pour que la liberté fût rendue à l'archevêque Pierre de Savoie, que les princes avaient emmené avec eux en France après la prise de Lyon; et la restitution qui lui fut faite de sa mense épiscopale mit fin aux fonctions de gardiateur confiées à Béraud, qui revint prendre le service du connétablie de Champagne.

Au mois d'avril 1313 (n. st.), des lettres royales de rémission, datées de Vienne, lui assurèrent, à lui et à

_____

(1) *Procès des Templiers*. Roubau. — Déposition de Guy Dauphin susvisée. — Michelet. *Procès des Templiers*, II, 151 et suiv.

ses successeurs, amnistie complète pour le passé (1);
Philippe le Bel fit mieux encore, et, récompensant Béraud par l'endroit sensible, il ratifia la convention qu'il
avait faite le 26 septembre 1312, dans son château de
Saint-Cirgues (2), avec Guillaume Durand, évêque de
Mende et comte de Gévaudan, aux termes de laquelle
le prélat lui reconnaissait le droit de réprimer par les
armes les délits de guerre privée commis sur ses terres
par les sujets du diocèse et de juger les contrevenants;
mais il y fut ajouté une exception pour les actes de violation de la paix publique tels que les ordonnances royales
les avaient définis et qui restaient justiciables de la sénéchaussée de Beaucaire. Même avec ces restrictions
essentielles, c'est un privilège que Philippe a rarement
reconnu à de simples barons avant les dernières années
de sa vie.

Cette confiance Béraud l'inspirait autour de lui. Peu
avant la dame de Saint-Géran en Bourbonnais le choisissait
pour vider, comme arbitre, un litige entre elle, sa fille et
son gendre, au sujet de la propriété du château et de la
seigneurie de Saint-Géran. Il est vrai que la sentence fut
annulée par un arrêt du parlement du 28 avril 1311 (3).
Je ne connais pas le motif; mais il est probable que Béraud n'était pas aussi fort en droit que Flotte et Nougaret.

L'examen des litiges subsistants entre le roi, l'évêque
et le sire de Mercœur dans le comté de Gévaudan, fut dé-
volu à une commission; si la charte de pariage de 1307

---

(1) Arch. nat., JJ, n°s 218-222. — Du Chesne. *Op. cit.* Preuves.

(2) Saint-Cirgues, cant. de la Voûte-Chillac, arr. de Brioude (Haute-Loire). —
Le premier appel des jugements était réservé à Béraud dans sa terre, le second à la
cour commune. La supériorité du domaine lui était reconnue; la cour commune ne devait avoir de compétence chez lui que « à défaut de justice ». (Arch. nat. JJ. 50,
n° 43.)

(3) *Olim.* IV, fol. 178. Boutaric. *Ivent. des Actes du Parlement.* Cette dame de
Saint-Géran était Alix de Vernet, veuve de Louis de Roure, alliée des Beaujeu et sa
fille Catherine, femme alors de Pierre d'Outre, chevalier.

avait empiété, on verrait à la modifier ; si les officiers de la
Cour commune avaient commis des abus de pouvoir, on y
remédierait. De part et d'autre le désir de pacification
paraît sincère ; on veut en finir. Mais le roi est à Paris,
l'évêque Durand, devenu l'un de ses conseillers, ne quitte
guère Argenteuil près de la capitale, et Béraud est absent.
Remis en présence par le travail des commissaires, les
partis locaux se choquent, les vieux ressentiments se ral-
lument ; provincialistes et royaux en viennent aux mains.
Qui a commencé encore cette fois, qui eut les premiers
torts, il est malaisé de le savoir. Toujours est-il que les
sujets de Béraud avaient pris les armes au commencement
de l'automne de 1313, contre la Cour commune. Ils furent
appuyés par des nobles de Haute et Basse Auvergne qui
leur amenèrent en Gévaudan des hommes de cheval et de
pied (1).

Le 25 octobre, Philippe le Bel recourait à des mesures
sévères pour étouffer cette ligue renaissante. Il dessai-
sissait la commission, mettait l'affaire aux mains de
Bérenger de Prouillan, chevalier, bailli de la Cour commune du comté ; lui ordonnait d'informer d'urgence sur
les excès commis et d'en exiger tout d'abord réparation. Si
le fond de l'affaire lui paraissait présenter des cas douteux,
il devait envoyer les pièces de l'enquête sous lettre close
soit à lui-même, soit à son parlement, pour être statué aux
premiers jours de la sénéchaussée de Beaucaire. En même
temps il prescrivait aux sénéchal, juge-mage et procureur

____

(1) Philippus.. baillivo et judici ordinario curie comitatus et bailliagi Gabalitani
salutem. Cum intelleximus quod jura, status et honos dicte curie a dilecto et fideli nostro *Beraudo Mercori* milite, aut ejus gentibus, ipso, ut dicitur, sciente et mandante
vel ratum habente, et a nonnullis aliis nobilibus in appellationibus armorum, portatio-
nibus, gardiis, custodiis, et aliis pluribus casibus ad cognitionem et explectationem res-
sorti, superioritatis seu regalium, de quibus facta est inter nos et dictum episcopum sub
certa forma in litteris regiis contenta communio pertinentibus, multipliciterpe nitebantur
et etiam usurpantur in nostrum et dicti episcopi de prefate communis curie contemp-
tum.. precipimus.. etc. (Arch. de la Lozère G. 807 — Roucaute et Saché. *Lettres de
Philippe le Bel*, etc., pp. 151-152).

royal de Beaucaire de lui prêter main-forte ; aux baillis d'Auvergne et des Montagnes d'Auvergne d'arrêter et de lui remettre, pour qu'il leur fît leur procès, tous nobles et non-nobles, cavaliers ou gens de pied coupables d'être entrés en armes dans le comté de Gévaudan (1).

Là encore il fut reconnu que Béraud n'était pas sans excuses. Une nouvelle transaction intervenue entre l'évêque et lui, au mois d'août 1314, mit fin à l'affaire, de l'assentiment du roi, qui ratifiait le traité à Paris le 15 du même mois (2) et mandait à son sénéchal de Beaucaire et de Nîmes comme au bailli de Gévaudan de le faire respecter (3).

IX.

Béraud réadmis au Grand Conseil. — Il marie sa cousine Germaine avec Charles de Valois, neveu du roi, et la dote princièrement. — Le contrat (1314).

Jamais le nourri de Philippe le Bel, réinstallé au Grand Conseil, ne fut plus étroitement admis dans l'intimité de la famille royale qu'à cette époque. Philippe était profondément malheureux. Aux soucis politiques, à l'affaire des

(1) Mandamus.. necnon et per baillivum nostrum Arvernie et baillivum etiam Montanarum ad vestrum examen remitti quosdam nobiles et innobiles, equites et pedites de bailliagiis eorundem qui, oum armis dictum comitatum et bailliagum Gabalitaui intrasse et in eis excessisse dicuntur... Datum Parisius die XXV octobris anno Domini MCCC tertio decimo. *(Op. cit.)* pp, 153-154.

(2) Philipus... Cum nos, compositionem... et tractatum factos inter dilectos et fideles nostros episcopum Mimatensem ex parte una, et *Beraudum de Mercorio* militem ex altera, etc., Datum Parisius XV Augusti anno Domini MCCC, XIV. (Arch. de la Lozère G. 864. Reg. fol. 61. — Roucaute et Saché. *Op. cit.* 161-162.)

(3) *Arch. nat. JJ, 50, n° 43.* — Béraud y est qualifié : *magne nobilitatis et potentie virum dominum Beraudum Mercorii, conestabularius Campaniæ.* Il renonça de son côté à sa prétention de régir ses domaines du Gévaudan par la coutume d'Auvergne comme ils l'étaient de toute antiquité, soutenait-il, et non par le droit écrit qui était celui de la sénéchaussée de Beaucaire. Cette affaire fut réglée par Pons de Polignac, doyen de Brioude cousin cher à Béraud, Raymond Barot, précenteur ; Pierre d'Aurillac, docteur ès lois et official de Mende, et Pierre Sasson, hebdomadier de Mende, pour l'évêque ; Guillaume de Taillac et Guillaume de Chapeloux, chevaliers ; Guillaume d'Aumont, Jean de Riom et Boisson, curés du diocèse de Mende, pour Béraud de Mercœur.

Templiers, s'unissait la douleur du dramatique scandale donné par les jeunes femmes de ses fils en 1314. Ce désastre de famille paraît avoir accablé le maître et le familier. Le roi perdait ses forces et se montrait plus sombre que jamais ; la santé du connétable de Champagne ne valait guère mieux. Philippe ne le gardait pas moins dans son conseil privé. Ils gémissaient ensemble. N'ayant pas d'enfants d'Isabelle de Forez après vingt-quatre ans de mariage, le sire de Mercœur s'était attaché à la fille de Jean Ier comte de Joigny et de sa tante Marie de Mercœur, Jeanne de Joigny, belle jeune fille dont les contemporains ont fait l'éloge. Philippe s'avisa de la marier à son neveu Charles II de Valois, fils de son frère Charles, comte de Valois, d'Anjou, du Maine, d'Alençon, de Chartres et du Perche, l'homme qu'il aimait le plus au monde. Ce projet était fait pour combler de joie le bon Béraud. Donner pour beau-père à sa parente préférée, presque sa fille adoptive, le premier prince du sang, le défenseur de l'Eglise, investi par elle du royaume d'Aragon, reconnu par Boniface VIII comme empereur d'Orient, gratifié ensuite par Clément V de la promesse de l'empire d'Occident ; pour qui la politique française avait cru un moment pouvoir restaurer le royaume de Bourgogne ; à qui enfin sa première femme, Catherine de Courtenay, fille de l'empereur Baudoin II, avait apporté le vain titre d'impératrice de Constantinople qu'elle garda jusqu'à la fin de sa vie, avec l'espoir d'en conquérir la réalité ; c'était une belle fumée de gloire pour le sire de Mercœur, petit-fils d'une Courtenay.

Aussi se conduisit-il comme le meilleur et le plus généreux des pères pour la mariée. Par le contrat qui fut passé devant le roi, le 14 avril 1314, à l'abbaye de Notre-Dame de Pontoise, il lui constitua une dot de princesse, 4,000 livres tournois de rentes, dont 3,000 en terres (1),

(1) Le comte de Joigny Jean Ier n'avait pu lui assurer de son chef qu'un capital de 8,000 livres dont 1,500 que son fils Jean II devait payer après le décès du constituant.

plus deux forts châteaux de sa baronnie de Mercœur,
Murs en Velay (1) et Saugues alors en Gévaudan avec les
châtellenies qui en dépendaient (2). Ces 4,000 livres de
rente représenteraient au moins 3 millions 300,000 francs
de revenu en valeur relative de notre temps (3).

Philippe le Bel était un homme éminemment pratique,
aussi attentif aux petites affaires qu'aux plus grandes; il
profita des bonnes dispositions de Béraud de Mercœur
très flatté d'unir de nouveau son sang à celui de la maison
royale pour lui faire rédiger son testament pendant qu'il
était encore à la cour. Il suffit de lire ce document dressé
et signé « en présence du roi » (4) le 27 mai 1314 jour de
la Pentecôte; d'observer que Béraud y préfère les Joigny
aux parents de son nom; que si le testateur âgé de qua-
rante-deux ans environ jouit encore de la vigueur de ses
membres et de sa raison, sa tête est cependant fatiguée et
ses nerfs ébranlés (5); qu'enfin le roi en personne prit la

Il était obéré. Au mois de septembre 1303, il vendait aux habitants de Joigny leur
charte de coutumes au prix de 4,000 livres tournois. L'article 13 de cette charte les
affranchit de toutes tailles « envers nos dames Madame Isabelle de Mello et Marie
de Marreuil [corr. Marcueil], comtesses de Joigny ». *(Ordonn. des rois de France,*
XII, pages 347-348).

(1) Marqué aujourd'hui par Saint-Pal-de-Murs, cant. de La Chaise-Dieu, arr. de
Brioude (Haute-Loire).

(2) Baluze. *Hist. de la Mais. d'Auv.,* II, p. 335-336.

(3) D'après le tableau du pouvoir de l'argent de Leber. *(De l'appréciation de la
fortune privée au Moyen âge,* p. 103). Leber donne cette proportion comme
moyenne de la première moitié du XIVe siècle; elle serait supérieure pour le commencement du siècle.

(4) « *In nostra præsentia personaliter constitutus dilectus et fidelis noster
Beraudus dominus de Mercorio, miles, constabularius Campaniae... testamentum suum coram nobis condidit* », dit Philippe le Bel lui-même dans ses lettres du 30 août suivant. (Baluze. *Mais. d'Auv.,* II, 339).

(5) « *In nomine, etc... Anno Domini millesimo CCC decimo quarto die
dominica in festo Pentecostes... Ego Berardus de Mercorio, miles, per Dei
gratiam sanus mente, necnon corporea perfruens sanitate, attente considerans, dum in membris viget corporis et ratio regit mentem, quam siquidem
rationem sœpe adeo langor obnubilat, quod non solum temporalium rerum,
verum etiam sui ipsius, cogat ipsa langoris vehementia oblivisci...* » (*Ibid.,*
II, p. 337). Ces dernières expressions sont beaucoup plus spéciales que les formules
ordinaires des testaments de l'époque où l'on se borne à constater la sanité d'esprit

précaution, contre l'usage, de faire publier quelques jours après ce testament, du vivant et du consentement de son auteur pour rester bien certain qu'il en inspira les clauses essentielles. Ce que Béraud voulut ce jour-là il le voulut bien ; mais il ne fallait pas que son extrême impressionnabilité pût faire passer un jour aux ennemis du roi ses nombreux fiefs situés « tant au royaume de France comme dehors » (1), en Champagne près des palais royaux, en Auvergne sur la frontière du royaume de Bourgogne, et dans ce royaume même. Béraud institue donc pour héritier universel son cousin Jean II comte de Joigny beau-frère de Charles de Valois ; à défaut de Jean de Joigny, son autre cousin Jean Dauphin d'Auvergne fils de Robert comte de Clermont, son ex-compagnon d'armes dans la ligue de Bourgogne; et il substitue à celui-ci un troisième cousin, Armand vicomte de Polignac ; chaque substitution ne devant s'ouvrir qu'en cas d'extinction de postérité mâle par ordre de primogéniture du substitué antérieur dans l'échelle des préférences. Tous ces héritiers sont des alliés ou des amis de la maison royale. L'action du roi se fait encore sentir dans la dation en jouissance du château de Vitry et autres terres de Béraud en Champagne et en Brie à sa femme Isabelle de Forez pour lui servir de douaire à due concurrence de valeur, en remplacement des terres bourbonnaises que leur contrat de mariage lui assurait. C'était un gage de plus de la fidélité de la maison de Forez sous la main du roi. Aux Châlons de Bourgogne, ralliés inquiétants, Philippe se garde bien de rien faire donner ; ils sont complètement prétérits.

Cependant Béraud se souvient des Mercœurs seigneurs de Gerzat, qui portent dignement mais plus modestement

d'une manière générale. Elles autorisent donc à y voir moins une formule de style qu'une précaution prise par le testateur contre une objection qu'il a des raisons de prévoir. Il tient à dire que ses défaillances passagères ne le privent pas de ses facultés au point de ne pouvoir disposer.

(1) Arch. nat. JJ. n° 4, 2.

son nom, là-bas en Auvergne ; il leur lègue la châtellenie
d'Ussel en Bourbonnais, et quelques dépendances de son
château allodial de Mercœur « pour lequel il ne relève que
de Dieu », il tient à le redire devant le roi qui n'y contre-
dit pas et ratifie même implicitement l'assertion. Cela,
c'est bien de lui, c'est le sang qui parle.

Mais il ne choisit pas pour exécuteur testamentaire le
comte d'Auvergne Robert VI ; les rapports étaient restés
peu cordiaux entre le roi et ce prince depuis la ligue du
bourguignon Montaigu, et tout récemment encore il y
avait eu conflit entre eux au sujet des péages des ports de
mer du comté de Boulogne. C'est Raoul Chaillot, chevalier, bailli royal d'Auvergne qu'il désigne pour cette province avec Pierre Armand, damoiseau de la ville de Langeac, son « bailli d'Auvergne » à lui, en leur adjoignant
Albert Aycelin, évêque de Clermont, neveu du Gilles
Aycelin, ex-chancelier de Philippe le Bel (1) et petit-neveu
de son chancelier Pierre Flotte, bras droit du prince, et
l'un de ses hommes de confiance dans l'affaire des Templiers. Dans les autres provinces où il a des intérêts, il
prend pour exécuteurs testamentaires les abbés de Féniers (Cantal), de Saint-Gilbert (Bourbonnais), André de
Marzé abbé de l'Ile-Barbe, à Lyon. Le reste est bien son
œuvre aussi. Il donne 4,000 livres de petits tournois au
couvent des Clarisses, appelé La Déserte, fondé à Lyon,
par sa mère Blanche de Châlon, et qu'on construisait
alors ; il fait cette royale libéralité pour l'âme de ses ancêtres, la sienne et, particulièrement pour celle « de sa
bien-aimée et respectée dame Jeanne de Navarre, reine de
France et de Navarre, femme du roi Philippe, aujourd'hui
régnant ». Il fonde dans cette abbaye de La Déserte l'entretien perpétuel de quatre prêtres de l'Ordre des Frères
mineurs, tenus d'officier tous les jours pour son âme et
celle de sa bien-aimée reine Jeanne. Et ce fut soit au

---

(1) Il le fut en 1309, succédant à Nogaret, qui rentra peu après en fonctions.

monastère de La Déserte de Lyon, soit au prieuré de la Voûte-Chillac qu'il voulut être inhumé.

Ce mariage fut l'occasion de l'émancipation du jeune marié, Charles, et celle du partage entre vifs de la succession de son père, Charles Ier de Valois, qui fut fait à l'abbaye de Maubuisson, près de Pontoise, quelques jours seulement après le contrat (20 mai 1314). Le prince laissait la majeure partie de ses biens aux deux fils qu'il avait eus de Catherine de Courtenay, Philippe qui devait commencer la dynastie des Valois sur le trône de France, et Charles, le fiancé. Celui-ci reçut le comté de Chartres, la forêt et bientôt le comté du Perche, plus un lot de grandes seigneuries (1). Il eut plus tard les comtés de Valois, d'Alençon (2) et presque tout l'apanage de son aîné, quand Philippe hérita du royaume.

Des deux malades, ce ne fut pas Béraud mais le souverain qui mourut le premier, le 26 novembre suivant, consumé par une de ces maladies que le chagrin fait naître ou précipite, après avoir eu le temps de proclamer dans une audience du Parlement, présidée par lui-même le 30 août 1314, l'innocence de sa belle-fille Jeanne de Bourgogne, femme de Philippe le Long, et consolidé ainsi l'annexion de la Franche-Comté à la France.

---

(1) Arch. nat., P. 1364[1], cote 1311 et 134 ; 1365[2], cote 1440 ; et 1372[2], cote 2123. — Philippe eut les comtés de Valois, d'Anjou, du Maine, la terre de Courtenay et diverses autres « qui furent, dit le donateur, de Catherine, impératrice de Constantinople, jadis femme dudit comte de Valois ». Le comté d'Alençon, les terres du Cotentin, Mortagne, etc... plus 2,000 l. de rentes sur le trésor, furent laissés à Mahaut de Saint-Paul, troisième femme de Charles de Valois « et aux enfants à naître d'elle ». La part des filles fut réglée en argent.

(2) Il se qualifiait en 1329 et 1332, comte du Perche, d'Alençon et de Joigny. (Arch. de l'Yonne, H. 1416 et 1404).

X.

Sous le règne de Louis X le Hutin (1314-1316). — Nouvelle campagne en Flandre. — Béraud se croise. — Premières relations avec le pape Jean XXII. — Au début du règne de Philippe le Long (1316-1317).

Pendant le court règne de Louis X le Hutin, le connétable de Champagne, sage parce qu'il est content, siège au Conseil Etroit devenu pour lui presque une assemblée de famille. Ce conseil de 24 membres se divise en deux groupes, le parti des féodaux et celui des légistes, hommes d'affaires et hommes d'Etat. Dans le second se distingue déjà Henri de Sully, grand seigneur de naissance, mais monarchiste de l'école de Philippe le Bel, le ministre prépondérant du prochain règne. Pas n'est besoin de dire que Béraud de Mercœur est du côté des barons avec Charles de Valois le premier personnage du royaume. Il est un des principaux chefs du parti féodal dans le centre de la France. On doit lui attribuer une large part dans l'ordonnance donnée à Tournay par le roi au mois de décembre 1315. Les gens d'Auvergne se plaignaient des nouvelletés commises par les officiers royaux contre « leurs coutumes anciennes, leurs franchises et leurs usages », réclamant le retour « à l'état ancien de Monseigneur Saint Louis » ainsi qu'aux « ordonnances et établissements » de Philippe le Bel ; par ses lettres de Tournay le roi Louis fit plein droit à leurs griefs. Toutes les « nouvelletés et surprises » étaient abolies ; le respect des coutumes, usages et libertés était remis en honneur « comme à l'ancien temps » ; le roi promettait d'envoyer des commissaires pour « corriger et redresser » les violations dont ils avaient été l'objet. Le parti féodal avait eu l'habileté d'associer le peuple et les villes à ces réclamations contre l'extension du pouvoir royal ; l'ordonnance de

1315 fut rendue au profit des barons, nobles et *tous autres* habitants de l'Auvergne (1). Cela explique l'attachement populaire que Mercœur et les princes de la maison d'Auvergne de ce temps avaient su conserver.

Malgré l'attraction exercée sur lui par le frère de Philippe le Bel, et les relations que le mariage de 1314 a resserrées, Béraud ne donne pas dans la ligue formée l'année suivante sous l'impulsion de Charles de Valois par les seigneurs artésiens, champenois et picards contre Mahaut de Bourgogne comtesse d'Artois, pour la contraindre à renvoyer son conseiller Thierry d'Hérisson qu'ils accusent, eux aussi, de violer leurs coutumes. Averti que les alliés viennent de jurer leur confédération à Béthune et travaillent les villes pour les associer à leur révolte, Louis les somme de comparaître devant lui, en son Conseil, contradictoirement avec la comtesse Mahaut et son fils Robert. Béraud siégeait à cette séance aux côtés du comte d'Auvergne, d'Henri de Sully et des deux frères du roi (1315). Les deux courants se fondirent en un mouvement de conciliation. Explications reçues, les parties consentirent à s'en remettre à la décision des conseillers de la couronne et les conjurés satisfaits de cette transaction jurèrent la paix à Mahaut en leur présence (2).

A remarquer encore parmi les décisions du Grand Conseil rendues sur son rapport, les lettres de ratification du traité de pariage du Gévaudan conclu en 1307 entre Philippe le Bel et l'évêque Durand IV. Elles furent délivrées à Paris, au mois de mai 1315 (3). Là encore, il montrait qu'il n'était pas incapable d'esprit politique. Il achevait d'éteindre de sa propre main les vieilles querelles du Gévaudan.

Sous le règne de Louis X, c'est le Grand Conseil qui gouverne le roi, et son oncle Charles de Valois qui gou-

(1) L'*Ancienne Auvergne et le Velay*, II, 301.

(2) *Ancienne chronique de Flandre*. (*Rec. des Hist.*, XXII, p. 403, note 2.)

(3) *Ordonn.*, IV, 669. La décision est souscrite : « Per dominum de Mercorio ».

verne le Grand Conseil. Béraud, qui est plus que jamais de
l'intimité du prince, y siège assidûment à ses côtés. Il
n'eut en aucun temps une participation plus directe à l'administration du royaume. Philippe le Long, le frère du
roi et son successeur présomptif, n'y joue au contraire
qu'un rôle très effacé, à en juger par les souscriptions des
décisions royales prises en conseil, dans cette assemblée
souveraine où rarement figurent plus de cinq à dix de ses
membres et qui représente à peu près notre conseil des
ministres. « La part de ce prince, dit le moderne historien de Philippe V, est loin d'égaler celle de Béraut de
Mercœur, de Pierre de Chambly, de Pierre de Machaut,
de Miles de Noyers, des évêques de Saint-Brieuc et de
Saint-Malo, sans parler du comte de Valois qui est le
véritable roi (1). »

Louis le Hutin meurt le 5 juin 1316, laissant sa seconde
femme enceinte et une seule fille, Jeanne, née de la première Marguerite de Bourgogne, elle aussi l'une des prin-
cesses de la légendaire Tour de Nesles. Béraud prend
franchement le parti de Philippe le Long dans l'affaire de
la régence. Il reste du Grand Conseil, de la cour intime,
et c'est lui que le régent adjoint à son oncle Louis
d'Evreux (2) pour faire face à Robert de Flandre qui
reprend les armes, espérant profiter des divisions des
princes pendant l'interrègne et comptant sur l'appui des
ligues de Champagne, de Picardie et d'Artois.

____

(1) Lehugeur. *Hist. de Philippe le Long*, I, 22. — « C'est une manière de maire
du Palais, dont le fils a régné ». (*Ib.*, p. 4). Sous son administration les ligues provinciales donnèrent naissance en 1314 à la « Charte aux Normands » à la « Charte aux
Bourguignons », « aux Picards » ; véritables reculades de la monarchie. (Ib., *passim.*)

(2) Louis de France, comte d'Evreux, d'Etampes, de Beaumont-le-Roger, de Meu-
lan, frère de Philippe le Bel, né en 1276 du second mariage de Philippe le Hardi
avec Marie de Brabant. Pour le récompenser d'avoir pris sans hésiter son parti,
Philippe le Long aussitôt sacré, érigea le comté d'Evreux en pairie (janvier 1317)
après cette troisième expédition de Flandre. Louis d'Evreux mourut à Paris le
19 mai 1319, et son fils Philippe lui succéda ; ce fut à lui que sa femme, Jeanne de
France, fille de Louis le Hutin, apporta le petit royaume de Navarre. Une de ses
filles, Marie, épousa le comte d'Auvergne Guillaume XII.

Il leur donne le commandement des troupes qu'il a sous la main et les envoie à Saint-Omer, place exactement située, on le sait, sur la frontière flamande. Béraud qui était en Auvergne au mois de juillet (1), traverse la France en toute hâte pour rejoindre le comte d'Evreux en Flandre. Ils entrent en campagne sans perdre un jour. Ils établissent leur quartier général à Saint-Omer et font, pendant tout le mois d'août de victorieuses incursions sur le pays de Cassel et de Bergues qu'ils ravagent, suivant les instructions qu'ils ont reçues du roi (2). En attirant ainsi les Flamands sur Saint-Omer par cette offensive hardie, Philippe se donnait le temps de mettre une armée sur pied. Sous les ordres du connétable de Châtillon, d'Eudes IV duc de Bourgogne et du comte de Comminges, elle ne tarda pas à rejoindre l'audacieuse avant-garde lancée sur le pays de Bergues. Flamands et Français étaient en présence à la fin du mois d'août 1316, lorsque la nouvelle arriva des trêves demandées et des négociations pacifiques entreprises par Robert de Flandre qu'intimidait l'attitude résolue du régent. Il fit sa soumission complète à Paris le 10 septembre et Philippe lui accorda d'assez douces conditions, pressé qu'il était de déblayer le terrain en vue de la prochaine délivrance de la reine. Le connétable de Champagne put rentrer en France.

(1) Il y recevait en juillet 1316 l'hommage de son vassal Astorg de Peyre pour la seigneurie de la Garde-Roussillon (commune de Lieutadès, canton de Chaudesaigues), et pour tout ce que tenaient de lui Marquis II de Canillac dans la seigneurie et Erail de Miremont dans celle de Miremont (aujourd'hui Miermont), chef-fief de la paroisse d'Espinasse, même canton. (Ch. Felgères, *Chaudesaigues et le Caldaguès.* — *Revue de Haute Auvergne*, tome V, p. 340; d'après un volume du *Trésor de Mercœur* aux arch. nat.).

(2) « Adonc, il (Philippe le Long) envoia Monseigneur Loys son oncle, et messire Béraud de Marcueil, a tant grand nombre de gens d'armes tenir à Saint-Omer. Si leur commanda que ils courussent et faissent du pis qu'ilz pourroient sur le pays de Cassel et l'environ, etc... » *(Anc. chron. de Flandre: Rec. des Hist.* XXII p. 407, B.). Voir une note intéressante sur cette « chevauchée de Saint-Omer » dans Lehugeur *(loc. cit.* p. 54) où il est dit que Béraud de Mercœur y fut le lieutenant du comte d'Evreux.

Ce fut pour y apprendre qu'une conspiration avait été
ourdie contre le pape Jean XXII, et la mort du neveu
préféré du pontife, le cardinal Jacques de la Vie, évêque
d'Avignon, victime des conjurés. Les complices soupçon-
nés étaient puissants par le nombre, la situation, les
ressources. A la première nouvelle, le chevaleresque et
pieux Béraud offre sa personne et son épée au pape qui
l'en remercie le 31 octobre 1317 en termes affectueux (1).
Ce sont ces élans spontanés si fréquents dans sa vie qui
lui valurent les chaudes sympathies dont il ne cessa d'être
entouré même dans ses disgrâces. Peut-être avait-il déjà
connu le nouveau pape à la cour du roi de Sicile comte
de Provence, ou à Lyon lors du conclave de 1316. Il le
revit depuis et dès le début de son pontificat (2).

Jean XXII était alors très préoccupé des malheurs de
l'Eglise d'Orient, de la reprise d'Acre par les infidèles, de
l'Arménie épuisée dont le roi venait de lui envoyer une
ambassade pour solliciter de prompts secours (3). Son
désir ardent de sauver de la ruine les derniers établissements chrétiens en Orient et de recouvrer, s'il était possible, le tombeau du Sauveur par une croisade générale
était l'objet constant de ses entretiens avec le roi et les

(1) Coulon. *Lettres de Jean XXII*. I, n° 783 et 182, note 3.

(2) Béraud avait-il assisté son beau-frère le comte Jean Ier de Forez qui fut chargé
de la garde armée du conclave d'où allait sortir, après plus de deux ans de fâcheuse
vacance du Saint-Siège, le pape Jean XXII (7 avril 1316), puis au couronnement du
pontife à Lyon ? C'est très probable. Toujours est-il que ses séjours à Lyon, sa proche
parenté avec le comte de Valentinois, son alliance avec la maison de Baux et les
Dauphins de Viennois, le mettaient à portée d'Avignon. Aimar III comte de Valentinois, époux en premières noces de Sibille de Beaujeu, et en deuxièmes d'Alix de
Mercœur tante paternelle de Béraud, lui tenait par ces deux côtés. De plus son fils
Aimar IV avait épousé Polie (Hyppolite) de Bourgogne fille d'Hugues de Châlon comte
de Bourgogne, cousine de Béraud. Enfin sa nièce bretonne, Philippie sœur d'Aimar IV,
était la femme de Bertrand de Baux.

(3) Les ambassadeurs du roi d'Arménie étaient à Avignon auprès du pape au mois
de mai 1317. Le 3 de ce mois ils se pourvoyaient d'un sauf-conduit pour retourner
auprès de leur souverain. (*Lettres de Jean XXII*, n° 238) Jean XXII conféra à ce
sujet avec Philippe le Long qui se montra très disposé à une expédition, mais la dif-
féra sans cesse par la suite.

seigneurs de France. Pendant tout son pontificat il ne se lassa point d'accorder des subsides considérables à Philippe le Long sur les revenus du clergé en vue du « Passage de Terre-Sainte » ; le fisc royal les encaissait encore au moment de son décès (1), mais ils passaient en dépenses de guerres intérieures. Béraud se croisa et à plusieurs reprises il témoigna au pape de son impatience d'aller combattre pour la foi en Terre sainte (2). Aucun sujet ne pouvait être plus agréable à Jean XXII. Il s'attacha à la nature généreuse de Béraud ; il ne devait pas tarder à lui en donner des preuves signalées. En attendant, comme marque d'estime personnelle il lui accordait de ces faveurs de conscience précieuses à des hommes menant une vie très ambulante.

Lorsqu'il eut érigé Saint-Flour au siège d'évêché, il recourut à lui pour l'organisation civile du nouveau diocèse démembré de celui de Clermont. C'est, du moins, ce que laisse supposer le pouvoir qu'il lui confère en 1317 de présenter des candidats à trois offices de tabellions épiscopaux dans le nouveau diocèse de Saint-Flour (3).

Le fils que la reine Clémence mit au monde dans la nuit du 13 au 14 septembre 1316, Jean Ier, n'avait vécu

(1) Le 16 juin 1335 Benoît XII « prorogeait le service de la dîme accordée pendant six ans par le pape Jean XXII à Philippe roi de France *pro Passagio Terræ Sanctæ* » (Vidal. *Lettres de Benoît XII*. Fascic. I, p. 214, n° 2448.)

(2) *Lettres de Jean XXII*. I, n° 618.

(3) Facultas episcopo Sancti Flori et ejus vicario concessa tabellionatus officium concedendi tribus personis per nobilem virum Beraudum dominum de Mercorio nominandis. Datum Aven. 3 kal. junii. (Archives vaticanes. *Reg. Joh. XXII. Anno II Pontif.* T. VIII, fol. 438.) — Le diocèse de Saint-Flour fut créé par bulle du 9 juillet 1317 et confié par le pape à l'un de ses chapelains, le rouergat Raymond de Mousuéjouls, abbé de Saint-Tibéry au diocèse d'Agde qui, retenu au loin par des missions diplomatiques comme nonce pontifical (V. Coulon. *Lettres de Jean XXII*, n°ˢ 49, 50, 53 à 57), ne put s'occuper de l'organisation du nouveau diocèse. Sa formation territoriale, à laquelle le pape avait commis Renaud archevêque de Bourges et Bérenger de Landore maître de l'ordre des Prêcheurs, ne fut réglée que par une bulle du 17 mars 1318 (*Arch. Vatic. Reg. Joh. XXII, Avign.* T. VIII, fol. 250, V. XVI Kal. mart. an. II). Il y avait encore à établir le bilan précis des fiefs, de leur consistance, devoirs et produits, afin de les répartir entre la mense épiscopale et celle du chapitre, travail fertile

que huit jours. Sa mort ouvrait le champ aux compétitions des princes et rouvrait celui des aventures de Béraud.

Les conseillers de la couronne et les grands avaient à choisir entre trois candidats : la fille unique du roi Louis X, Jeanne, une enfant de neuf à dix ans, soutenue par son oncle le duc de Bourgogne et sa grand'mère Agnès ; Philippe le Long, frère du roi défunt, en possession déjà de la régence ; et Charles de Valois qui se prévalait de la qualité « du plus aisné de la couronne », c'est-à-dire plus proche d'un degré de saint Louis que ne l'était son cousin Philippe. Béraud resta fidèle au régent qui fut sacré à Reims le 9 janvier 1317. Ses chevaleresques instincts le portaient à laisser la Champagne et la Navarre à la fille de Louis le Hutin ; n'était-ce pas le patrimoine personnel que la reine de Navarre, sa bien-aimée reine Jeanne, avait expressément donné à son fils Louis le père de l'enfant ! Il se tint pourtant à l'écart de la ligue formée par les nobles de Champagne qui se coalisèrent lors du manifeste lancé au nom de la petite Jeanne, par ses partisans, le 10 avril 1317 (1). Baron champenois lui-même, il eut quelque mérite à ne pas céder au courant, car son oncle, le comte de Joigny était au nombre des plus chauds partisans de l'héritière de Louis le Hutin (2).

en conflits avec des feudataires puissants. Il fallait aussi organiser le personnel civil. Un protecteur influent, fort et connaissant le pays, était nécessaire à des prêtres étrangers. A peine si le nouvel évêque parut sur les lieux, il fut transféré en 1319 à Saint-Papoul. (Voir pour le mode de formation des diocèses érigés en 1317 : Vidal. *Les origines de la province ecclésiastique de Toulouse,* 1295-1318. Annales du Midi, XV, 604.)

(1) C'était une sorte de circulaire adressée sous son nom aux seigneurs de Champagne leur expliquant son refus d'hommager au roi Philippe, qu'on affecte d'appeler simplement « le comte de Poitiers », bien qu'il fût sacré et couronné depuis trois mois déjà. Le roi, est-il dit, n'a aucune raison d'exiger d'elle cet hommage. Elle convoque ses vassaux en armes pour le 8 mai suivant afin de résister à l'invasion de la Champagne que prépare ce prince. (Arch. nat. JJ. 55, cotes 10, 10, 10, 118.)

(2) Le 29 avril 1317 le pape s'interposait de tout son pouvoir pour enrayer cette nouvelle insurrection, presse « les alliés du comté de Champagne » et tout spécialement le comte de Joigny de revenir en l'obéissance du roi. Il leur a député, dit-il, à cet effet, l'archevêque de Bourges et Bérenger de Landore maître des frères prêcheurs. (Coulon, *Lettres secrètes,* etc., p. 154.)

Député aux Etats de 1317 (1), retenu aussitôt par le roi avec huit autres grands de la province, dont Pierre de Mercœur, pour une nouvelle expédition en Flandre (2), il reçoit de Philippe le Long le commandement et la montre des troupes qui doivent se réunir le 29 mai à Mâcon, dans le but de contenir le comte de Nevers, pendant qu'un autre corps assemblé à Paris doit contraindre les seigneurs champenois et Jeanne elle-même à la soumission. Nous l'apprenons par une lettre du pape. Jean XXII s'adressait à lui le 8 mai pour le prier d'excuser Hugues de Castelnau son neveu empêché de comparaître à Mâcon au rendez-vous des levées (3). Très habilement Philippe le Long conclut une trêve particulière et négocia avec le duc de Bourgogne, isolant ainsi Louis de Flandre comte de Nevers et de Rethel, le plus dangereux des alliés du duc, et le contraignant à mettre bas les armes au cours de ses négociations avec ce dernier (4). Longues et difficiles, elles se terminèrent le 27 mars 1318 (n. st.) par un traité où Philippe promettait la Champagne et la Brie à la petite Jeanne après sa mort s'il ne laissait pas de fils, et lui accordait, en attendant,

(1) Extrait du reg. IV de la chancellerie cité par Bergier. (*Op. cit.* Pièces justificatives p. 9, et par Baluze, *op. cit.* II, 493.)

(2) Dans l'ordre suivant: le seigneur de la Tour (Bernard VIII), « le seigneur de Marcueil », Guillaume Flotte, le comte de Boulogne et d'Auvergne (Robert VII), le seigneur de Montboissier, le Dauphin d'Auvergne (Robert III), l'évêque de Clermont, le vicomte de Chauvigny, « Pierre de Marcueil ». (Arch. nat. JJ. 55, fol. 11, nᵒˢ 12 et 18. Histor. de la France XXIII, p. 807 C. et 808 E.) Baluze. *Maison d'Auvergne* II, 149.

(3) Dilecto filio nobili viro Beraudo domino Mercorii. Cum dilectus filius nobilis vir Hugo de Castronovo, nepos noster, cui scripsisti ut equis et armis decenter munitus in octtava instantis festi Pentecostes apud Matisconem ad mandatum tuum convenire deberat, sit circa nos domesticis servitiis nostris implicitus... nobilitatem tuam attente rogamus quatinus eum... velis... excusatum haberes. Dat. Avinione VII idus maii (Coulon. *Lettres secrètes et curiales du pape Jean XXII*, p. 178, 179. D'après les registres 109. f. 221, C. 805, et 110, p. 1, f. 12, C. 35 des archives du Vatican.)

(4) Il commença par différer la réunion de ses troupes jusqu'au 15 juillet, puis au 29 août, puis jusqu'à nouvel ordre, au fur et à mesure que les négociations faisaient des progrès. (Arch. nat. JJ. 55, cote 17. — Lehugeur, *loc. cit.* p. 96.)

15,000 livres de rente. Il était convenu qu'elle épouserait Philippe d'Evreux, fils aîné du comte Louis, prince pacifique, et il donnait sa propre fille en mariage au duc de Bourgogne, malgré la différence d'âge ; moyennant quoi, celui-ci renonçait au nom de sa pupille Jeanne, aux royaumes de France et de Navarre. Le 18 juin suivant, ces deux mariages politiques étaient célébrés en même temps.

Ainsi le sire de Mercœur a continué d'être, au début du règne de Philippe V, ce qu'il a été sous celui de son frère Louis et de leur père Philippe le Bel, un des serviteurs les plus fidèles et des plus importants de la monarchie.

XI.

Coups de tête de Béraud. — Sa guerre privée contre Hugues de Chalon en Franche-Comté. — Excommunié par le Pape et déclaré de nouveau rebelle au Roi. — Troisième saisie de ses biens (1318).

Le pape auprès de qui le roi s'excusait toujours sur les troubles du royaume pour différer l'expédition de Terre-Sainte, voyait avec anxiété chaque jour compromettre davantage le sort des infortunées églises d'Orient. Il avait donc travaillé de tout son pouvoir au rétablissement de la paix. Au moment du traité du 27 mars il croyait toucher au but, lorsque le connétable de Champagne fit un coup de tête de nature à réveiller la ligue champenoise peu satisfaite de la transaction.

A l'occasion d'un différend dont je n'ai pu préciser la nature, il entre en guerre avec une petite « armée » contre Hugues de Châlon, partisan du traité, son collègue au Grand Conseil, son cousin germain et celui du duc de Bourgogne (1). Là encore il se bute audacieusement aux

(1) Il y eut dans le même temps deux Hugues de Châlon ; l'un connu sous le nom de sire d'Arlay fils aîné de Jean Ier de Châlon-Arlay et de Marguerite de Bourgogne

maisons de France et de Savoie. Hugues de Châlon est le propre oncle de la reine, le neveu de Rodolphe de Habsbourg, et de plus le gendre du comte de Savoie Amé IV ; c'est le plus rallié des Châlons depuis 1315 (1) et le plus puissant en Haute-Bourgogne ; il est si bien en cour, que le roi vient de lui donner (1318) 2.000 livres de rentes sur le trésor avec les villes et seigneuries de Nogent-sur-Seine et de Pont-sur-Seine (Aube, arrondissement de Nogent) (2); il est devenu le voisin de Béraud en Champagne, et c'est de ce côté-là sans doute que le conflit prit naissance.

A la nouvelle de cette prise d'armes inopportune, le pape édicta d'office en vertu de son « autorité apostolique » une trêve d'un an entre les deux adversaires sous peine d'excommunication (3). Il affranchissait leurs vassaux de tous liens d'obéissance à ce sujet et les absolvait d'avance. Le dominicain Durand, maître en théologie, son chapelain, chargé, en qualité de nonce, d'aller notifier cette décision aux adversaires en personne et de la faire publier dans tous les lieux de leurs domaines ainsi que dans les pays voisins (4), leur portait en même temps une longue et bonne lettre pour chacun d'eux, où le pape les exhortait à terminer par la voie de l'arbitrage un différend de si funeste exemple entre parents si proches. Il allait jus-

fille du duc Hugues ; cet Hugues-là testa en 1322. Le second était le frère du comte palatin Othon IV, par conséquent l'oncle de la reine Jeanne femme de Philippe le Long. Il avait épousé Bonne de Savoie fille d'Amé IV. C'est de lui qu'il s'agit ici.

(1) Avec le comte de Montbéliard et un groupe d'autres (*Rec. des histor. XXII*, 770). Dans la convocation du ban de 1317, Hugues de Châlon est taxé à 60 hommes d'armes comme les comtes d'Evreux et de Blois ; alors que les comtes de Clermont, de Saint-Pol, d'Auvergne et Boulogne ne le sont qu'à 50, le sire de Beaujeu à 40, le comte de Forez à 15. (*Arch. nat. JJ.* 65, 21, 124.)

(2) Arch. du départ. du Doubs. B, 535. — Dans l'acte, Philippe le Long appelle le donataire Hugues de Châlon « oncle de sa femme la reine Jeanne ».

(3) Jean XXII venait de prendre des peines infinies pour faire déposer les armes à Robert d'Artois et rétablir la paix avec la ligue bourguignonne-artésienne. Il y avait employé, nous l'avons vu, son nonce Raymond de Monsuéjouls le nouvel évêque de Saint-Flour et Bérenger de Landore.

(4) *Lettres de Jean XXII*, n° 583, col. 504.

qu'à s'offrir lui-même pour arbitre « malgré les soucis immenses, dit-il, et les affaires ardues dont nous sommes accablé », s'ils lui envoyaient des mandataires munis de pleins pouvoirs et de leur engagement d'exécuter sa décision (1). Hugues de Châlon cessa aussitôt les hostilités; Béraud n'accepta la trêve pontificale que si Hugues la jurait *le premier;* encore exigea-t-il qu'il lui en fut justifié « *par écrit* ». Cette déclaration ne reçut qu'une réplique du nonce, l'excommunication. La sentence fut publiée suivant l'usage, dans les très nombreuses paroisses de Champagne et de Haute-Bourgogne où Béraud avait des vassaux (2). Il en avait dans le Doubs jusqu'aux frontières de l'Allemagne.

La décision papale déliant tous ses sujets de l'obéissance qu'ils lui devaient dans la circonstance, l'avait atteint au vif de son amour-propre ; animé d'une foi très sincère, l'excommunication le toucha plus profondément encore. Lui, Béraud, excommunié ! Il n'en pouvait croire ni ses yeux, ni ses oreilles. Il écrivit au pape pour le prier de l'en relever; toutefois il ne put le faire sans récriminations et sans abandonner ses orgueilleuses réserves ; déconcertant mélange de la piété de sa race et de l'éducation reçue à la cour de Philippe le Bel. Ce qui lui valut une paternelle mais verte leçon, telle qu'il n'a pas dû en recevoir souvent de pareilles. Jean XXII lui répondait d'Avignon, le 4 juillet 1318.

« A notre cher fils Béraud seigneur de Mercœur souhait d'un jugement plus sain (3). Nous avons été d'autant plus étonné du mépris que vous avez fait de nous et de l'église romaine votre mère, que nous espérions mieux d'un homme de bonne renommée et de louable dévotion comme vous. Vous aviez accepté les trêves par nous imposées; les lettres

(1) *Ibid.* n°s 586 et 587, còl. 507.

(2) *Ibid.* n° 640, col. 554-555.

(3) *Spiritum consilii sanioris,* au lieu de la formule *apostolicam. benedictionem.*

de remerciements que vous nous avez adressées et le rapport de notre chapelain que nous vous avions député en font foi. Cependant vous avez refusé de vous considérer comme tenu de les observer tant qu'on ne vous produirait pas en premier lieu la preuve que votre adversaire les aurait jurées et promises par écrit. Nous sommes surpris que d'une aussi prudente cervelle ait pu sortir une réponse aussi inconsidérée (1). Les trêves ont pris cours, en effet, du jour de leur notification et vous étiez tenu de les respecter sans attendre la soumission de votre adversaire. Non lésé par notre décision, vous ne deviez pas vous tenir pour offensé. Ayant violé la trêve, vous avez mérité l'excommunication quoi qu'en pense votre crédulité. Notre nonce a fait son devoir en publiant la sentence qui vous l'inflige ; ne vous en prenez pas à lui, mais à vous-même qui vous y êtes exposé. Le ton sur lequel vous nous en demandez l'absolution n'est pas de nature à l'obtenir, le Saint-Siège n'ayant pas l'habitude de répondre par la faveur à l'oubli du respect. Quand elle sera sollicitée d'une manière convenable, nous la ferons instruire suivant les rites de l'église (2). Au surplus vous avez des officiers qui ne craignent ni Dieu ni les hommes ; plusieurs d'entre eux, de nature batailleuse, accoutumés à vivre au milieu des dissensions, se sont ruinés dans les guerres. Si vous les écoutez, ils entretiendront les inimitiés contre vous, vous jetteront dans les conflits et ruineront votre maison (3). Notre paternelle affection conseille à votre noblesse de se défaire de pareilles gens dont la conduite ne peut qu'obscurcir la gloire de votre nom et attirer sur vous la colère divine. Soucieux de votre salut et de vos

---

(1) *Sane miramur quomodo, de tam prudentis hominis capite, tam inconsulta responsio.*

(2) Un autre texte de la même lettre dit : « *Neque hujusmodi absolutinocm humiliter postulante parati, prout justum fuerit et cùm Deo licebit, circa ea condescendere votis tuis* » (*Ibid.* n° 611.)

(3) *Tuam domum prodigaliter voraturi.*

intérêts, nous vous conseillons amicalement de marcher
en homme craignant Dieu, de soumettre vos impressions
au frein de la raison, d'avoir horreur des discordes des-
tructives de tout, de renoncer à de folles dépenses nées
d'une enflure d'orgueil et de les employer au subside du
passage d'outre-mer que vous nous avez dit maintes fois
avoir à cœur (1) ; elles seront beaucoup plus louables et
mieux placées (2). »

Comme l'auteur de cette lettre le connaissait bien !

Elle nous donne l'explication des entraînements de
Béraud en nous le montrant livré aux influences de ses
familiers. Il a à son service des écuyers et des capitaines
ruinés par la guerre et vivant d'elle, qui le flattent, l'ex-
citent, lui montrent combien serait digne à lui de conserver à la noblesse champenoise ses vieilles coutumes,
si ce n'est sa dynastie particulière. Ce qu'ils poursuivent,
eux, c'est la rapine. Ce sont là des dessous que l'on ne
trouve que dans les correspondances.

Les deux mariages du 18 juin 1318 mirent fin à l'incident. Béraud se soumit à la trêve; il déposa les armes,
reçut bon accueil à la cour, et Philippe V lui rendit
sa confiance.

XII.

Béraud chef du parti provincial en Auvergne. — Revendication
des vieilles franchises. — Le cahier des doléances. (juillet-
octobre 1318.)

Il y eut alors un instant d'accalmie. Le roi résolut d'en
profiter pour obtenir de la nation les nouveaux subsides
qui lui étaient à la vérité bien nécessaires pour venir à
bout des ligues et des Flandres. Le 26 juillet 1318 il con-
voquait une grande assemblée à Bourges « pour aviser

______

(1) *In subsidium ultramarini passagii quod te habere cordi quandoque
nobis dixisti.*

(2) *Ibid.* n° 610.

aux moyens de rétablir la paix dans le royaume ». Béraud
de Mercœur figure le premier parmi les sept seigneurs
d'Auvergne chargés comme commissaires royaux de le représenter et de pacifier le pays (1) ; les autres sont : Guillaume Flotte seigneur de Ravel, fils du chancelier et l'un
des plus habiles négociateurs de ce temps, Robert VII
comte d'Auvergne et de Boulogne, le Dauphin, le vicomte
de Chauvigny, sans doute à cause de la terre de Montpensier, les seigneurs de La Tour et de Montboissier,
les mêmes que ceux convoqués l'année précédente moins
l'évêque de Clermont et Pierre de Mercœur (2). C'est
l'élite féodale de la province. L'ouverture de l'assemblée
de Bourges était fixée par les lettres royales à l'octave de
la Toussaint (8 novembre 1318). Les Etats de la province
eurent ainsi le temps de préparer leur manifeste et ils le
firent dans une assemblée qui eut lieu à Issoire ou dans
les environs autant qu'on peut l'induire de ce fait que le
cahier des doléances fut scellé du contre-sceau du chancelier royal de Nonette, en cette qualité (3). Quant à
l'assemblée de Bourges elle paraît avoir avorté par suite
de ligues nouvelles à l'occasion desquelles Béraud fit une
esclandre plus forte que toutes les autres.

Le cahier des doléances est trop long pour être analysé
entièrement ; c'est un volumineux rouleau divisé en trente
articles très développés. Dans le neuvième, l'un des plus
importants, l'assemblée réclamait, comme un de ses plus
anciens privilèges « le droit pour les nobles du pays de

---

(1) « Beraut seigneur de Mercueil », etc., (*Rec. des histor. XXII*, 813, *H.)*

(2) Baluze. *Hist. généal. de la Maison d'Auvergne* I, 113 et II, 150.

(3) Cette assemblée doit se placer entre celle de 1317 mentionnée par Baluze.
(*Maison d'Auv.* II. 149) et les lettres de Philippe le Long du mois de juin 1319
rappelant une assemblée précédente où l'Auvergne lui vota des fonds pour les guerres
de Flandre. Le bénédictin Verdier-Latour a publié une analyse de ces lettres (P. 9
des Recherches historiques sur les Etats généraux. Bergier et Verdier-Latour 1788.
Clermont-Ferrand chez Delcros). Jusqu'à découverte de documents plus précis, il
semble qu'il faille suivre l'avis de M. Coulon qui incline à rattacher les doléances à la
convocation de l'assemblée de Bourges.

faire la guerre au soutien de leurs intérêts personnels sans que les gens du roi puissent en rien s'entremettre ni enquérir. Le principal chef de la troupe en expédition pourra avouer ses hommes ; s'il les avoue, ils seront quittes de tout et le chef ne pourra être condamné à plus de 60 livres tournois d'amende envers le roi » pour faits de guerre, au cas où il y aurait des excès sujets à punition royale. Les commissaires royaux consentirent en restreignant toutefois cette faculté de port d'armes aux seuls seigneurs hauts justiciers pour le service de leur justice dans leurs terres, avec astreinte illimitée à la justice du roi s'ils commettaient des excès en traversant le territoire d'autrui. On transigea sur la base de la confirmation des franchises coutumières reconnues et autorisées par Philippe le Bel et son fils Louis le Hutin.

Les seigneurs firent passer ces dispositions du port d'armes, si manifestement contraires aux intérêts du peuple, en s'associant aux communes pour les réclamations relatives aux lourds, aux continuels impôts de guerre et aux abus d'autorité des officiers royaux (1). Des partis hostiles s'unirent dans cette circonstance contre le pouvoir central, de même qu'on voit dans nos assemblées politiques des groupes ennemis se coaliser momentanément contre un adversaire commun. Nobles et bourgeois avaient fait leur concentration pour former une majorité. Et c'était bien là qu'était le danger pour la monarchie en marche.

Le cahier de doléances fut présenté à Béraud de Mercœur qui le fit authentiquer par Durand de Thiers, chan-

---

(1) Huillard-Bréholes. *Invent. des titres de la maison ducale de Bourbon* I, 260. — On suit ici pour la date l'opinion de cet excellent archiviste et la vraisemblance. Il s'ensuit que ce cahier de doléances ne saurait être confondu avec les plaintes adressées au roi à la fin de 1323 par les nobles des bailliages d'Auvergne dans une requête où ils le supplient de leur donner des baillis prud'hommes « et discrets » et de mettre un terme aux empiétements et abus de ses officiers. (*Ibid.* P. 1372² cote 2086 Rouleau français orig.).

celier de Nonette (1), le plus proche siège royal de son
Mercœur d'Ardes, devenu depuis plus d'un siècle l'un
des domiciles féodaux de sa famille. Ce Durand de Thiers,
homme savant et réputé parmi les prud'hommes de la province, était à lui au moins autant qu'au roi. Il en avait fait
son conseiller, son lieutenant civil et il le passa vers ce
même temps à son cousin le Dauphin de Viennois qui lui
confia la surveillance de ses terres d'Auvergne (2). Il n'est
pas le seul exemple d'officiers royaux préférant le service
du seigneur de Mercœur à celui de la cour.

Le roi sursit à faire droit aux doléances, il n'est pas
même certain que l'assemblée de Bourges ait été tenue,
ai-je dit déjà. Mahaut d'Artois appelait, en cette même
année 1318, les comtes d'Artois, de la Marche, d'Auvergne,
de Savoie et autres de ses parents à son secours contre
ses sujets révoltés. Ils s'y rendirent. Il serait assez
étonnant que Béraud ne soit pas allé avec eux puisqu'il
s'agissait de secourir une femme et que cette femme était
la veuve du chef de la maison de Châlon. Notre homme
est si mobile toutefois qu'il est difficile de le suivre partout.

XIII.

GUERRE PRIVÉE DE BÉRAUD ET DU COMTE D'AUXERRE, CONTRE JEAN
DE LONGWY, DANS LE COMTÉ DE BOURGOGNE ET CONTRE LES
OFFICIERS ROYAUX. — LE DÉFI A SULLY (AOUT-OCTOBRE 1318).

Malheureusement pour lui, il y avait trop d'orphelins
dans sa famille. Celui qu'il chérissait le plus, en ce moment, était son neveu à la mode de Bretagne, le jeune
Jean II de Châlon comte d'Auxerre et de Tonnerre, alors

(1) Ego Durandus de Tyherno, cancellarius Nonete, ad jussum domini nostri de Mercurio contrasigillum curie Nonete apposui in premissis (Arch. nat. P. 1372² cote 2060.)
(2) Arch. de l'Isère. Carton Auvergné. Série B. 3. — Vers la même époque il prit
à son service Pierre Armand, damoiseau, puis chevalier, bailli royal des Montagnes
d'Auvergne, qui fut ensuite celui du Dauphin de Viennois.

mineur (1), dont le grand-père avait succombé à ses côtés
à la bataille de Mons-en-Puelle. Or, il existait en Franche-
Comté un seigneur de Rahon (2) fort méchant, qui, met-
tant le comble à de longs méfaits, avait tué sur le territoire du comté d'Auxerre un chevalier parent commun du
comte et de Béraud. Cet homme terrible avait envahi à
la fois et à plusieurs reprises depuis une vingtaine d'années
ses domaines et occupé quelques-uns de ses châteaux du
comté de Bourgogne de même que ceux du comte d'Auxerre. Jean de Longwy, ainsi se nommait le seigneur de
Rahon (3), était effectivement un peu commode voisin.
Il occupait encore avec une bande de pillards, et cela
depuis deux ans, un château du jeune comte qui l'avait en
vain fait assigner devant les juges de sa cour. Le rebelle
refusant d'y comparaître, Jean d'Auxerre avait requis Béraud comme parent et homme-lige (4), de l'assister de ses
armes dans le comté de Bourgogne. Béraud s'y prêta avec
d'autant moins de difficultés que la coutume du pays au-
torisait le suzerain à contraindre, dans ce cas, le sujet
récalcitrant.

Il entra donc en campagne avec lui « sans carnages ni
incendies » ajoutait-il plus tard, et après avoir travaillé de
tout son pouvoir à terminer le différend par un accord (5).

(1) Né du mariage de Guillaume 1er de Châlon, dit le Grand, comte d'Auxerre et
de Tonnerre, fils de Jean II et d'Eléonore de Savoie, avec Alix de Bourgogne, fille
d'Eudes comte de Nevers et de Mahaut de Bourbon comtesse d'Auxerre, Nevers et
Tonnerre. Jean II de Châlon était l'oncle maternel de notre Béraud VII. Jean de
Châlon, le mineur en question, épousa vers 1316 Marie de Genève, fille du comte Amé
et d'Agnès de Châlon; puis Alix de Bourgogne-Châlon sa cousine, fille de Renaud de
Montbéliard.

(2) Rahon cant. de Chaussin (arr. de Dôle, Jura) où Béraud avait des terres. Nous
apprenons que son château d'Oliferne (v. § VII), était dans le cant. d'Armthol, arr.
de Lons-le-Saunier.

(3) Arch. dép. du Doubs. Série B, nos 213 et 483.

(4) Béraud de Mercœur dit que le comte d'Auxerre le requit comme parent et
comme homme-lige. Le jeune Jean de Châlon-Auxerre avait sa part des domaines des
Châlons en Haute-Bourgogne, et Béraud avait des fiefs dans le comté d'Auxerre.

(5) *Lettres de Jean XXII.* 1, n° 749, col. 646-651.

A l'entendre il aurait fait là, et bien à contre-cœur, une guerre tout à fait propre et décente. Mais ses capitaines ! Les officiers royaux ne parurent pas très convaincus de leur innocuité.

Autre incident de ses équipées de 1318. Béraud se trouve un jour en compagnie d'un groupe de seigneurs « ligués » de très haut parage et sans doute de bonne humeur, tous vêtus d'un costume qui leur sert de ralliement. Ils s'avisent de lui en offrir un pareil et de l'en affubler bien qu'il ne soit pas de leur confédération. « La surprise lui fut désagréable, dit-il, mais, se prêtant à leur fantaisie il endossa le costume parce qu'il aurait fait injure à des personnages aussi considérables en refusant de s'habiller comme eux. » Pour si naïve que paraisse cette explication (1), il la donna sous son serment avec la plus grande simplicité, dans les circonstances les plus solennelles, devant le Souverain pontife et les cardinaux assemblés. Elle doit être la vraie. Et voilà Béraud travesti par une réunion de joyeux barons, en conspirateur malgré lui.

Les officiers royaux prirent les choses moins gaiement. Ils saisissent ses terres de Bourgogne, lui tuent du monde, s'emparent de sa résidence de Villers-Robert *(Villario Roberti)* (2), s'y installent, et de là, courent le pays, lui causant des dommages que Béraud évaluait à 10.000 livres tournois au mois d'octobre suivant. Il s'y attendait d'autant moins qu'il était dans le pays, en pourparlers avec Jean de Longwy et prêt à comparaître devant la cour du comté de Bourgogne.

Cependant le roi informé des chevauchées du sire de Mercœur en compagnie du comte d'Auxerre trouve dangereux qu'ils promènent de la sorte une torche allumée sur la matière inflammable de ces ligues sans fin de Bourgogne et de Champagne où les deux grands mécontents

____

(1) *Ibid.*

(2) Ch.-l. de comm. canton de Chaussin, près Mont-sous-Vaudrey, Doubs.

de sa cour, son cousin Charles de Valois, son frère Charles
de la Marche, ont la main, et où l'empereur lui-même
pourrait trouver un appui. Pour y mettre un terme, il
somme Béraud et Jean de Châlon de se présenter devant
lui (1). Béraud se rend enfin à la cour, ce qu'il avait refusé
de faire depuis quelque temps. Là il apprend qu'Henri de
Sully grand bouteiller de France (2), le membre le plus
écouté du Grand Conseil, les accuse d'être entrés « mauvaisement, » c'est-à-dire traîtreusement, dans le comté de
Bourgogne. Sans contrôler la nouvelle, il bondit de colère,
jette son défi à Sully et s'offre à prouver par son corps,
son innocence contre lui ; le jeune comte d'Auxerre quitte
la cour brusquement, menant grand tapage et, comme
nous disons aujourd'hui, en faisant claquer les portes. L'oncle complète l'esclandre par un acte qui doit compter peu
de précédents. Il rédige son défi sous la forme solennelle
de lettres patentes revêtues de son sceau, et fait clouer
sur les portes du propre palais du roi, ce factum où il
traite Sully d'*Architofel* (3).

Vers l'époque où il témoignait son mécontentement au
tout-puissant ministre par ce retentissant soufflet, son
neveu Guy de Forez, le jouvenceau cher à Madame de

____

(1) Arch. nat. J. J. 55 n° 93 fol, 45 v°. — *Rec. des Hist.* XXIII. 813 H. Il avait
déjà été invité par le roi à se présenter en 1317. (Arch. nat. J. J. n° 17, f. 11 ; n° 19,
fol. 40-41 ; n°s 63-65).

(2) Nommé au mois d'avril 1317, il prêta le serment de cette charge le 30 du même
mois. (Arch. nat. J. J., 53, n° 161, fol 70).

(3) Idem comes (d'Auxerre) de regia curia, non absque grandi turbatione, decessit ;
et Beraudus (de Mercœur) ipse adeo fuit commotus quam eis, per verba ipsa, aliquid
proditionale videretur impingi, quod, de sua sinceritate securus et proditionis impostu-
ram abhorrens, irritatus incombuit, et ad suam innocentiam circa id intendendum se personaliter contra Henricum (de Sully) ipsum per patentes litteras obtulit deffensurum,
etc.. (Lettre de Jean XXII au roi de France datée du 31 octobre 1318. Coulon. *Op.
cit.* I n° 750 col. 651). — Le pape complète le récit par sa lettre du 6 novembre suivant : « Litteras.. quas, sub sigillo dilecti filii nobilis viri Beraudi Mercorii, januis regii
palatii Parisius asseris affixas fuisse cum clavis, ex quibus quidem litteris sic affixis
cum aliqua in tuam putare viderentur injuriam etc.. » *(Op. cit.* I n° 760, col. 663-
664). Lettre à Sully. Voir aussi la correspondance du pape au § suivant.

Mercœur (1), manifestait le sien d'une manière plus tranchante au premier magistrat du royaume. Furieux d'un arrêt du parlement au sujet des droits de son père le comte Jean dans la baronnie de Thiers, ce jeune homme d'une vingtaine d'années chargeait, en pleine rue de Paris, le président du parlement accompagné de son escorte, blessait plusieurs de ses écuyers et le « mutilait » d'un coup d'épée. Ce personnage était leur voisin de terres en Auvergne, Gilles Ier Aycelin, chevalier, seigneur de Montaigu et de Châteldon, neveu de l'évêque de Clermont. Le grand-oncle avait reçu les sceaux de France en récompense de ses services dans l'affaire des Templiers, le petit-neveu fut consolé de la perte de son oreille ou de quelque phalange par la chancellerie du royaume (2). Le jeune Guy fut arrêté tout aussitôt son méfait (3). Plus heureux, Béraud sortit de Paris et se retira dans ses terres d'Auvergne. Ces deux affaires n'avaient d'ailleurs aucune autre connexité que l'excitation extrême de la vieille noblesse contre les agents royaux.

(1) La femme de Béraud de Mercœur maria ce neveu chéri, qui fut Guy VII comte de Forez, à Jeanne fille de Louis Ier de Bourbon par contrat du 14 février 1319, et le fit son héritier universel.

(2) Arch. nat. JJ. n° 576, f. 320 v^e. — Bergier et Verdier-Latour. *Op. cit. Pièces justific.*, p. 9.

(3) Il dut à son père et à son beau-père Louis de Bourbon, l'un et l'autre membres importants du Conseil étroit, de recevoir des lettres de rémission et même de non-culpabilité le 21 janvier 1321, n. st. (Remissio.. occasione emutilationis Egidii Asselini, militis, in parlamento presidentis. Mense januarii 1320. *Arch. nat. JJ. n° 576, f. 320 v°*). — Ces lettres disent qu'elles lui furent accordées « après une assez longue détention » — Gilles Aycelin était chancelier au mois de juin 1319 (*Ordonn. du Louvre I*, p. 692). — Un arrêt du parlement du mois de février 1321 tranchait les difficultés pendantes sur la garde des deux abbayes de Thiers réclamée par le comte de Forez. Il y eut toutefois encore un autre arrêt dix ans plus tard sous Guy VII (*Arch. nat. R² 141*). Par ses terres de Châteldon et de Montaigu près Billom, Gilles Aycelin confinait aux baronnies de Thiers et d'Olliergues, propriété de la maison de Forez en Auvergne.

XIV.

ARCHITOFEL. — HENRI DE SULLY. — BÉRAUD POURSUIVI CRIMINEL-
LEMENT. — ASSEMBLÉE DE CARDINAUX CONVOQUÉS POUR L'ENTENDRE ;
CHALEUREUSE INTERVENTION DU PAPE. — LE ROI APPELLE LE BAN
DE LA FRANCE CENTRALE POUR LE COMBATTRE, SOUS LES ORDRES DU
DUC DE BOURGOGNE. (SEPTEMBRE — 14 DÉCEMBRE 1318.)

Architofel, l'Architophel du Livre des Rois est ce conseiller du roi David qui le trahit, poussa par de mauvais
conseils Absalon à dépouiller son père et fut le ministre
de l'usurpateur, quand il eut chassé David de Jérusalem.
Voilà le premier acte. Mais David ayant réuni ses serviteurs
et ses alliés finit par vaincre les rebelles. L'usurpateur
Absalon resté accroché par les cheveux à un arbre de la
forêt d'Ephraïm au travers de laquelle il fuyait, y fut trans-
percé de deux traits par Joab serviteur de David, et le
mauvais conseiller Architofel se pendit de désespoir. Le
Moyen âge le vouait parfois aux enfers avec Caïn, Abiron
et Judas ; et parmi les gens de la cour nourrie des Saintes
Ecritures nul ne put se tromper sur le sens de l'outrage.

Malheureusement pour Béraud, l'Architofel de son placard était le meilleur homme d'Etat du royaume, le premier
ministre du temps (1). Diplomate consommé, légiste excellent, au Grand Conseil Henri de Sully est l'âme du parti
monarchique, et la tête des finances à la Chambre du Trésor avec Guy Florent. Dans le monde de l'hôtel, ce ministre de Philippe le Long a plus que personne l'oreille du
maître qui vient de le pourvoir de l'un des grands offices
de la couronne, la grande bouteillerie. Haut baron par la
naissance, et très riche, il ne lui manque pas même les
appuis de famille chez les grands feudataires et dans la
maison royale. Sa sœur Péronnelle est la femme de Jean II
comte de Dreux cousin du roi ; son fils aîné Jean épou-

(1) Voir Lehugeur. *Loc. cit.*, I, p. p. 285 à 290 et *Lettres de Jean XXII.*

sera Marguerite de Clermont arrière-petite-fille de saint Louis (1), et son second fils, par sa femme Jeanne·d'Harcourt, lui donnera des soutiens jusqu'à l'extrémité de la France. Il est l'homme nécessaire du moment et le plus puissant après le roi. Tel était celui que Béraud, quelque peu son parent aussi, n'hésitait pas à insulter et qu'il appelait en champ clos avec une si bruyante désinvolture. N'importe ! Accusé de félonie à l'occasion d'une chevauchée féodale légitime à ses yeux il entendait faire rentrer la calomnie dans la gorge d'où elle était sortie, si haut cravatée qu'elle fût.

Absalon prit fort mal la chose ; il était personnellement offensé par le choix irrévérencieux des portes de sa propre demeure par ce fou de Béraud pour y clouer l'outrage à son ministre. Et telle fut bien l'impression générale car, à partir de ce moment la question des chevauchées de Champagne et de Bourgogne, la casaque des confédérés et le reste passent à l'arrière-plan ; cela ne sert plus qu'à corser la poursuite de souverain à sujet. Un procédé de cette nature eût suffi dans les mœurs du temps à mettre des armées aux prises. Philippe et Sully estimèrent que l'arrogance du vassal appelait une répression exemplaire, et Béraud avait fait prudemment de courir se réfugier dans ses repaires montagneux.

Ordre est donné partout, spécialement au bailli d'Auvergne de saisir ses terres dans toutes les provinces. Quand les officiers royaux se présentent devant ses forteresses et le somment de les rendre au roi, Béraud, crédule aux conseils des madrés qui l'entourent, leur fait cette belle réponse : « Les lettres du roi vous enjoignent de saisir

---

(1) Fille de Louis de France comte de Clermont, sire de Bourbon, duc de Bourbon neuf ans plus tard ; tige de toute la dynastie royale des Bourbons et des d'Orléans. Ce mariage alliait aussi les Sully au comte d'Auvergne et de Boulogne Robert VII. — Ce fut au mois de juin 1320, à Paris, que Philippe le Long donna son approbation au mariage « déjà convenu » entre Marguerite de Bourbon et Jean de Sully. Elle lui apporta 16.000 l. t. de dot. *(Arch. nat. P. 13652 cote 1447)*.

mes terres, prenez mes terres ; elles ne parlent pas de mes châteaux, je les garde. » Et il les garda (1). Il sentait bien que l'éclat avait porté trop haut cette fois. Ne voulant ni combattre le souverain, ni être capturé, il s'en alla en Avignon trouver le pape. Jean XXII estima la situation délicate ; et jugea prudent d'associer la cour pontificale à son intervention. On était à la fin d'octobre 1318. Il convoqua donc ses cardinaux et leur exposa la situation. Invité à s'expliquer devant l'auguste assemblée sous la foi de son serment, Béraud le fait avec la candeur d'un homme qui se croit l'innocence même. Le pape lui adresse une semonce paternelle, moins sur le fond de l'affaire que sur sa conduite irrespectueuse envers le roi, et violente au regard du ministre ; mais, cela fait, il prend sa cause en main avec une chaleur qui ne se lassera plus. Il est celui qui a le mieux compris cet homme redressé sous l'offense et doux comme un enfant avec les doux, cette tête trop haut portée qui exagère l'idée d'honneur jusqu'à l'orgueil extrême ; ce cœur accessible à tous les sentiments nobles et jouet des ruffians qui l'exploitent. Il le tient pour ce qu'il est, un être généreux, loyal et droit, dont on peut tout obtenir par des égards, capable de folies si on le pousse à bout. Il a réellement pitié de lui et il l'aime.

Béraud se déclare disposé à se présenter devant la cour du roi pour y être jugé, à laisser tous ses biens saisis sous sa main, à donner d'autres gages s'il le faut en garantie de l'amende à laquelle il pourra être condamné ; mais il y met une condition, et sur ce point il est intraitable, il ne veut pas être arrêté comme un malfaiteur ou un traître ; il comparaîtra « libre » devant le souverain. A cet effet, le

---

(1) Béraud expliquait lui-même la chose très naïvement au pape au mois d'octobre : *Subjungens deinde quod, circa terre sue captionem, se inobedientiam erga regem non commisisse credebat, quamvis castra ipsius terre minime dimisisset ; regales namque littere non de castris ad manum sue ponendis curie, set de terra sua faciebant mentionem tantummodo ; unde postquam terram dimiserat libere, non putabat, secundum habitum circa id consilium a peritis, inhobediens extitisse.* (Coulon. *Loc. cit. n° 749.)

roi lui délivrera un sauf-conduit « pour l'aller (à Paris), le séjour et *le retour* ». Quant à son affaire avec Henri de Sully il retira « Architofel » et son défi, si Sully rétracte « mauvaisement ». En vain le pape essaie de lui faire comprendre que mauvaisement est un mot bien vague ; même la tête sous la hache, le baron auvergnat n'admet pas le vague quand il s'agit d'une insinuation de félonie.

La lettre que Jean XXII adressait au roi le 31 octobre pour apaiser son irritation est une des plus longues de sa correspondance. Après lui avoir exposé complètement la défense présentée par Béraud, il appuie sur les ligues prêtes à renaître de l'incident. Elle se termine ainsi : « Si ces faits sont exacts, très aimé fils, et si, par malheur, la situation se prolonge, d'un mal léger en apparence peut provenir un grave danger. La petite étincelle des discordes peut, sous le souffle du semeur de zizanies (le démon), allumer un grand et terrible incendie. Vos ennemis en pointeraient des cornes plus hardies pour ne pas dire plus furieuses contre vous, et l'on verrait tiédir le dévouement de ceux que vous croyez vos amis. La conséquence serait que cette expédition générale de Terre-Sainte à laquelle vous nous dites vous être engagé par un vœu, et dont nous désirons la prompte réalisation avec une indicible ardeur, pourrait être, ce qu'à Dieu ne plaise, déplorablement différée ou totalement abandonnée. Un pareil malheur peut être conjuré par la prudence. Nous vous prions donc, au nom de la mansuétude du Rédempteur nous vous adjurons, et en même temps nous vous conseillons au nom de la sagesse, de réfléchir à ce qui précède ; de soumettre les mouvements de votre colère au frein de la raison ainsi que l'exige la fonction de roi que vous tenez de Dieu. Revenez aux aménités de la clémence, ne soyez dur à personne, inclinez pour tous à la grâce dans la mesure convenable. Imitez la bonté de vos ancêtres, et, à leur exemple, vous gouvernerez vos sujets dans la paix et la justice. Il y a parfois sagesse à voiler leur erreurs, »

Ayant ainsi préparé l'esprit du roi par des considérations de politique générale, il conclut : « Béraud a déjà donné des gages et se déclare disposé à en livrer d'autres en garantie de l'amende dont votre cour pourrait le frapper ; il est prêt à se rendre à toute citation. Autant que nous avons pu le comprendre, nous n'avons vu dans son âme ni l'inimitié, ni la bravade, mais au contraire un louable désir d'obéir à vos commandements. Les services qu'il a rendus à vos auteurs et qu'il peut vous rendre encore doivent vous incliner à la bienveillance. Recevez-le avec bonté ; laissant votre irritation s'apaiser, écoutez ses procureurs dans sa défense, en vous souvenant de la malice des temps présents. Plus il sentira dans votre conduite à son égard que vous avez préféré clémence à rigueur, plus vous le trouverez par la suite animé à servir vos intérêts avec une constante et virile fidélité. Et c'est pour expliquer toutes ces choses à votre grandeur et pour mieux vous en convaincre, que nous vous députons notre cher fils Guillaume de Laon, de l'ordre des frères prêcheurs, maître en théologie, notre chapelain et régent de notre cour. Nous vous prions d'avoir créance en lui et d'accueillir favorablement ses demandes (1). »

Jean XXII ne s'en tient pas là. Le même jour il écrit, longuement aussi à la reine Jeanne femme de Philippe le Long, dame de ce comté de Bourgogne où Béraud vient de chevaucher. Il lui résume les faits, s'explique sur la question du « mauvaisement », de l' « Architofel » et du défi en combat singulier dont il a cru prudent de ne pas parler au roi du premier coup, met en relief le caractère de Béraud « abhorrant l'imposture », incapable de trahison, l'âge du jeune comte d'Auxerre ; reconnaît que le sire de Mercœur a été un peu susceptible, « mauvaisement » ayant un sens peu déterminé. Il s'ouvre à elle sur les conditions de « liberté plénière » même pour le séjour et le « retour »

____

(1) Coulon. *Lettres de Jean XXII*, I, n° 749.

mises par Béraud à sa comparution devant le roi. Il faudrait, propose-t-il, que le roi le convoque avec Sully en sa présence. Il inviterait d'abord Sully à donner l'affirmation explicite de l'absence de toute intention injurieuse; alors Béraud rétracterait ses lettres de provocation ; sur quoi le roi rétablirait la concorde entre eux pour le plus grand avantage de son service. « Vous avez grand intérêt, ma fille, a éteindre un différend d'où pourraient naître des maux infinis. Nous exhortons donc Votre Sérénité à insister auprès du roi pour atteindre ce but. » Et il lui annonce aussi l'envoi de Guillaume de Laon à la cour pour négocier cette affaire (1).

Le même jour encore, lettres du pape, dans le même sens, aux plus proches parents du roi, à Charles de Valois, à Charles de la Marche, au comte d'Evreux, tous les trois amis et alliés de Béraud, et tous à cette heure du parti des mécontents ; son ambassadeur Guillaume de Laon doit compléter ses lettres auprès d'eux par des explications verbales (2). Ces princes étaient de ceux que le pape supposait enchantés qu'il se produisît un soulèvement pour en profiter.

Les Registres du Vatican se bornent à la mention de ces trois dernières lettres « pour Béraud de Mercœur et pour la même affaire ». Il est fort probable qu'il ne se contentait pas de leur recommander son protégé, et qu'il les exhortait et les fit exhorter en même temps à se surveiller eux-mêmes et à ne pas compliquer la situation par des troubles nouveaux.

Guillaume de Laon se croisa avec le courrier royal destiné au pape. Philippe exigeait avant toutes choses que Béraud, cité devant lui, obéît à la citation sans perdre un jour. Le pape réitère alors, très nettement, le 4 novembre, les conditions du sire de Mercœur dont il a déjà entre-

____

(1) Coulon. *Lettres de Jean XXII* 1, n° 750, col. 651.

(2) *Ibid.* N°ˢ 751, col. 655-752, col. 656 ; 753 même col. — Nous n'avons que les rubriques de ces trois dernières lettres.

tenu, dit-il, le souverain dans plusieurs lettres précéden-
tes (1).

« A notre très cher fils dans le Christ, Philippe roi
illustre de France et de Navarre.

» Malgré son désir de se rendre en votre présence pour
obéir à vos ordres, notre cher fils Béraud seigneur de
Mercœur est retenu par un soupçon dont nous vous avons
fait connaître la cause dans plusieurs de nos lettres, tout
comme si ses craintes avaient un fondement probable. S'il
lui est permis d'aller vous trouver en toute sécurité, nous
tenons pour certain... qu'il donnera toute satisfaction
à Votre Altesse. Nous faisons un affectueux appel à votre
royale clémence, et nous vous conseillons de bonne foi de
peser attentivement les considérations que nous vous avons
présentées et la malice des temps actuels, d'accorder un
sauf-conduit à Béraud pour lui permettre de se rendre
devant vous, de séjourner et de revenir en toute sûreté ;
de telle sorte qu'il puisse, libre et sûr, aborder Votre
Excellence comme il le désire, et vous donner tout conten-
tement. Veuillez ajouter pleine créance à tout ce que vous
dira notre cher frère Guillaume de Laon, etc... que nous
vous avons envoyé pour cette affaire et d'autres encore (2). »

Nous avons une seconde lettre du même jour, adressée
par le souverain pontife au roi, pour Béraud de Mercœur.
Elle est conçue dans le même sens et à peu près les
mêmes termes (3), soit qu'il ait expédié deux exemplaires
par deux courriers différents, pour être plus certain de
l'arrivée prompte à destination, le roi changeant fréquemment de résidence ; soit qu'après la copie prise par l'un de
ses secrétaires d'un premier projet, il ait refait sa lettre

____

(1) De ces lettres multiples du pape au roi, au sujet de Béraud de Mercœur, avant
le 4 novembre, nous n'en avons qu'une, celle du 31 octobre ; il dut récrire entre ces
deux dates.

(2) *Lettres de Jean XXII*, I, n° 7, col. 662.

(3) *Ibid.* n° 759, col. 663.

avec de légères modifications dont copie fut également relevée.

Le plus difficile à gagner était Henri de Sully. S'il ré-
sistait en se plaçant sur le terrain de l'outrage personnel,
évidemment le roi n'hésiterait pas à préférer l'utile ministre au turbulent cousin ; Jean XXII le comprit ; justement,
il recevait sur ces entrefaites une lettre d'explications assez
irritées de Sully, à laquelle était jointe une copie du factum insolent de Béraud. Le pape et l'homme d'Etat avaient
eu l'occasion de s'apprécier au cours de trois ambassades
dont le grand bouteiller avait été successivement chargé
auprès de lui, depuis un an, pour des affaires fort graves.
Une seule de ces missions diplomatiques avait exigé le
séjour de Sully à la cour pontificale pendant plus de trois
mois (1). Sully avait donc intérêt, lui aussi, à ne pas mécontenter un pape tel que Jean XXII. L'octroi de nouveaux
subsides et le départ prochain pour la croisade étaient au
premier rang des négociations pendantes (2). Profitant
donc de l'occasion, Jean écrivait le 6 novembre :

« A notre cher fils noble Henri seigneur de Sully, bouteiller de France.

» Nous avons reçu les lettres que vous nous avez adressées récemment, avec une copie authentique de celles qui,
sous le sceau de notre cher fils le noble Béraud seigneur
de Mercœur, ont été clouées, nous dites-vous, sur les portes du palais du roi, à Paris. Ces lettres et leur affiche de

(1) Du 16 décembre 1317 au 21 mars 1318. (*Ibid.* n° 330, note 2.) Les ambassadeurs envoyés avec lui étaient Louis de Bourbon comte de Clermont en Beauvoisis, le
comte Jean de Forez beau-frère de Béraud, les évêques de Mende, de Laon. Entre
autres sujets de cette mission diplomatique : règlement de la question de Flandre, du
douaire de la reine douairière Clémence de Hongrie, des subsides à obtenir du pape, la
croisade. Sully fut de nouveau envoyé à Avignon, la même année, pour traiter diverses
affaires avec le roi de Sicile (*Ibid.* n° 829, col. 717, 731.) Il fut encore député par le
roi en 1319. (*Ibid.* n° 830, col. 719-721.)

(2) Le 30 juillet 1318, le pape renouvelait ses instances pour que le roi ne différât
plus davantage l'expédition de Terre-Sainte. (*Ib.* n° 668 et 573, etc.); et il écrivait, en
outre, à ce sujet, de nombreuses lettres aux principaux personnages du royaume.

cette façon vous ont paru un amer outrage à votre personne, et dans le trouble que, naturellement, vous en devez
ressentir, vous nous avez humblement supplié de ne rien
augurer qui vous soit défavorable des rapports à nous faits
sur votre compte. Nous désirons que vous sachiez, mon
fils, que, même dans les petites choses, nous n'avons jamais
prêté volontiers l'oreille aux détracteurs, déplaisants à
Dieu ; et que lorsqu'il nous est arrivé d'entendre leurs
propos, nous n'y avons pas facilement ajouté foi, surtout
lorsqu'il s'agissait de personnes que nous croyions dignes
d'estime. Béraud lui-même ne nous a rien dit autre chose
contre vous que ce qui est dans vos lettres. Loin d'approuver sa conduite, nous lui avons adressé une admonestation
paternelle, ainsi que nous vous l'avons écrit. »

L'amour-propre du ministre calmé par ce préambule, il
continue non sans une pointe de douce plaisanterie :

« Nous ne voyons pas pourquoi vous pourriez concevoir
de l'irritation contre lui, car ses lettres ne contiennent rien
qui entache votre honneur, à moins que vous n'entendiez
vous plaindre de ce qu'il vous a traité d'*Architofel*. L'offre
qu'il vous fait de se défendre en personne contre vous des
imputations dont nous vous avons déjà entretenu par écrit,
n'ont rien non plus de déshonorant pour vous. Il n'aurait
pas dû vous comparer à *Architofel*, dites-vous. Est-ce pour
la sagesse et la fidélité ? *Architofel* fut un homme si sage
que, de son vivant, on s'en rapportait à lui comme à Dieu ;
il fut très fidèle et bon conseiller à son seigneur Absalon (1). »

Et revenant aussitôt à un langage plus grave, qui devait
avoir de l'écho dans une âme élevée :

« Vous trouvez-vous déshonoré par la publicité que
Béraud a donnée à ces propos avec une outrageante intention ? Laissez-nous vous dire qu'il est d'un noble esprit de

---

(1) Très fidèle, oui, au fils rebelle en trahissant le père ; et très bon conseiller en
ce sens qu'ayant engagé le fils usurpateur à poursuivre sans répit son père David en
fuite, pour le prendre ou le tuer, Absalon succomba pour n'avoir pas écouté ses avis.

se montrer toujours supérieur à l'injure, de la supporter avec une sereine indifférence, surtout lorsqu'elle échappe dans la chaleur de l'emportement ou de tout autre violente impression. En pareils cas, la loi des empereurs en absout l'âpreté et veut qu'on les souffre patiemment. A cette patience l'exemple de notre Rédempteur nous convie, lui qui souffrit tant d'opprobres jusqu'à l'heure de sa mort. Nous-même, son indigne représentant sur la terre, désireux d'imiter son exemple dans la faible mesure de nos forces, nous avons jugé convenable, tout dernièrement, de mépriser de semblables injures proférées contre nous. Vous avez su, je pense, qu'une personne qui nous est soumise et dont le devoir eût été d'être d'autant plus réservée que sa science est plus grande et son expérience plus consommée, nous a bien comparé inconsidérément, nous aussi, à cet Architofel, en, public. Sa qualité rendait le propos particulièrement audacieux. Nous lui en avons laissé la honte. Bien plus, refoulant nos impressions, nous nous sommes appliqué à n'en rien laisser paraître. C'est pourquoi nous vous prions, notre fils, au nom de la mansuétude de votre créateur, de réfléchir à ce que nous venons de vous dire, d'arracher toute colère et toute rancœur de votre âme et d'en bannir toute pensée de ressentiment (1). »

Pendant que le courrier porteur de ces lettres des 4 et 6 novembre, chevauchait sur la route d'Avignon à Paris, le roi ordonnait, le 12, une grande levée du ban d'Auvergne haute et basse, du Velay et du duché de Bourgogne, pour s'emparer des domaines de Béraud et de sa personne. Les bannerets de ces provinces devaient être rendus en chevaux et armes à Clermont, le 14 décembre. Il plaçait les troupes sous le commandement du duc Eudes IV de Bourgogne, son gendre depuis quatre mois, et du comte d'Auvergne Robert VII. Les plus grands seigneurs de cette partie de la France étaient requis : le Dauphin d'Auvergne

(1) *Ibid.* n° 760, col. 663-664.

comte de Clermont, Robert Dauphin seigneur de Saint-Ilpize et de Combronde, les vicomtes de Polignac et de Murat, le seigneur de Montlaur, Jaubert de Bréon seigneur de Mardogne, tous parents ou vassaux du sire de Mercœur ; Guillaume Comtour seigneur d'Apchon, les seigneurs de Pierrefort, Hugues de Vissac ; les seigneurs de Chalencon, Solignac, La Roche (en Rénier), de la Roue, de Couzan, d'Allègre ; Guillaume Flotte seigneur de Ravel et d'Ennezat ; les Latour d'Olliergues, Montboissier, Montaigu, les Chalus du Puy-Saint-Gulmier, Châtel-de-Montagne, Châtel-Perron (1).

Jean XXII pouvait espérer que Sully aurait mauvaise grâce à persister dans ses sentiments vindicatifs en présence d'un pontife impassible sous la même injure que lui. Quant à Philippe le Long, fortement imbu de l'esprit d'autorité comme son père, il dut être assurément peu satisfait d'entendre le pape appuyer avec autant de force sur l'intérêt, que dis-je, sur le besoin qu'il avait de ménager le sire de Mercœur. Qu'il ait été indisposé de voir un de ses sujets, pas même chef de province après tout, abrité dans l'asile inviolable de la cour pontificale lui poser des conditions et essayer de lui forcer la main, cela n'est pas douteux. Pourtant il eût cédé peut-être devant l'insistance extraordinaire du souverain pontife dont la cour recevait des subsides considérables chaque année, et dont il pouvait recevoir encore tant de services de toutes sortes (2), si un conflit fâcheux entre le pape et lui, au sujet d'un membre de son conseil, ne fût venu se joindre à ce moment même, à son irritation, pour l'en dissuader.

(1) Les lettres royales de convocation transmises aux officiers royaux indiquent nommément 29 bannerets en ajoutant « et autres ». (Baluze. *Op. cit.* II, 150.) Indice d'un appel exceptionnel du ban.

(2) Voir sa correspondance.

XV.

Conflit entre le pape Jean XXII et le roi au sujet de l'évêque
de Mende adversaire de Béraud. — Le roi ordonne la levée
d'une armée sous les ordres du duc de Bourgogne pour s'emparer du seigneur de Mercœur et de ses domaines. — Le pape
reprend sa défense (novembre-décembre 1318).

La cause de ce conflit était l'évêque de Mende, Guillaume Durand, avec qui Mercœur avait eu en Gévaudan,
de 1307 à 1312, les graves différends que l'on sait, terminés par Philippe le Bel. Cet habile et savant dominicain, docteur en plusieurs facultés, à la parole persuasive,
avait su maintenir sa fortune politique. Philippe V l'avait
gardé au Grand Conseil, l'employait aux ambassades et
prisait fort ses services. N'était-ce pas à lui, d'ailleurs,
que la couronne devait l'annexion de fait du comté de
Gévaudan par le traité de pariage de 1307 ? La cour était
d'autant plus portée à le soutenir que ce traité d'association avait ameuté contre lui la noblesse gabalitane. Missions politiques à part, Guillaume Durand, plus légiste
qu'évêque (1), quittait moins que jamais la cour. Les
plaintes portées au Souverain Pontife contre lui et les
officiers de son temporel s'étaient multipliées depuis
1316. Elles devinrent si pressantes en 1318 que le pape
ne put différer plus longtemps de s'en occuper ; il chargea
des commissaires de faire une enquête. Fort de la protection du roi, Durand prit une attitude arrogante et il est
infiniment probable que c'est à lui que Jean XXII fait
allusion dans sa lettre à Sully, du 6 novembre, à propos
de l'injure d'Architofel qui lui avait été adressée à lui-
même. Le roi se plaint des poursuites intentées contre

______

(1) Guillaume II Durand, neveu de Guillaume 1er surnommé *Speculator* à cause
de son traité *Speculum juris*, et quelquefois désigné par le même surnom que son
oncle, était en effet tout spécialement réputé pour ses connaissances juridiques.

son conseiller, demande, exige presque leur cessation, les imputant, sur la foi de rapports intéressés, à l'hostilité de Béraud de Mercœur (1). Il se trompait : en fait d'intrigues, on n'aperçoit que celle dont Béraud fut victime en cette circonstance.

Jean XXII qui savait être pape, répondit le 13 décembre 1318, à cette intervention peu discrète, sur un ton digne et ferme : « La Sublimité royale a tort de s'étonner et de s'émouvoir de ce que nous ayions accueilli la plainte des opprimés contre cet évêque ; et que votre crédulité n'aille pas jusqu'à se figurer que nous ayions agi sur la demande de notre cher fils le noble Béraud seigneur de Mercœur (2). Bien mieux, apprenez que nous avons laissé s'écouler huit mois sans tenir compte des plaintes graves et fréquentes portées à notre personne par un grand nombre de notables gens. Mais enfin les clameurs ont été si fortes et tant de fois renouvelées qu'il nous est devenu impossible de fermer nos oreilles sans blesser notre conscience ». Le reste est sur ce ton. S'adoucissant dans une seconde lettre il donnait au roi toutes les garanties de la plus impartiale équité, annonçant une enquête

(1) Pour cette affaire, il députa au pape Simon d'Archiac, doyen de Saintes, peu après archevêque de Vienne et Pierre de Matherin, chevalier. (*Ibid.* n° 775, col. 672-73.)

(2) «... Non itaque debet mirari debet regia sublimitas nec turbari si contra ipsum episcopum conquerentes oppressos audivimus, *nec tua credulitas teneat quod ad instantiam dilecti filii nobilis viri Beraudi domini de Mercorio, quicquam egerimus in hac parte, etc.* » *(Ibid.* n° 775, col. 672.) Lettre datée d'Avignon comme les autres.

Six jours après, complétant ses renseignements dans une autre lettre au roi qui se rabattait sur une enquête secrète, il lui disait avoir commencé par entendre les explications de Durand dans un consistoire secret ; mais que la divulgation de ce qui s'y était passé avait été bruyante à ce point qu'il n'était plus possible de continuer l'information secrète. Il y allait de la dignité pontificale, de celle du roi, et de son conseiller lui-même. Il la faisait faire, non par un seul commissaire suivant l'habitude, mais, pour plus de sécurité, par deux de ses cardinaux chargés d'entendre « non les personnes viles, mais des cardinaux, des évêques, abbés et autres témoins de cette sorte de procédure régulière, et de recevoir toutes les libres défenses de l'évêque ». *Hoc enim procul dubio expedit fame sue, congruit et decenter regie serenitatis honori,* etc. *(Ibid.* n° 778, col. 680-681.)

par cardinaux français d'où seraient exclus tous témoignages suspects et où la liberté de la défense serait assurée largement à son conseiller (1).

Malgré le retentissement de ce procès, Guillaume Durand conserva la confiance de Philippe V. Il resta sur le siège de Mende jusqu'à la fin de sa vie (14 déc. 1330), mais sans monter plus haut ainsi qu'on pouvait le prévoir à ne considérer que sa capacité. Jean XXII ne fléchit pas sur ce point (2).

Philippe n'en resta pas moins convaincu de l'immixtion de Béraud dans la mésaventure de son conseiller. Loin donc de se laisser fléchir par les instances du pape, ni effrayer par les périls d'une expédition militaire que les lettres de Jean XXII lui faisaient entrevoir le 4 novembre, il prit dès le 18 de nouvelles mesures pour en assurer le succès. Réitérant l'ordre précédemment donné au bailli d'Auvergne d'occuper les châteaux et tous les biens du sujet insoumis, il enjoint à la noblesse de prêter main-forte à l'exécution de ces ordres ; à celle déjà requise il joint les nobles du Nivernais. Mieux encore : au duc de Bourgogne il confère pleins pouvoirs de réunir des troupes en tel nombre qu'il le jugera nécessaire et de prendre tous les moyens qui lui paraîtront utiles (3). Qu'aurait-il fait de plus s'il avait eu à combattre le comte de Flandre ou à

(1) V. *Arch. nat. JJ.* 55, n° 110-113, f. 52, etc. — Coulon, loc. cit. n° 676. Voir au sujet de Guillaume Durand : J. Roucaute. *La formation territoriale du domaine royal en Gévaudan*, 1161-1307, pp. 54, 82, 83, etc. Paris, Picard, 1901.

(2) Sans sortir du pays où s'étendaient les domaines de Béraud, il n'hésita pas à suspendre Grégoire, abbé d'Issoire, vers le même temps. Benoît XII le releva de cette suspension par lettres datées d'Avignon, le 11 mars 1335. (Vidal. *Lettres de Benoît XII*, d'après les archives du Vatican. Fasc. 1, p. 199, n° 2303).

(3) *Arch. nat. JJ.* 55, fol. 31, n°ˢ 75 et 76 et fol. 59 ; v°, n°ˢ 124 et 125. — *Rec. des Histor.* XXIII, p. 816 B et note 8. — Il ne s'agit donc pas cette fois encore de la guerre de Flandre dans cette convocation, comme l'a cru M. Lehugeur dans son *Histoire de Philippe le Long*, p. 276, note 5 Coulon. (V. *Lettres de Jean XXII*, p. 643). Les termes de ces mandements ne laissent, en effet, aucun doute.

expéditionner contre la Savoie! Evidemment Louis Ier de
Bourbon et le comte de Forez se sont excusés de marcher,
puisque leurs domaines, encastrés entre les provinces re-
quises, ne sont pas compris dans les convocations, bien
que Béraud y possède des terres importantes. Il en est
de même du Velay, du Gévaudan, du comté de Bourgogne. Ainsi dès le début apparaissaient les complications.

Devant une armée mobilisée pour le prendre et commandée par le premier feudataire du royaume, Béraud
ne se soumet ni ne se rend. Seulement il quitte Avignon
pour ne pas envenimer les rapports soudainement tendus
entre son protecteur et le roi. Il ne faut pas que la
cour puisse ajouter à ses griefs contre le pape celui
de donner asile à un rebelle. Il s'éloigne discrètement
et va demander asile et conseil à son cousin Louis de
Bourbon.

Jean XXII ne l'abandonne pas, mais il ne lui dissimule
pas la vérité. A une lettre que Béraud vient de lui faire
porter par son clerc Jean Pagès, pour lui annoncer que
des mesures de la dernière rigueur vont commencer
contre lui, il répond le 19 décembre 1318 que les rapports
de son ambassadeur Guillaume de Laon, ne confirment
que trop les siens. Le roi est furieux. Et comme « la colère des rois est toujours dangereuse suivant la parole du
Sage », il l'engage à ne plus la braver, à ne pas se faire
trop d'illusions sur le « grand nombre » de ceux qui lui
prêteraient leur appui pour résister au pouvoir royal. « En
conséquence, humiliez-vous devant lui par des témoignages de soumission et d'attachement, et du mieux que
vous pourrez apaisez son esprit afin que, oublieux de vos
offenses, il vous rouvre le sein de sa bienveillance d'autrefois. Aussitôt que nous aurons reçu la réponse de notre
cher fils Louis comte de Clermont, que vous attendez
sous peu et dont vous nous annoncez la communication,
nous vous ferons connaître avec une paternelle affection

les moyens qui nous paraîtront les meilleurs pour vous réconcilier avec le roi (1). »

A partir du 19 décembre, et durant trois ou quatre mois, la correspondance de Jean XXII, jusque-là si peu interrompue au sujet du sire de Mercœur, est muette. Pendant ce temps Béraud reste suspendu au-dessus de tous les périls, tel Absalon dans la forêt d'Ephraïm ; cependant aucun Joab ne lui perça le flanc de son dard. Si les troupes de l'ost royal s'assemblèrent, elles n'agirent pas sérieusement, le drapeau royal ne flotta que sur les forteresses que Béraud reconnaissait tenir du roi; les autres leur furent refusées.

Le duc de Bourgogne se mit bien en campagne, mais ce fut une campagne d'arguments. Tout en blâmant l'obstination de Béraud, en prince il lui répugnait de prendre les armes contre un brave et loyal chevalier, pas traître du tout, estimé et parent de tout le monde, lui compris. Aussi tout le monde s'y met. Louis de Bourbon l'abandonne d'autant moins qu'il vient d'être nommé capitaine général de toutes les troupes que le roi doit envoyer outre-mer, pour cette expédition de Terre-Sainte dont Béraud est un chaud partisan (2). En Auvergne, le bailli royal ne pourrait guère compter sur la noblesse, s'il fallait en venir aux mains. C'est au cours des conflits du roi et de Béraud, que le bailli royal Pierre Armand, damoiseau de Langeac, passa du service de Philippe à celui de Mercœur (3) ; le fait est caractéristique. Au fond les nobles se reconnaissent en lui, ils retrouvent leur sang dans cet

_____

(1) *Lettres de Jean XXII*, 1, nº 777, col. 678. Lettre datée d'Avignon, le 19 décembre 1318.

(2) Le roi avait investi Louis de Bourbon, de ce commandement par lettres données à Longchamps, à moins que les comtes de Valois ou d'Evreux ses oncles, ou encore son frère Charles de la Marche, ne partissent avant lui. Louis avait déjà reçu du pape le commandement des croisés (*Arch. nat. P.* 1378, cote 3017). Il n'y manquait plus que l'armée !

(3) Pierre Armand était depuis peu bailli des Montagnes d'Auvergne pour le roi (1315) ; il était bailli de Mercœur en 1319.

homme qui, après s'être compromis pour son jeune neveu sans grand intérêt personnel, préfère le risque de la confiscation et de la mort, à la honte de se voir empoigné au collet par un sergent royal; peut-être même lui savent-ils gré d'avoir, pour défendre son honneur, publiquement humilié et défié, à la face de la cour, le ministre dont ils jalousent la puissance autant qu'ils la redoutent. Il est certain, en tout cas, que nul ne put, ne voulut, ou n'osa l'arrêter bien qu'il ne semble pas avoir pris grand souci de se cacher.

Il reste dans l'opinion un opposant sympathique. Et il faut bien que Philippe l'ait compris pour ordonner contre un seul homme la convocation d'une véritable armée commandée par son propre gendre. Et cependant qui pourrait le blâmer? Il faisait son devoir de roi.

Dès que le pape connut les dispositions du duc de Bourgogne, il députa au roi un nouvel ambassadeur, le cardinal le plus éminent de la cour pontificale, son neveu Gaucelme ou Gaucelin de Jean, en lui recommandant de renouveler ses efforts pour amener la réconciliation de Béraud avec le sire de Sully. Il est très vivement désireux, dit-il, de ce rapprochement, car il redoute « les dépenses que ces nouvelles divisions dans le royaume pourraient entraîner » au détriment de l'expédition de Terre Sainte (1).

Il exprime en même temps sa joie au duc de Bourgogne de le savoir travaillant à un accord et s'offre à le seconder sans lassitude : « Nous avons reçu ces jours-ci des nouvelles qui nous ont réjoui, mon fils; nous avons appris que, tel un ange de paix, vous vous occupiez activement de la réconciliation de Béraud de Mercœur avec notre très cher fils en Jésus-Christ Philippe roi de France et de Navarre et avec Henri de Sully bouteiller de France... O mon fils, si vous considérez attentivement quel peut-être le résultat de ce différend et le fruit de votre inter-

---

(1) *Ibid.* n° 905, col. 782. Lettre de 1319, vers le mois de mai.

vention qui sera suivie de succès nous n'en doutons pas (1),
votre zèle en sera plus ardent. Hâtez-vous, car tous délais
seraient déplorables dans l'exécution de votre pacifique et
salutaire dessein... Continuez vos efforts avec insistance...
et si vous avez besoin de recourir à nous et à la cour
romaine dans cette affaire, sachez que nous vous aiderons
avec Dieu, dans toute la mesure de nos forces... (2) »

Et comme l'obstacle majeur était maintenant Béraud
lui-même, retranché dans l'obstination de sa dignité, il
s'adressait encore à lui avec ces paroles douces qui avaient
tant d'action sur son cœur : « Mon fils, nous nous rappe-
lons vous avoir conseillé tantôt de vive voix et tantôt par
écrit d'obtenir votre grâce du roi en apaisant un ressentiment que le Sage dit être un *danger de mort* ; mais
comme nous avons peu réussi à vous le persuader jusqu'à
ce jour, nous vous le répétons, déposez toute animosité.
Nous y exhortons votre noblesse (3) au nom de Dieu, et
nous vous prions d'incliner votre esprit vers les procédés
qui font naître la réconciliation et la paix. Pour atteindre
ce but désiré, nous vous conjurons de réfléchir que la ruine
naît des discordes et les biens de la mansuétude et d'une
réciproque amitié (4). Si vous réfléchissez avec soin aux
faits que vous nous avez communiqués verbalement ou par
écrit, vous y trouverez, mon fils, l'occasion de rendre au
créateur de copieuses actions de grâces et de vous humilier
devant lui. Il y a quelques jours à peine, notre très cher
fils Philippe l'illustre roi de France et de Navarre, était
contre vous comme un lion rugissant des dents, d'où
vient qu'il s'est fait soudain le plus doux des agneaux ? Ce
n'est certes pas l'effet de vos œuvres de justice, c'est
l'œuvre de celui qui tient le cœur des rois dans sa main et

(1) A tant d'autres raisons il faut ajouter qu'Henri de Sully était le vassal du duc
de Bourgogne.

(2) *Lettres de Jean XXII*, 1, 906, col. 783.

(3) Nobilitatem tuam exhortantes in domino et rogantes.

(4) *Lettres de Jean XXII*, 1, n° 905, col. 782.

les incline où il lui plaît. D'où vient que notre chère fille dans le Christ, Jeanne reine de France et de Navarre, a pris vos intérêts à cœur, et victorieusement défendu votre cause auprès du roi que vous avez offensé ? D'où vient que le noble homme de Dieu que vous n'avez ni requis, ni appelé, ni sollicité, est intervenu comme conciliateur avec tant d'énergie et d'efficacité, si ce n'est de celui qui se délecte dans l'abondance de la paix ? Ecrivez cela, mon fils, sur les tablettes de votre cœur, et que jamais le souvenir n'en sorte. Soyez éternellement reconnaissant à Dieu de la faveur qu'il vous accorde dans sa commisération. Hâtez-vous de conclure la paix que sa bonté vous prépare, de peur qu'elle ne périclite ; revenez à votre seigneur, humiliez-vous sous sa main. Appliquez-vous à désarmer sa colère, car il est écrit — il y revient — que la colère des rois est un messager de mort et l'homme sage doit l'apaiser. Vite, ne perdez pas un moment ; nombreuses sont les embûches de l'ennemi de la paix, et du matin au soir les choses peuvent changer. Hâtez-vous aussi de faire l'accord avec le noble Henri Sully bouteiller de France, si vous voulez avoir la paix de Dieu. Il faut vivre en paix avec son voisin parce que, si fort que soit l'homme isolé, l'union le rend plus puissant encore (1) ».

Quel est l'homme providentiel, l'homme de Dieu qui, sans être prié par Béraud, est intervenu avec tant d'autorité et de succès auprès du roi et dont le pape ne dit pas le nom parce qu'il devait être surabondamment connu des destinataires de la lettre ? Le duc de Bourgogne ? Le roi de Norwège Haquin V le Grand, que la France ménageait pour avoir le secours de sa marine contre l'Angleterre et qui, au mois d'août 1318 précisément, intercédait déjà auprès de Philippe le Long pour un chevalier de son pays emprisonné en France (2), en situation par consé-

(1) *Lettres de Jean XXII*, 1, n° 910, col. 786-87.
(2) Lehugeur. *Loc. cit.* 1, 193 : Arch. nat. JJ. 56, n° 439.

quent d'intervenir pour le neveu de Marie de Mercœur (1) ?
Beaucoup plus simplement, peut-être, s'agit-il du cardinal
Gaucelin.

La mission du cardinal n'aboutit pas sans peine (2). Philippe V finit par consentir à ce que le pape et les protec-
teurs du rebelle sollicitaient de lui. Béraud ne serait pas
arrêté ; mais il voulait qu'il se présentât devant lui tout
d'abord et se remit à sa merci royale ; il fermerait les
yeux sur ce qui, dans l'affaire, pouvait toucher au cas de
lèse-majesté ; l'amende pour chevauchées serait appréciée
par le parlement, sauf certains articles réservés au souverain. Philippe le Long, par une dérogation bienveillante
aux usages royaux, consentait encore à réunir devant lui
les deux adversaires et à présider en personne à leur réconciliation, après les excuses que Mercœur ferait à son ministre. De cette solution, le Souverain Pontife manifeste
une joie extrême à son envoyé, témoigne sa vive satisfaction à Sully (3) et il en félicite Béraud par un billet
hâtif (4). Il croyait tout fini. Sa déception fut grande
d'apprendre que l'intraitable auvergnat refusait de se
soumettre à ces conditions. La cause de sa résistance se
devine à la nature des reproches que le pape lui adresse.
Béraud avait demandé le sauf-conduit du roi pour l'aller,
le séjour et le *retour*, c'est-à-dire la certitude de n'être pas
emprisonné, et il fallait commencer par là ! Et il fallait
faire des excuses à Architofel ! A voir pape, cardinaux,
souverain, princes de la maison royale, tout ce qu'il y

(1) Marie de Mercœur comtesse de Joigny, qui, en 1295, fiançait à Paris sa fille
Isabelle avec Haquin, alors duc de Norwège, frère du roi Eric et son ambassadeur
auprès de Philippe le Bel, à l'occasion du traité d'alliance qui fut conclu entre les
deux souverains le 22 octobre 1295 (*Arch. nat.*, J. 457, n° 10. — Baluze. *Mais.
d'Auv.*, II, 360).

(2) Vers le mois de mai 1319, avant le 20 (*Lettres de Jean XXII*, n° 870,
col. 758).

(3) *Ibid.* Lettre envoyée d'Avignon au cardinal Gaucelme. Le pape termine en lui
recommandant de travailler à ce que l'emprisonnement soit court et les articles
réservés au roi solutionnés avec clémence.

(4) *Ibd.* N° 871, col. 759. Lettre du pape à Henri de Sully. Même époque.

avait de plus grand sur la terre, s'occuper de son affaire comme s'il se fût agi d'un traité avec l'empereur, la tête avait-elle quelque peu tourné au brave Béraud? Il n'ignorait cependant pas qu'il encourait les peines les plus graves, la confiscation générale, à tout le moins pour commencer.

Cette résistance obstinée d'un sujet qu'il ne pouvait broyer sans s'exposer à des complications plus graves que les circonstances ne le comportaient, détachait de lui Philippe V; les princes étaient lassés, Charles de Valois lui-même donnait tort à son parent ou se désintéressait; le pape voyait venir avec de nouveaux troubles de nouveaux prétextes de différer l'expédition d'Orient. La ténacité du cardinal Gaucelin et l'intervention personnelle de la reine sauvèrent une situation qui paraissait désespérée. La reine Jeanne parlait pour le sang de Châlon, pour son comté de Bourgogne, peut-être pour l'honneur de la famille royale — nous examinerons plus loin cette hypothèse; elle fut écoutée. Il fut convenu que Béraud se rendrait libre devant le roi et se mettrait à sa merci; le roi donna à entendre qu'il ne se départirait pas du rôle de conciliateur qu'il avait accepté déjà.

Ces derniers arrangements étaient arrêtés peu avant le 7 juin, grâce à la reine. Le pape était instruit à cette heure que les propos imputés par Béraud à son adversaire n'avaient même pas été tenus devant lui et que sur des racontars plus ou moins exagérés, il s'était lancé aveuglément dans une folle aventure. Il était, l'orgueilleux baron, capable de reculer encore devant la nécessité de courber la tête et de faire le premier les excuses qu'il devait. Il lui écrit peu avant le 7 juin : « Grâces soient rendues à Celui qui sait incliner les cœurs des rois vers ses sujets, et réunir les cœurs divisés; nous venons d'apprendre que celui de notre cher fils Philippe s'est ouvert pour vous et que vous et notre cher fils H. seigneur de

Sully, unis déjà par les liens du sang (1), mais séparés par l'ennemi de la paix, vous êtes unis maintenant par les liens d'un commun esprit de concorde (2) ».

XVI.

La Réaction féodale en Auvergne de 1305 a 1320 et la Coalition des Ligues.

Les craintes si souvent exprimées par Jean XXII d'une conflagration périlleuse pour Philippe le Long, au cas où il persisterait dans l'emploi de la force contre le sire de Mercœur se comprendraient peu si aux dangers des coalitions des princes de sa famille avec quelques grands feudataires ne se fût joint le réveil de l'esprit féodal dans toutes les couches de la noblesse. Ce mouvement eût triplé les forces de ses compétiteurs ou de ses ennemis en leur fournissant sur les points les plus divers de la France un grand nombre de petites armées de mécontents qui, du même coup, auraient diminué les contingents de l'ost royal, appelés à les réduire.

Quant au Souverain Pontife, Philippe, qui s'était croisé pour aller au secours de l'Arménie, lui objectait invariablement l'impossibilité de partir avant d'avoir rétabli la paix dans son royaume, et les très gros subsides que le pape lui accordait chaque année en vue de l'expédition de Terre-Sainte étaient toujours engloutis par les frais de ces guerres intérieures. Jean XXII continuait de les octroyer parce que c'était préparer la croisade que d'en supprimer les obstacles. Si les ligues provinciales se coalisaient en 1318, moins que jamais Philippe le Long serait disposé à quitter la France pour aller secourir les chrétiens

(1) Conjunctos sanguine.
(2) *Ibid.* N° 872, col. 759-760. Même époque.

d'Orient. Les circonstances faisaient de Béraud le nœud possible de ces coalitions (1).

Je me bornerai à dépeindre l'état de l'Auvergne avec quelques détails, parce que là se trouvait le principal patrimoine de Béraud et que l'étude n'a jamais été faite pour cette province. Laissons les régions de Haute-Auvergne que l'on pourrait taxer d'exceptionnelles à cause du caractère des habitants, de la position inexpugnable de ses principales forteresses, et des facilités que la nature y donne à la petite guerre (2). Restons dans les plaines de la Limagne, au milieu d'une population aisée et peu guerrière par tempérament; cantonnons-nous même dans la banlieue des deux villes les plus peuplées, Riom et Clermont, aux portes de la résidence du bailli royal de la province.

Pierre de Maumont, par exemple, seigneur de Tournoël, à trois ou quatre kilomètres de Riom, et de Châteauneuf-sur-Sioule, à peu de distance de cette ville, et dont les possessions s'étendaient sur les deux cantons de Riom (3), entretint pendant longtemps une troupe armée de plusieurs centaines de cavaliers avec laquelle il faisait acte de souverain et de tyran et tenait à lui seul le bailli provincial en échec. En 1312, il dispute, les armes à la main, la haute justice des fiefs de Mons (Saint-Georges-de-Mons) et du Bois *Bosches* (canton de Manzat) au seigneur de Beaufort et de Chapdes, envahit ces terres, les ravage ; recommence l'année suivante, opère une razzia suivie

(1) Voir sur ce sujet des ligues : « Ligue des nobles et du commun des diverses provinces de la France contre Philippe IV le Bel, 1314-1315 ». (*Arch. nation.* J, 434.) La situation était sensiblement la même en 1318-1319.

(2) J'en ai cité des exemples dans *Eustache de Beaumarchais et sa famille* à propos de Jean-Hugues de Chambly, seigneur de Calvinet. Il y en a quantité d'autres.

(3) En vertu de la cession que Philippe le Bel fit de ces terres en échange de Chalus-Chabrol, Chalus, Bourdeilles et autres fiefs en Limousin et Périgord en 1306 (*Chron. S. Martialis,* éd. Duplès-Agier, pp. 141-142), et non en 1317 comme on l'a dit (*Nobil. d'Auv.,* II, 151. — Tardieu. *Hist. de Clermont,* 1, 397, etc.), en confondant l'échange avec les lettres et les décisions de justice intervenues au cours des litiges que cette opération engendra pendant une dizaine d'années.

d'incendies, s'empare de la maison-forte de Guillaume du Bois, chevalier, qui disparaît dans les prisons ou la mort avec le village et le castel dont il portait le nom (1). L'envahisseur termine la course en enlevant la jeune Robine, nièce de ce chevalier. Les forces du ban royal se lèvent contre lui, il est fait prisonnier par le bailli d'Auvergne, enfermé dans la grosse tour de Riom et ses biens sont déclarés mis sous la main royale (2). Il s'évade, arrache une transaction à la jeune fille mineure et à sa mère (3), achète la protection d'un valet de chambre du roi, Jean Chauchat fils d'un bourgeois, traitant enrichi et anobli de Clermont, son voisin de terre à Cebazat (4), et il sauve sa tête menacée. Aussitôt Philippe le Bel décédé, il se montre plus hardi que jamais à braver l'autorité royale. A la tête de « plus de 300 hommes de cheval et de pied », il envahit de nouveau le fief du Bois, y renverse les panonceaux du roi, le pilori du prieur, dresse des fourches à ses armes et fait pendre, séance tenante, un nommé Lemoine en signal vivant de sa maîtrise. Il y avait litige entre lui et Itière de Chambois veuve d'un autre chevalier, Hugues de Chambois, de la maison de Mazayes, au sujet de la haute justice de Nohanent près de Clermont (5). Sans

(1) Les archives nationales contiennent la notice de l'anoblissement d'un Guillaume du Bois, mentionnée ainsi à la suite de celui de Guérin de Senlis sous la date du mois d'août 1320 : « *Similis (nobilitatio) fuit concessa et tradita Guillelmo de Bosco ejusdem date et eodem modo signata.* » La date de ces deux lettres est libellée : *Actum apud Leriacum, anno Domini millesimo trecentesimo vicesimo mense Augusti. Per dominum Regem.* Belleymont ». (*Arch. nat.* JJ. 58 n° 467). Guillaume du Bois fut-il condamné, dégradé ? S'agit-il d'un fils naturel ou d'un homonyme ?

(2) *Olim IV*, fol. 230. — Boutaric. *Invent. des actes du Parlement* II, n° 4074, p, 103. — Boutaric dit par erreur Saint-Grégoire ; c'est Saint-Georges-de-Mons dont le nom est resté à la commune.

(3) *Reg. du Parl. criminel* I, f. 25. V. aussi l'arrêt du 25 mai 1318 (Olim IV, fol. 365).

(4) *Arch. nat.* JJ., n° 120, p. 50. Lettre assez plate de Pierre de Maumont à Philippe le Bel qu'il traite de « fontaine de justice..., bouclier et défenseur de l'Eglise universelle », etc..., pour obtenir la faveur de gratifier son valet.

(5) *Invent. des actes du Parl.* II, n° 5436.

tenir compte ni du parlement saisi de l'affaire, ni de la
sauvegarde du roi accordée à la dame de Chambois, ni
des emblèmes royaux, il s'empare de Nohanent à main
armée, y plante sa potence, y installe ses officiers à la face
du bailli royal impuissant (1). Le duel judiciaire avait été
strictement réglementé sous Philippe le Bel ; Pierre de
Maumont n'en jetait pas moins le gant de bataille, au
cours de ses innombrables querelles, à Raymond-Briant
de La Roche, s'offrant à prouver ses prétentions par
combat, lui quatrième contre les quatre La Roche-Briant,
Raymond, Raoul, Bertrand et Bernard [1318] (2). Aussi
rompu à la chicane qu'au métier de la guerre, il commen-
çait toujours par se faire justice lui-même et paralysait ensuite la justice royale. Son oncle Géraud de Maumont
seigneur engagiste de Thiers et lui ont été l'objet de
trente à quarante décisions des tribunaux. Le moment de
l'exécution venu, Pierre de Maumont défiait le grand bailli
du sommet de ses hautes murailles de Tournoël aux portes
même de Riom.

L'esprit de clan aggravait ces guerres privées et en
étendait le champ. Les familles épousaient la querelle de
leurs membres même lorsque le conflit où ils étaient en-
gagés était d'ordre ecclésiastique. Vers 1316, Bertrand
de Rochefort, chanoine de Clermont, qui cumulait ce
bénéfice avec le prieuré de Maringues, refusait de céder
la place à Arbert de Chalus, prieur de Marmillat près
de Lempdes (entre Clermont et Pont-du-Château) que
l'abbé de la Chaise-Dieu venait de lui donner pour suc-

---

(1) Il fut condamné à l'amende pour ce fait, par arrêt du parlement du 19 décembre 1321 (*Olim. Reg, Jugès,* fol. 153. — Boutaric. *Loc. cit.* II, n° 6589.
V. aussi arrêt du 22 juillet 1323 (*Ibid. Jugès,* fol. 230).

(2) Ses tenants à lui étaient trois de ses vassaux : Géraud Paulin seigneur de Saint-
Myon, Guillaume Paulin et Imbert de Mons. L'affaire était pendante au Parlement
en 1318, une décision autorisa d'abord le duel ; mais Philippe le Long, hostile à
ce mode de preuve, fit envoyer par sa cour un mandement au bailli d'Auvergne d'assigner les parties à comparaître devant lui au Parlement. (*Reg. du Parl. criminel,*
III, f. 148. Boutaric. *Loc. cit.* n° 5352, p. 254.)

cesseur dans ce prieuré. L'intervention armée des Chalus seigneurs d'Entraigues dans le Marais et à huit kilomètres de là, et d'autres terres à Cebazat près de Riom et ailleurs, transforma en une guerre civile un différend de nature purement religieux. Bertrand eut beau recourir au roi, et le grand bailli d'Auvergne planter le panonceau fleurdelisé sur le prieuré de Maringues après l'avoir mis sous la sauvegarde du souverain, le parti des Chalus entendit vider lui-même la querelle et sur-le-champ. Il envahit Maringues, s'empara du prieuré, le pilla, commit toutes sortes de violences et d'excès. De leur côté, les hommes d'armes de Bertrand de Rochefort, sous les ordres de son écuyer Barnier, se jetèrent sur Marmillat, livrèrent au pillage le monastère et la demeure d'Arbert de Chalus, où ils enlevèrent par représailles pour 2.000 livres d'objets, valeur du temps. Le parlement de Paris saisi de l'affaire, condamna le 2 mars 1318, Arbert de Chalus à évacuer Maringues, à remettre le prieuré à Bertrand, plaça derechef le monastère sous la sauvegarde expresse du roi pendant le procès, toutes questions de fonds demeurant réservées. Il ordonnait en même temps une enquête pour arriver à la punition des laïcs coupables de l'invasion de la ville (1) ; et le lendemain ordre était donné au bailli d'Auvergne d'informer aussi sur le pillage de Marmillat et d'assurer la punition de ceux qui s'y étaient livrés (2). J'ignore s'il réussit à l'obtenir réellement.

Son contemporain Jean II de Cournon, chevalier, seigneur de Cournon et du Cendre, mari d'une Aycelin, moins riche et moins fort que lui mais puissamment apparenté dans le pays, se montrait plus intraitable encore pour le rétablissement des anciens privilèges de la noblesse d'Auvergne. Il a, entre 1314 et 1316, un différend d'intérêts avec un de

(1) Arch. nat. *Olim.* IV, f. 314 vo. Boutaric. *Invent. des Actes du Parlement.* no 5697.

(2) *Ibid. Reg. du Parl. Criminel* III, f. 345. Bout. *Loc. cit* II, no 5721.

ses voisins et feudataires Géraud de Penne (1) écuyer ; au
lieu de le soumettre à la justice, il tue son adversaire. Deux
bouviers de sa victime, accourus à la défense de leur maître,
sont tués aussi par lui-même ou ses gens. Dans sa troupe
était « Pierre de Damas », de la famille des sires de Cou-
sans en Forez, d'Aubière et de Moissat à peu de distance
de Cournon. Jean de Cournon est condamné par la justice
royale au bannissement perpétuel hors du royaume et à la
consfication de tous ses biens. Condamner et exécuter font
deux : on ne peut le prendre. Il se rend à Paris, obtient
du roi des lettres de rémission [20 février 1317] (2) ; mais,
de retour en Auvergne, il se trouve en présence de la
veuve de Gauthier de Penne, Yolande de Salers, rude
montagnarde qui poursuit la vengeance de son époux avec
une indéfectible énergie, dépose une plainte au parlement,
et prouve si bien sa culpabilité par une enquête que le roi,
annulant l'amnistie du meurtrier, enjoint le 28 mai au bailli
de la province d'exécuter les mandements de Philippe le
Bel et de Louis X, de chasser Jean de Cournon du royaume
ainsi que trois de ses principaux complices et de confisquer
toutes leurs terres (3). Jean de Cournon répond par une
contre-enquête que le parlement casse comme entachée de
dol et de collusion [18 août 1317] (4). Ordre impérieux est
renouvelé au bailli d'arrêter les coupables (5). Ce n'est
qu'au bout de près d'un an que ce fonctionnaire put s'emparer du seigneur de Cournon. On le conduisit dans les
prisons du Châtelet où Pierre de Damas et quatre autres
de ses compagnons étaient déjà incarcérés (6). Parent

(1) Penne, château détruit non loin de Saint-Georges-ès-Allier (cant. de Vic-le-
Comte).

(2) « Sauf le droit des amis charnels du défunt, auxquels les gens du parlement feront
justice. » (*Reg. du parl. Criminel* III, f. 133. Bout. *loc. cit.* II, nº 4647. *Johannes de Cornonio*).

(3) *Ibid.* fol. 126. Bout. II. nº 4865.

(4) *Ibid.* I, fol. 129. Bout. II, nº 4985.

(5) *Ibid.* III, f. 142. Bout. II, nº 5167.

(6) Ils y étaient le 5 juin 1317 (*Ibid.* I, fol. 128. vº. Bout. II, nº 4886). — Les
autres étaient G. Le Brun, Pierre Aldin, Guyot Roger et un nommé Manconnet.

du comte d'Auvergne et allié (1) des puissants Aycelins, il obtient le 13 septembre 1318 sa mise en liberté provisoire sous condition de se présenter en cour pour être jugé aux prochains jours du bailliage d'Auvergne. En ce même temps, un Richard de Cournon appelait en duel Bernard de Comborn, avec lequel il était en guerre, au mépris des ordonnances (2).

De retour dans son pays, Jean de Cournon forme opposition à l'enquête d'Yolande de Salers et fait un si redoutable emploi de sa liberté dans la province qu'il faut placer un sergent du roi auprès de la veuve de Géraud de Penne, menacée de périr, pour défendre de lui sa personne et ses biens. De concert avec ses fils et ses serviteurs, il s'empare de ce sergent qui est mis à mort (3). Nouvelle dénonciation d'Yolande de Salers [6 mai 1319] (4), nouvel ordre d'informer sur ce crime de lèse-majesté et de saisir les coupables. Grâce à un sérieux déploiement de forces, Jean de Cournon est repris, ramené à Paris dans les prisons du roi, obtient encore sa liberté provisoire par l'intervention des féodaux de la cour, mais cette fois « sous caution juratoire d'ester en justice à peine de confiscation générale s'il fausse son serment (5).

Il ne se désiste pas pour si peu de sa prétention de faire justice lui-même de quiconque est jugé par lui empiéter sur ses droits, dans sa terre; et ce qu'il fait, en pareil moment où sa tête est en jeu est de la dernière audace. Guillaume de Chalencon, chanoine chantre du chapitre cathédral de Clermont, clerc du roi et membre de ce

***

(1) Par son aïeule Alix de Montgâcon. Le comte d'Auvergne et de Boulogne Robert VII était le fils de Robert VI mort en 1307 et de Béatrix de Montgâcon encore vivante.

(2) *Reg. du Parl. criminel* III, f. 57. Bout. II, nᵒˢ 5589, 5590. Le fait eut lieu en Saintonge. En décembre 1318. — Je ne suis pas sûr toutefois qu'il fût de la même famille.

(3) *Reg. du Parl.* III, f. 145. Bout. II, nᵒ 5793. Ce sergent s'appelait Jacques Bresson, et il était du pays.

(4) *Ibid.* III, f. 145.

(5) *Ibid.* fol. III, f. 146. Bout. II, nᵒ 5858.

parlement par lequel il va être jugé dans quelques jours, occupait un territoire « près du Pont neuf de Cornon par lequel on va à la barque de Cornon appelée la nef de l'évêque de Clermont », Jean, assisté de son fils Guillaume damoiseau, seigneur du Cendre, et de quelques membres de sa famille, s'empare de cette terre comme seigneur du lieu ; d'où procès intenté par le magistrat, mise de la terre sous la main du roi par décision de justice, panonceau royal planté sur elle. Les Cournon tiennent la décision pour usurpatrice de leurs droits, renversent l'emblème royal, et Guillaume du Cendre, condamné à la restitution de l'immeuble, ne restitue rien (1).

Le père et le fils employèrent les mêmes procédés avec Raymond de la Cour, prieur d'Orcet et sujet comme tel du prieuré de Mauriac. Prétentions soutenues à la pointe de la lance ; pas de juges royaux, pas de sauvegarde royale ; à bas son écusson ; envahissement des domaines de la demeure de l'adversaire fût-elle d'église avec des troupes de soudards (2). Procès au parlement [13 février 1320] (3). Jean de Cournon est arrêté pour la troisième fois. Enquête sans résultat par les officiers du roi dans la province ; témoins terrorisés ; le bailli lui-même peut-être paralysé par le clan féodal. Insistance du parlement qui envoie de Paris deux commissaires extraordinaires pour informations nouvelles (4). Voilà le spectacle offert. Sur ces entrefaites, Jean de Cournon obtient une troisième fois sa libération provisoire [12 juillet 1323] (5) ; mesure d'une faiblesse insigne surprise vraisemblablement par l'entourage de Charles le Bel. Ce qui devait arriver, arriva. Cinq mois après, cette troisième enquête n'était pas commencée. Sur les instances

---

(1) Malgré un mandement du parlement du 5 mars 1320 *(Reg. du parl. Greffe* I, 31). — Bout. *loc. cit.*

(2) et (3) On connaît le nom d'une vingtaine de ces soudoyers des Cournon ; la plupart étaient du pays *(Ibid.* I, 30. — Bout. II, n° 5972).

(4) Robert Récuchon chevalier et Thomas de Reims *(Reg. du parl. Criminel.* III, f. 93. — Bout. II, n° 7294).

(5) *Ibid.* III, f. 148. — Bout. II, n° 7303.

de l'infatigable Yolande de Salers (1), l'enquêteur Thomas de Reims, relevé de ses fonctions, est remplacé par un autre conseiller au parlement (2). Et ici l'affaire disparait du rôle et Jean de Cournon des documents. Il avait fait rendre plus de vingt arrêts de justice et tenu tête pendant une dizaine d'années. Peut-être finit-il par la perdre.

Certes, tous n'étaient pas des Jean de Cournon; mais la haute noblesse elle-même, quoique plus pondérée, témoignait, par ses actes, de son retour à l'ancien régime.

Toujours vers la même époque les officiers du Dauphin d'Auvergne dans la châtellenie du Crest s'opposaient par la force à l'immixtion du bailli royal dans la justice de leur territoire ; et cela avec l'assentiment ou par l'ordre de leur maître ; car un arrêt du parlement du 9 mars 1321 prononça la confiscation de tout ce que le Dauphin possédait dans cette seigneurie, en punition de cet acte de rébellion qualifiée (3). Quelques années avant Guillaume Dauphin seigneur de Montrognon, second fils de Robert III comte de Clermont, avait aussi refusé obéissance au bailli royal, ce pourquoi il fut condamné à 500 livres d'amende (4). Le comte d'Auvergne lui-même ne se faisait pas faute de guerroyer sur ses domaines au nom des vieux privilèges de la noblesse de la province, sans se soucier beaucoup du bailli royal.

Voici maintenant quels étaient les plus importants de ces privilèges :

Le droit à la guerre dans et hors le fief quand il s'agissait de la défense des intérêts du seigneur.

Droit de vider tous différends en champ clos ou par l'arbitrage de prud'hommes choisis par les intéressés. La justice de ses pairs pour le noble et non celle des gens de lois

---

(1) *Ibid*. III, f. 118. — Bout. II, n° 7345.
(2) Par le conseiller Michel Hardel (*Ibid*. III, f. 148. — Bout. II, n° 7356).
(3) *Reg. du parl. Jugés*, I, f. 72. — Bout. II, n° 6306.
(4) Baluze, *Mais. d'Auv.* II, 280. La condamnation est de 1309.

du roi ; sauf le cas où le litige serait entre les seigneurs vassaux directs de la couronne et le roi lui-même ; dans ce cas le débat devait être porté devant le souverain ou son conseil.

Droit d'*avouer*, c'est-à-dire de couvrir de leur responsabilité personnelle tous les hommes qu'ils emploient à leurs guerres privées.

Aucun tribunal civil au-dessus de la cour du baron pour affaires de sa circonscription féodale ; pas de droit d'appel à une autre cour ; pas de cas royaux.

Le seigneur de fief haut justicier ne doit au roi que l'hommage, avec le service de l'ost et du plaid. Aucun subside, aucun tribut. En Auvergne le service militaire hors de la province est aux frais du roi ; le noble n'est tenu que de venir armé et monté à la convocation royale.

Réduction du nombre des sergents royaux, ces mangeurs, ces tyrans odieux. Les gens du roi ne doivent pas arrêter l'exécution des décrets ou décisions des justices seigneuriales par l'apposition de ses panonceaux sur les monastères situés dans le territoire de leurs fiefs.

En un mot la conception de la hiérarchie féodale est pour eux d'être de petits princes indépendants sur leurs domaines, à la seule condition de fournir au suzerain l'aide de leurs conseils et de leurs armes. Ils s'assimilent ainsi en petit aux feudataires chefs de province.

Quelle reculade ! a-t-on dit, avec raison.

Depuis la conquête de Philippe Auguste et même sous les règnes justes et bien ordonnés de saint Louis et de son fils et sous le principat d'Alfonse de Poitiers, ils avaient souvent protesté contre l'extension du pouvoir royal au détriment du leur. Dans la requête présentée à Alfonse de Poitiers (3 février 1254 n. st.) Béraud V ou Béraud VI de Mercœur figurait en tête des barons de la province contre l'immixtion de la justice royale dans leurs différends ; mais jamais leurs réclamations ne s'étaient produites avec autant d'ardeur que depuis Philippe le Bel. Il leur en avait offert une superbe occasion en leur demandant des subsides qu'il n'avait pas le droit d'exiger, car la noblesse ne payait qu'avec son sang. Coup sur coup, il sollicita d'eux des sacrifices pour ses guerres de Flandre. Donnant, donnant. Philippe avait bien fait quelques concessions çà et là, défendant le terrain pied à pied ; puis il avait commencé de céder, choisissant de deux maux le moindre. Alors s'ouvrit une période au cours de laquelle la noblesse de la province devança, par son retour à ses vieilles coutumes féodales, la reconnaissance qui leur en fut faite, bien à contre-cœur.

Ce ne sont pas invariablement des bandits, de simples compagnies de pillage qu'il faut voir dans tous ces féodaux et leurs gens d'armes, de 1305 à 1320. Beaucoup sont d'honnêtes propriétaires de fiefs faisant la guerre, de très bonne foi, pour la défense ou le recouvrement de ce qu'ils croient être leur bien héréditaire ; ils se tiennent pour dépouillés. Ne leur demandez pas de comprendre qu'en diminuant leur prestige, leur pouvoir et leurs revenus, la révolution monarchique leur apporte avec l'ordre, la sécurité, l'unité du commandement, plus qu'elle ne leur fait perdre ; ils ne sont pas des hommes d'état suivant notre conception moderne. Aucune classe en aucun temps n'a subi, sans la résistance conforme à son, époque, la révolution qui l'abaissait et la dépossédait. Ces troubles, d'ailleurs, étaient locaux et superficiels. Il le faut bien : le premier tiers du xive siècle fut en Auvergne comme dans presque toute la France l'une des époques les plus prospères de notre histoire pour le commerce, l'industrie et la nativité. La chute n'a commencé qu'avec la peste de 1348-1349 et la guerre de cent ans. Le conflit entre les vassaux et la monarchie grandissante était vieux déjà en Auvergne ; sa recrudescence sous Philippe le Bel et ses fils était aussi inévitable que son issue.

Il n'en est pas moins vrai que si ces nombreux seigneurs qui entretenaient dans le pays des troupes de gens de sac et de corde pour la défense de leurs antiques privilèges de justice indépendante, avaient formé une seule ligue, la situation du royaume eût été sérieusement aggravée ; la ligue d'Auvergne aurait créé un lien entre les ligues de Champagne, de Bourgogne, les seigneurs nivernais vassaux de la maison de Flandre, et la France méridionale (1); en fournissant de plus au parti des mécontents les solides refuges de sa région montagneuse.

Et que l'éloignement géographique de la Champagne ne fasse pas illusion ! Le 11 février 1315 (n. st.) les nobles et les communes du Forez, lassés des tailles excessives dont le gouvernement royal les surchargeait, n'avaient-ils pas signé, sous serment, un traité d'alliance où ils proclamaient leur confédération « avec les nobles et comuns dou païs de *Champagne* et a leurs *ajoinz* et *aliez* estans dedens lez poins dou royaume de France ». A ce traité figurent les plus puissants seigneurs foréziens, les Dalmas de Couzan, les Lavieu, les seigneurs de Saint-Germain, de la Roue, de Rochefort, de Chalencon, les d'Urfé, les d'Augerolles, voire même les dames de Beaudiner et de Sainte-Marie, et ce qui est plus topique le bailli de Forez. Trente-cinq sceaux furent appendus au traité (2). Le comte de Forez qui était du Grand Conseil n'en fit point partie, mais il était débordé. Le Forez est pourtant plus éloigné de la Champagne que ne l'est l'Auvergne.

Il est fort probable que cette dernière province elle-même eut des confédérations unies aux ligues champe-

(1) En outre des alliances de Béraud en Velay, Gévaudan, Valentinois, dans la vallée du Rhône, ses alliés les Dauphins de Viennois venaient de prendre pied en Basse-Auvergne et ils étaient devenus ses voisins dans le Brivadois et, de plus, seigneurs de Pont-du-Château (1316). Il les retrouvait en Champagne comme les Savoie. Dans le contrat de mariage de Renaud de Forez neveu de Béraud de Mercœur avec Marguerite de Savoie fille de Philippe prince d'Achaïe, en 1324, Philippe constitue à sa fille, en plus de 14.000 florins « tout le droit qu'il peut avoir *en deçà des monts d'Auvergne,* en Champagne, France et ailleurs ». Le comte Jean Ier père du marié lui donne toutes les terres qu'il a eues de sa femme Alix de Viennois. (*Arch. de la Loire.* Série B, nº 1843).

(2) *Arch. nat.* P 1400, cote 849.

noises et bourguignonnes, bien qu'aucune convention écrite ne nous soit parvenue.

Sur ce fond de mécontentements sourds détonnaient des éclats particuliers qui n'auraient pas été possibles en d'autres moments.

Nous avons vu l'incroyable agression du jeune Guy de Forez contre le premier président du parlement de Paris (1). Le roi accorda une compensation au magistrat outragé. Quant au coupable, en considération de ses vingt ans, et plus encore de son père le comte Jean que les circonstances l'obligeaient à ménager, il lui fit grâce de la peine criminelle au mois de janvier 1326 (n. st.) après une assez longue détention (3).

Que fallait-il dans l'état des esprits pour une reprise des hostilités par les ligues, étendues cette fois jusqu'à Lyon, jusqu'au Dauphiné et pénétrant même en Languedoc, une tête chaude qui leur servît de lien. Ayant de grandes terres, des alliés puissants et des vassaux depuis le Languedoc jusqu'aux frontières de l'Est, et dans le Centre jusqu'aux marches du Nivernais, propriété de la maison de Flandre, âme de ces ligues, rejoignant enfin par cette province le comté d'Auxerre, fief de sa famille, ainsi que ses propres domaines en Champagne, Béraud de Mercœur pouvait fort bien être cet homme-là, si on le poussait à bout.

Si grande toutefois que puisse être son influence dans une partie de la France, elle est difficilement comparable

(1) Arch. nat. JJ. 59, n° 576, p. 320 *verso* : « *Remissio... occasione emutilationis Egidii Asselini militis, in parlamento presidentis, mense januarii, 1320.* » — Voir plus le § XIII.

(2) Il était chancelier en 1319, et le fut peu de temps, semble-t-il. Deux de ses petits-fils furent cardinaux, et l'un d'eux Bernard reçut les sceaux de France sous le roi Jean II (1356). Guillaume Flotte, cousin de Gilles Ier Aycelin, jouissait déjà d'un grand crédit à la cour, et fut à deux reprises chancelier sous Philippe VI.

(3) Par une nouvelle faveur, Philippe le Long transforma les lettres de rémission en lettres de non culpabilité, le 23 octobre 1321. *(Arch. nat., loc. cit.).* Ce jeune homme fut Guy VII comte de Forez et succéda à sa tante Isabelle de Mercœur.

à celle de plusieurs des princes dont la monarchie a eu
raison depuis quinze ans. D'où vient donc que le pape et
le roi se sont émus à ce point de ses agitations en 1318 ?
L'esprit inquiet en vient à se demander s'il n'y eut pas
une autre cause plus secrète et plus profonde. Or précisément, du mois de mai au mois de septembre 1318, à une
époque absolument concomitante, le roi, la reine et Charles
de la Marche frère du roi, l'héritier de la couronne, sont
dans les angoisses au sujet d'un autre et plus grave
« péril ». Blanche comtesse de la Marche sœur de la
reine, internée assez libre au Château-Gaillard des An-
delys depuis le scandale de 1314, est enceinte. Si de cette
grossesse, que le mari juge illégitime, vient un fils, ce sera
lui qui continuera la dynastie capétienne sur le trône de
France, car ni Philippe ni son frère Charles n'ont de fils.
Le comte de la Marche sollicite le divorce de Jean XXII
qui s'y refuse au nom des lois de l'église, et suggère l'idée
d'une demande en nullité originelle du mariage qui, si elle
pouvait être établie, ferait de l'enfant à naître, un bâtard.
Mais cette combinaison effrayait le royal ménage. Un
procès en nullité allait d'abord réveiller le souvenir du
procès de 1314-1315, douloureux pour la reine un instant
compromise et compromettrait plus encore l'acquisition
de la Franche-Comté. Il faudrait rendre la liberté à la
jeune femme que la nullité rétroactive du mariage rendrait
une étrangère, la livrer aux influences de l'empereur suzerain de cette province, qui n'avait jamais reconnu la vali-
dité de la cession consentie sans son assentiment par
son vassal le comte Othon IV en 1291, avant la naissance
de sa fille la comtesse de la Marche et de son fils Robert;
fournir un excellent prétexte aux insurrections du parti
national comtois, aux intrigues d'un nouveau mari, à l'audace d'un partisan. La jeune femme était Châlon, sa
situation, celle de l'enfant, deviendraient intéressantes;
il était à craindre que son cousin Béraud ne fût ce partisan avec le concours de Robert d'Artois; et que, par un

de ces coups de tête dont il était coutumier, ne fût rallumé le foyer mal éteint des coalitions. Il est certain que le roi et la reine reculèrent devant cette rupture du mariage, tant que Philippe le Long vécut et que Charles de la Marche s'y jeta, au contraire, aussitôt monté sur le trône en 1322 ; certain aussi que, de mai à septembre 1318, la correspondance de Jean XXII révèle les anxiétés de la cour, la désolation du mari et la douleur de la reine au sujet de cette affaire. Toutefois ce n'est là qu'une conjecture plausible ; la correspondance du pape avec la famille royale, tout en laissant comprendre qu'il s'agit de la délivrance prochaine de l'internée du Château-Gaillard est, cela se conçoit, d'une extrême circonspection. Chaque lettre est apportée par un émissaire de confiance chargé de conférer verbalement « plus à plein » (1).

Quoi qu'il en soit, le pronunciamento déclaré de Béraud de Mercœur pouvait faire un bloc de toutes les résistances ; les conseillers de la couronne et le Souverain Pontife plus encore [l'ont certainement redouté. Il n'aurait pu rester le chef d'un mouvement de cette ampleur, il est même douteux qu'il l'eût voulu, mais il pouvait fort bien être « l'étincelle allumant l'incendie » dont parlait Jean XXII. Et si ce malheur fût arrivé, c'est pour le coup qu'il aurait fallu renoncer, et pour longtemps peut-être, à secourir les églises d'Orient. On comprend maintenant le prix que Jean XXII attachait à ce que le gouvernement royal usât de douceur envers lui.

En résumé, il y eût réellement une question Mercœur à ce moment-là.

Philippe le Long finit par comprendre la nécessité de

____

(1) Pour la grossesse de Blanche de Châlon-Bourgogne, femme de Charles de France comte de la Marche, au Château-Gaillard, voir le *Continuateur de Nangis* et le *Continuateur de Géraud de Frachet* ; textes cités dans : *Thomas de la Marche bâtard de France et ses aventures*, pp. 221-222. Voir pour le surplus *Charles le Bel et Thomas de la Marche (Revue du Moyen Age* 1901) et *Nouveaux documents sur Thomas de la Marche* (même revue 1903). — Cf. *Lettres de Jean XXII*, n°s 914, 915, 916 et 1179, très instructives sur le « danger » de la situation.

donner satisfaction tout à la fois à la noblesse d'Auvergne très surexcitée et à l'un de ses premiers représentants. Le comte Robert VII, prince intelligent et sensé mais sympathique au parti féodal, fut l'un des intermédiaires pour une transaction entre ce parti et le gouvernement avec le concours de Pierre évêque de Cambrai et de Gilles Ier Aycelin (1), commissaires députés en même temps que lui par le roi auprès de la noblesse d'Auvergne. L'aide de guerre que le roi lui demandait équivalait à plus du septième de ses revenus pendant une année non compris les frais d'armement.

Ce fut dans ces circonstances que Béraud fut autorisé à se rendre libre à Paris comme il le désirait, et que le roi consentit à intervenir dans sa querelle avec Sully (2).

(1) « Gilles Asselin seigneur de Montaigut, notre chancelier », dit le roi Philippe le Long dans ses lettres du mois de juin 1319, demandant aux nobles d'Auvergne pour la guerre de Flandre, d'après Bergier et Verdier-Latour. (*Op. cit.,* pièces justif., p. 9); mais Cf. *Ordonnances du Louvre*, I, 692.

(2) *Bibl. nat.* Fonds Baluze. Arm. VI, paquet 8, nº 4, vol. 200, p. 60. — Déjà au commencement d'avril 1319 il avait été convoqué au ban royal pour se trouver le 29 du même mois à Troyes avec les chevaliers de sa bannière. Le comte de Roussy, Gaucher de Châtillon et dix-neuf autres barons de Champagne l'étaient avec lui. (Rec. des Hist., XXIII, p. 823. Aug. Longnon. *Docum. rel. au comté de Champagne et de Brie*, I, 445).

XVII.

Comparution de Béraud devant le roi. — L'Assemblée de Vincennes du 28 Juin 1319. — La Charte aux Auvergnats.

Nous sommes dans la grande salle du château de Vincennes, le 28 juin 1319. Le roi préside, entouré de presque tous les princes de la maison royale. Les pairs, les grands officiers de la couronne, son ministre Sully en tête, des prélats, de hauts feudataires du royaume siègent au pied du trône. Il ne s'agit pas d'une séance ni d'une ordinaire audience du parlement. Au fond de la salle « des clercs, des bourgeois et une grande multitude » de peuple, contenue par les gardes. S'agit-il donc de juger le comte de Flandre, de décider de la guerre avec l'Aragon ou de recevoir la soumission du roi d'Angleterre? Est-ce une assemblée d'états, puisque tous les ordres y sont représentés? Rien de tout cela. Il s'agit de réconcilier Béraud de Mercœur et Architofel.

Le sire de Mercœur s'avance libre et déclare tout d'abord se mettre, sa personne et ses biens, en la grâce et merci du roi. Cette satisfaction donnée à la majesté royale, il demande que le conseil royal n'admette pas ses ennemis à témoigner contre lui ; ceci est pour Guillaume Durand et quelques autres. Puis s'adressant au roi et s'expliquant sur la fameuse lettre clouée aux portes de son palais, il lui dit l'avoir fait « à grand malaise de cœur » de ce qu'on l'avait accusé d'être entré « *mauvaisement* » dans le comté de Bourgogne, ce qui n'était pas vrai ; et sans nommer Sully, mais les yeux dans les siens n'en doutons pas, il ajoute que si quelqu'un le voulait maintenir excepté le roi et les seigneurs de son lignage, il s'en défendrait en manière due et comme en tel cas il appartient, ajoutant que s'il avait appelé et réputé le sire de

Sully *Architofel*, c'est qu'il y avait été contraint et poussé par les propos qu'on lui avait rapportés dudit seigneur.

A ce moment Charles de Valois assis à côté du roi son neveu, prend la parole. C'est lui qui est chargé du biais. Il était présent, déclare-t-il « aux paroles qui furent dites, mais en son âme, le sire de Sully *n'en parla oncques* ». L'expression est un peu vague, à dessein peut-être; parlait-il du mot « mauvaisement » ou du sens de traîtrise que Mercœur accusait Sully de lui avoir donné? Vraisemblablement c'est le commentaire et la signification du terme que le procès-verbal entend viser, sans cela tant d'appareil ne se comprendrait pas.

Mercœur s'adressant alors au roi qui fait sienne la déclaration de son oncle en ne le contredisant pas : « Sire, puisque vous le dites, je vous crois, et alors je me repens et tiens le sire de Sully pour prud'homme et pour loyal ».

Cette rétractation faite, Sully qui est devant le roi déclare : « Sire, vous entendez ce que dit le sire de Mercœur. Puisqu'il me tient pour prud'homme et loyal, cela me suffit ; mais si le sire de Mercœur ou tout autre disait le contraire, je m'en défendrais comme il appartient contre tous, excepté vous et les seigneurs de votre lignage ».

Sur ce, le roi donne l'ordre à Pierre de Dicy, l'un des chevaliers de son hôtel, non pas d'arrêter Béraud (1), mais de lui faire commandement de sa part « d'aller tenir prison à Paris en notre Chastelet »; le roi n'ayant pas été satisfait de sa conduite (2).

(1) Le roi suivit les conseils du pape. (Coulon. Nᵒ 746. Lettres de Jean XXII.)

(2) ACCORD ENTRE BÉRAUD DE MERCŒUR ET HENRI DE SULLY, DEVANT LE ROI. (28 juin 1319.)

« Philippe... savoir faisons que l'an de grâce mil ccc et xix la veille de S. Pierre et S. Pol, vint li sire de Marqueil au bois de Vincennes en la présence de nous, et grant foison de genz de notre lignage et de plusieurs autres prélaz, contes, barons, clercs, bourgois et grant multitude d'autres personnes, devant lesquiex touz ensamble ledit sire de Marqueil nous dit qu'il se metoit en grâce, miséricorde et bonne merci, premièrement sa personne, ses terres et ses biens, pour faire et ordener en la manière qu'il nous pleroit.

» Et après ce, nous requist que, pour Dieu, il fust oiz de grâce en ses bonnes exe-

Si l'éditeur de la correspondance de Jean XXII ne s'est pas trompé dans sa datation des trois lettres du pape au cardinal Gaucelin, au roi et à Béraud (1), qu'il place entre le 20 mars et le 20 mai 1319, l'assemblée du 28 juin 1319 aurait été précédée d'une réconciliation préalable de Béraud avec le roi et son ministre; rompue ensuite et reprise. On peut raisonnablement supposer que la cause fut une dernière résistance de la cour au sujet des sommes à voter par les Etats de la province et surtout de l'étendue

cutions, raysons et deffenses, suppliant que, au conseil, de chose qui le touchait, nul de ses anemis n'i fust appelez ni oiz, et puis nous dist les paroles qui s'ensuient :

— « Sire, j'ai entendu que vous [vous] tenez mal a paiez d'une [lettre?] que je envoie pieça où estoit contenu aucunes complaintes que je faisoie ; vraiement, sire, je ne fist onques a mal entencion, mais contrant et à grand malaise de cueur, pour ce que on m'avoit donné à enten dre et raporté que on vous avoit dit que je devoie avoir entré en votre terre de Bourgogne *mauvaisement*, laquelle chose je ne fis onques et n'est à qui le vouloist maintenir, excepté vous et mes signeurs de votre lignage, que je m'en deffendisse en manière deue comme en tel cas appartient, et de ce que ès dites lettres je apeloie et reputoie le seigneur de Seuily pour *Architofel*, en vérité, sire, je le fis contraint et meu, pour ce que on m'avoit raporté qu'il devoit avoir raporté de moy les paroles dessus dites. »

» Adonc notre chier amé et féal de Valoys qui se seoit près de nous, se leva et dist devant tous que aus paroles qui furent dites il fut présenz « mais en l'âme de li, li sire de Seuily n'en parla onques ».

» Et lors lidiz sire de Marqueil respondit en tel manière et dist : — Sire, puis que vous le dites, je le croi bien, que vous estes bien tiels homs que l'en doit croire, et je vousisse que je ne l'eusse onques fait, et m'en repent et tieng le sire de Seuily pour preudome et pour loyal.

» Et adonc le seigneur de Seuily, notre amé et féal cousin, bouteillier de France, qui estoit en estant devant nous s'adreça a parler a nous et parla par les moz qui s'ensuient : — « Sire, vous oez bien que li sire de Marqueil dit, et puisqu'il me tient pour preudome et pour loial, il me plaist bien, car se autrement nul le disoit, ne le sire de Marqueil ni autres, je m'en deffendroie si comme il appartendroit contre touz excepté vous et mes seigneurs de votre lignage ; et, sire, vous estes bien tel et si bon seigneur que vous savez bien que vous avez à faire sur ce. »

» Lesquiet choses ainsi faites, dites respons et oies, notre amé et féal chevalier Pierres de Dici, de par nous et notre commandement, dist au sire de Marqueil aucunes choses de notre volonté en reprenant de son procès et de sa manière d'aler avant, et li commanda de par nous qu'il alast tenir prison à Paris en notre Chastelet.

» En tesmoing de laquelle chose nous avons fait mettre notre seel en ces présentes ettres, faites et données au [dit] lieu, l'an et le jour dessus dit. » (*Arch. nat. JJ*. 55 *f*. 16 n° 31. — Coulon. *Loc. cit*. n° 746.)

(1) Nos 870, 871, 872.

des privilèges à lui confirmer; et l'on peut, ce semble,
établir la chronologie des événements du mois de juin de
la façon suivante : acceptation par le roi, en principe, des
conditions mises par Béraud et le pape pour lui à sa soumission, sur l'intervention chaleureuse de la reine et d'autres personnages dont le pape va nous parler tout à l'heure;
sursis à la cérémonie de la réconciliation jusqu'à parfaite
entente avec les délégués d'Auvergne et les commissaires
aux Etats sur le subside et la reconnaissance des fueros
provinciaux; succès des négociations; l'assemblée de
Vincennes du 28 juin; rédaction de la charte; demande
de subsides accompagnée de l'envoi de la charte (1), et
finalement vote des Etats, vers le mois de juillet.

Quant à ne pas solidariser dans une large mesure ces
trois faits simultanés, émanés des mêmes parties, cela
est impossible. Il y eut marché débattu et transaction con-
clue. Comment en douter pour la question des coutumes,
en voyant l'ordonnance connue dans l'histoire sous le nom
de *Charte aux Auvergnats*, promulguée par Philippe
le Long, dans le même château de Vincennes, dans le
même mois de juin 1319 et probablement le même jour,
alors que cette charte octroie les principaux articles du

---

(1) Deux exemplaires de la Charte aux Auvergnats furent adressés par le roi, l'un
au bailliage d'Auvergne, l'autre au bailliage des Montagnes. Les lettres royales faisaient de nouvelles réductions sur les fonds demandés à ces deux parties de la province. Les nobles ne devaient fournir qu'un homme d'armes à 7 sous et demi par
jour et par chaque 2,000 livres de rente qu'ils auraient, mais ils devaient l'entretenir
pendant une année entière, ce qui équivalait à 13/60 °/₀ de leurs revenus. La taxe et
la levée devaient être faites par les délégués de la noblesse ; mais ils devaient rendre
leurs comptes aux délégués royaux : Victor (*corr.* Astor) d'Aurillac, Raymond de Mon-
tail (*corr.* Montal). Rigaud de Charbonnières (*corr.* Carbonnières, chevaliers, et
Armand de Châteauneuf, écuyer; pour les Montagnes d'Auvergne). Le comte Dauphin,
les seigneurs de Latour, de Montboissier, Guillaume Comtour, seigneur d'Apchon, et
Hugues de Vissac, seigneur d'Arlanc, pour la Basse-Auvergne. — Les deux concessions faites sont : Le vote séparé des deux parties de la province ; et le privilège pour
les « barons, bannerets et châlelains » d'être crus *sans serment* de la valeur de leurs
rentes ; mais « les autres nobles plus petits » devaient être crus « sur serment. » —
Juin 1319 est la date des demandes du roi. Il fallut le temps de les envoyer en Auvergne, de convoquer les députés, les délais nécessaires pour parvenir à la réunion.

cahier de doléances dont Béraud était le patron quelques
mois avant, et que dans l'intervalle il a tout risqué, fors
l'honneur, pour leur maintien. Le sire de Mercœur a
renoncé à la liberté du *retour;* il a consenti, sur ce point,
à s'en rapporter à la générosité royale ; et, avec une certaine noblesse conforme à son caractère, il s'est livré en
otage de ce qu'il considère comme le patrimoine de sa
classe.

Le retard de quelques jours qu'il mit à se constituer
prisonnier, ainsi qu'il en avait reçu l'ordre du roi en fin
de séance, trahit l'espérance qu'il a dû concevoir d'un plus
généreux mouvement du souverain ; du moins il s'y rendit
sans l'humiliante contrainte des archers.

Par la Charte aux Auvergnats, les hauts justiciers de
la province recouvraient le droit de faire exécuter tous
mandements de justice, même les lettres scellées du sceau
royal. — Dans le domaine de la couronne, les prévôts royaux
ne pourraient plus taxer les amendes, s'ils tenaient leur
prévôté en ferme ; dans les hautes justices des seigneurs,
leurs baillis seuls garderaient cette compétence. — Serment
préalable de dire vérité sans fraude ni malice était imposé
à tout dénonciateur d'un fait emportant prise de corps. —
Nul se trouvant sous la garde du roi ne serait reçu désormais en sa plainte portée à un officier royal avant que la
personne dénoncée, de quelque condition qu'elle fût, n'eût
été appelée à s'expliquer et qu'il aurait été constaté que
véritablement l'affaire touchait à la garde royale. — Aucun
habitant ne pourrait, en toutes causes civiles ou criminelles,
être jugé hors du ressort de son domicile. Cette disposition
obligeait les baillis ou juges royaux à se transporter sur
place ; exception fut faite pour l'arrestation et la détention
des criminels. Les panonceaux, brandons ou étendards
royaux, signes de la sauvegarde souveraine, ne pourraient
plus être apposés sur les établissements religieux situés
dans les hautes justices des seigneurs. — Les baillis seront
tenus de se faire assister pour juger par les chevaliers et

prud'hommes du pays. — En matière de chevauchées, le
seigneur ou chevalier chef de la chevauchée pourra avouer
ses compagnons et de la sorte les couvrir de sa responsabilité personnelle ; ceux-ci ne pourront être soumis qu'à
l'amende, et à une seule amende (1).

Les gens du roi introduisirent une clause qui détruisait
ce dernier et grave privilège, en stipulant une exception
pour les cas où l'entreprise aurait un caractère criminel ;
les mandataires auvergnats comprenant bien qu'il serait
rendu illusoire par la faculté laissée aux officiers royaux
de déclarer chaque chevauchée criminelle, obtinrent de
la limiter aux cas où la chevauchée serait déclarée criminelle « par la coutume d'Auvergne ».

Le nombre des sergents royaux était ramené à 160 pour
la province et spécifié pour chacune de ses 18 prévôtés ;
15 sergents seulement étaient attachés à la cour du bailli
général. De cet état il résulte qu'il ne serait resté qu'une
trentaine de sergents royaux dans les cinq prévôtés où
Mercœur avait des terres.

Telle fut la convention arrachée à Philippe le Long
pour prix de la soumission de Béraud, et comme condition
de l'octroi du subside qu'il demandait aux nobles d'Auvergne à l'occasion de la guerre de Flandre, depuis le commencement de l'année. La situation du sire de Mercœur
était telle dans la province que la cour s'était vue obligée,
à peine d'insuccès, de nommer son commissaire aux Etats
le propre chef du parti féodal. La signature de la charte
avait pour conséquence logique la grâce de Béraud poursuivi précisément pour chevauchées ; la grâce fut partielle
cependant et donnée d'assez mauvaise humeur, comme la
Charte aux Auvergnats elle-même (2), puisque Béraud

(1) Isambert. *Recueil général des anciennes lois françaises*, III, pp. 210 et
suiv. —De Laurière. *Ordonnances des rois de la* 3e *race*, I, 693, sous l'année 1319.

(2) Le clergé protesta contre un ou deux articles de la charte, les bonnes villes
également sur plusieurs points. «Cet incident, on n'en saurait douter, dit un historien,
n'était qu'une manœuvre du roi lui-même, qui aurait bien voulu pouvoir retirer d'une

restait aux arrêts, disciplinairement en quelque sorte. Le roi ne parlait plus de l'affaire du placard, mais on éprouvait à la cour quelque ressentiment d'avoir eu la main forcée.

Le pape attendit d'être certain que son protégé se fût constitué prisonnier; mais, cet acte de soumission accompli, il s'adressa sans aucun retard à Philippe le Long, le 24 juillet 1319, pour hâter la cessation d'un emprisonnement qui, à ses yeux comme aux yeux des princes, ne devait être qu'une formalité destinée à donner satisfaction à la dignité royale. Et en quels termes chaleureux le fait-il (1) !

« Notre cœur a sauté de joie en apprenant que notre cher fils, le noble Béraud seigneur de Mercœur, chevalier, revenu à de meilleures dispositions, s'était rendu à vous, soumis entièrement à votre bon plaisir ; et que Votre Altesse avait reçu indulgemment sa soumission. Heureux de l'obéissance de l'un, nous louons sans réserve la clémence de l'autre, et nous rendons mille grâces à celui qui nous a enseigné à la fois l'obéissance en l'observant jusqu'à subir une mort ignominieuse, et la miséricorde dont nous avons tous besoin, pécheurs que nous sommes, la miséricorde qu'il a promise aux miséricordieux ! Tout le prix que l'empressement donne au bienfait, le retard le lui enlève, aussi exhortons-nous Votre Sérénité à faire cesser au plus vite les arrêts que Béraud subit nous dit-on (2); et pour le

main ce qu'il était forcé de donner de l'autre ». (Ad. Michel et Allier. *Anc. Auv.* II, 306.) Charles le Bel confirma cette charte en 1323 par les mêmes nécessités financières. Les mêmes oppositions se reproduisirent, le débat était encore pendant en 1331. En fait, les officiers royaux ne se firent guère scrupule de la violer maintes fois.

(1) *Lettres de Jean XXII.* I, col. 51, 758, 759, 760. Entre le 28 juin et le 20 juillet.

(2) *Arresto in quo teneri dictus nobilis dicitur.* Il y a une nuance avec la prison proprement dite, correspondant à une différence de traitement des détenus et le lieu où les arrêts sont subis. Déjà en 1309 Philippe le Bel avait ordonné à Béraud de « tenir les arrêts » dans son hôtel. *(Lettres de Jean XXII.* I, n° 908, col. 783).

surplus (1), d'en décider sans délai, en tempérant la justice par la clémence, soutien des trônes, inspiratrice de la fidélité des sujets. En agissant ainsi vous imiterez le roi des rois qui n'aime pas les efforts tardifs, vous encouragerez d'autres que Béraud à se réfugier avec confiance dans le sein de votre miséricorde ; et nous, à qui une telle conduite de votre part ferait un très grand plaisir, vous nous obligeriez plus étroitement à vous être agréable dans l'avenir. Donné à Avignon le XIII des Kal. d'août, la troisième année de notre pontificat. »

A Béraud le même jour il tient un tout autre langage, maintenant qu'il n'y a plus à craindre qu'il se cabre :

« Plaise à notre Dieu, mon fils, que vous compreniez à quels graves périls vous vous êtes exposé ces derniers temps par l'effréné emportement de votre caractère. Si vous y réfléchissez consciencieusement, si vous pénétrez dans le consistoire de votre raison, vous y trouverez certes de quoi modérer, dans l'avenir, la fougue de vos impressions, afin de ne pas retomber dans de pareils malheurs. Dieu veuille que l'on ne puisse pas dire de vous le mot du Sage : « Le succès perd les fous ». Ceux qui, sauvés une fois de tels périls, s'imaginent qu'ils pourraient l'être une seconde, tombent pour ne plus se relever. La paix avec Dieu ne va pas sans la paix avec le prochain. Cherchez, je vous en prie, à renouer des liens d'alliance avec le noble seigneur de Sully dont vous avez été le détracteur, injustement au témoignage des grands ; et ne retirez de cette affaire d'autre gloire que celle qui revient au puni et au condamné d'avoir mérité sa peine et sa confusion. Donné à Avignon le IX des Kal. d'août, la troisième année de notre pontificat (2). »

Pour être amicale, la semonce n'en était pas moins claire et méritée.

(1) Le surplus, c'est le procès au parlement, les amendes.
(2) *Ibid.* n° 911, *col.* 788.

Au cours de ces poursuites, ceux des lecteurs habitués aux procès de ce temps, seront surpris de ne pas trouver la préoccupation des peines d'amende chez le coupable. Seul le pape prévoit les dépenses, la ruine de son protégé ; Béraud ne pense qu'à son honneur. L'affaire de l'injure au roi et au ministre est terminée. Mais alors s'ouvre son procès au parlement pour les conséquences pécuniaires de ses chevauchées et le fait d'avoir refusé de rendre ses châteaux. Et le roi le garde maintenant pour qu'il n'aille pas fomenter des troubles dans les provinces par des récriminations irréfléchies. La tête est sauve ; il y va désormais de la ruine.

XVIII.

L'Affaire des Portes (1319-1320).

Dès le 5 août 1319 au plus tard, les arrêts avaient été remplacés pour Béraud par une simple résidence obligée, car ce jour-là on le trouve à Pontoise conférant avec son trésorier du Bourbonnais, venu d'Ussel pour lui présenter ses comptes (1). La cour se contente de l'avoir sous sa main.

Mais après l'affaire du placard, l'affaire des portes !

Le roi était décidé à ne lui rendre la liberté complète que lorsque toutes ses forteresses lui seraient remises. Ordre est donné d'en enlever les portes, formalité symbolique destinée à rendre manifeste aux populations qu'il n'y a dans le pays d'autre roi que le roi. Cette façon de déshonorer ses demeures, extrêmement sensible à l'amour-propre de Mercœur, le désespère plus que la privation de sa liberté (2).

(1) Arch. nat. P. 1400, cote 979.

(2) L'enlèvement des portes était un moyen couramment employé au xiv⁰ siècle contre les citoyens en retard de payer l'impôt. Il était considéré comme très humiliant.

Le pape le soutient toujours et remue ciel et terre pour lui. La cérémonie du 28 juin a bien empêché le duel avec Sully, mais le ministre lui a gardé terrible rancune. Jean XXII combat son influence en ne cessant de harceler le roi : son cher fils Philippe a pu constater combien il est plus sage aux souverains d'apaiser les esprits que de les exaspérer. Béraud s'est soumis, la majesté royale est satisfaite ; qu'elle s'adoucisse maintenant et sache pardonner. La bonté n'est-elle pas la plus belle des parures et la plus utile des politiques avec ceux qui sont capables de reconnaissance ! Eh bien, Béraud de Mercœur est de ceux-là. Qu'il le rende donc sans plus de retard à la pleine liberté ; qu'il fasse plus encore et s'entremette pour le réconcilier tout à fait avec Sully. Voilà ce qu'il lui réécrit (1). Il s'adresse de nouveau à la reine qui s'est montrée si bonne déjà pour leur commun protégé ; à la comtesse d'Artois, Mahaut, proche parente également de Mercœur et qui se trouve à la cour ; à son gendre le comte de la Marche ; à Louis de Bourbon, qui vient de recevoir le commandement de cette armée de Terre Sainte où Béraud s'est engagé avec tant de zèle (2) ; à deux reprises enfin à Charles de Valois (3), dont il a doté la belle-fille, pour qu'ils agissent tous de concert sur l'esprit du roi.

Il ne se contente pas de lettres ; il renvoie à la cour son neveu et légat, le cardinal Gaucelin (Gaucelme), qui a si bien réussi dans l'affaire du défi, avec mission spéciale d'emporter la grâce définitive.

Le pauvre Béraud, pendant ce temps, constatait com-

(1) Lettres de Jean XXII, n° 1075.

(2) *Ibid.* n° 1077. — Mention de ces quatre lettres. Le commandement de la croisade avait été confié à Louis de Bourbon au mois de septembre 1318. (*Arch. nat.*, JJ. 56, n° 413. — *Bibl. nat. Mss. lat.* n° 128, 14... etc.) En 1319 et en 1320, plus encore, il fut grandement question de partir, mais on ne partit pas plus qu'avant, bien que le pape eut encore donné au roi des sommes considérables pour l'expédition.

(3) *Ibid.* n°s 1079 et 1080.

bien il est imprudent de traiter cavalièrement les puissances de ce monde, lorsqu'on n'a pas derrière soi la flotte
d'Angleterre, ou le Rhin et l'empereur comme son aïeul
Jean de Châlon l'Antique. Le pape le console par des
billets dans le goût de celui-ci, à propos de la reddition
de ses forteresses : — « C'est avec bonheur, mon fils, que
j'ai appris votre soumission de bonne grâce aux volontés
du roi. Elles vous ont paru peut-être bien dures et bien
rigoureuses, persistez toutefois dans ces sentiments; l'humilité provoque le pardon, la patience use la colère des
princes. J'écris pour vous à mes chers fils le cardinal Gaucelin et Charles de Valois (1). » Sur d'aussi réitérées
instances il fut, en effet, rendu à la liberté au plus tard
dans le courant de mai 1320, et le premier usage qu'il en
fit fut d'aller se jeter aux pieds du souverain pontife, à
Avignon. Il était bouleversé.

La patience, l'humilité certainement, le drapeau royal
arboré sur ses tours, l'exil même, soit ! Ce sont des peines
nobles. Mais les portes, cette question des portes ! Les
portes du logis de ses ancêtres, de ses résidences, abattues
dans une dizaine de provinces par des charpentiers du
pays, devant ses vassaux, à la joie narquoise de ses ennemis, son écu jeté à terre, peut-être dans la boue ! A cela il
n'était pas du tout résigné ; et le souverain pontife savait
bien qu'il ne le pardonnerait jamais au roi Philippe (2).
Et alors, nouvelles et pressantes lettres à la reine Jeanne (3),
aux comtes de la Marche et de Valois (4), au cardinal
ambassadeur (5), au redoutable Sully lui-même (6), toutes
datées d'Avignon, le 7 juin 1320, afin d'ajouter la grâce
des portes aux autres grâces : — « Béraud est prêt

(1) *Ibid*. n° 1078.
(2) *Ibid*. n° 1081.
(3) *Ibid*. n° 1082.
(4) *Ibid*. n°s 1083 et 1084.
(5) *Ibid*. n° 1086.
(6) *Ibid*. n° 1085.

à rendre ses places, insiste-t-il auprès du roi. S'il a résisté à votre premier ordre de reddition, c'est parce que votre mandement ne l'admettait pas à prouver, par dire de prud'hommes, qu'elles n'étaient pas rendables. Votre second mandement étant, sur ce point, plus explicite, il s'est déclaré devant nous et nos cardinaux, en présence du bailli de Gévaudan (1), prêt à s'exécuter, protestant contre la résistance que ses gens pourraient opposer à vos officiers après ce second mandement, et les désavouant sans ambages. Faites-lui grâce de l'enlèvement des portes de ses châteaux comme du reste, et pardonnez-lui royalement ; vous le trouverez alors plus astreint à votre service ; d'autres alors reviendront à vous. Notre affection pour votre royale personne s'en accroîtra grandement. Tout ce que vous ferez à ce sujet pour Béraud, nous le réputerons *fait à nous-mêmes* (2). »

Ainsi s'exprime la trente-huitième et dernière des lettres échangées en deux ans, au sujet du sire de Mercœur, entre le pape, la cour et Béraud lui-même.

Un tel langage ne pouvait plus rester inécouté après les services signalés que le pape venait de rendre à Philippe le Long pour la pacification des Flandres et l'octroi de généreux subsides. Et pour que Jean XXII en vînt à le tenir, il fallait qu'il eût vu Mercœur absolument désespéré par une mesure pour lui plus douloureuse que la mort. Il faut surtout que Béraud lui ait inspiré une réelle affection, car dans cette correspondance du pontife, il y a vraiment de la tendresse et peut-être de la pitié. Ces sentiments ne détruisaient pas le mobile politique ; au contraire, ils s'accordaient parfaitement dans la circonstance. Ils sont la meilleure note pour la mémoire de Béraud.

____

(1) Jacques de Plaisian, le frère du célèbre Guillaume.

(2) *Lettres de Jean XXII*, n° 1081. — Nous sommes certainement loin de connaître toutes celles échangées à son sujet, soit entre la cour et ses officiers, soit entre les princes et Béraud. Il faudrait doubler ou tripler peut-être le nombre des messages.

A ce moment le pape n'ignorait pas qu'il se formait d'autres ligues, que Robert de Flandre comte de Nevers ne pensait qu'à prendre sa revanche ; le ralliement des Châlons était bien nouveau ; l'Auvergne elle-même, le Gévaudan et le Languedoc étaient troublés par des seigneurs puissants tenant la campagne ; Charles de Valois, un mécontent couvert de dettes (1), pouvait se tourner une fois de plus contre Philippe ; Henri de Sully ne manquait pas de jaloux ; des ferments de révolte bouillonnaient chez nombre de grands feudataires ; Béraud, aimé malgré ses travers, avait tant de parents parmi eux qu'il y trouverait des alliés si on l'affolait. En Auvergne, où son influence était plus grande, les esprits recommençaient à s'agiter. Le clergé et les bonnes villes, se trouvant lésés par plusieurs des privilèges que l'ordonnance de 1319 accordait à la noblesse, avaient porté leurs protestations au roi, et l'on peut croire qu'ils n'en avaient pas été dissuadés par les officiers royaux du pays. Aussi la première mesure prise par le procureur général du parlement, évidemment sous l'inspiration du roi, fut-elle d'ordonner au bailli d'Auvergne de surseoir à la mise en pratique de la Charte aux Auvergnats, jusqu'à ce que le parlement en eût décidé, toutes parties entendues. Les barons furent mécontents de se voir leurrés et beaucoup parmi eux ne tinrent aucun compte du sursis (2). La paix intérieure était à la merci de la coalition de ces éléments de trouble si variés et si nombreux.

Et alors, non seulement le secours de Terre Sainte, plus

(1) *Ibid.*, nᵒˢ 1092 à 1095.

(2) Charles le Bel confirma l'ordonnance en 1323 par les mêmes motifs que son prédécesseur « et avec aussi peu de sincérité ». *(L'Ancienne Auvergne*, II, 306.) En 1328, les gens d'église et des communes renouvelèrent leur opposition à ces privilèges des barons (Baluze. *Mais. d'Auv.*, II, 154. — Teillard. *Hist. Mss d'Auv.*). — Ils présentèrent un gros cahier de doléances, auxquelles il fut donné une satisfaction partielle. L'affaire était pendante en 1331. Le comte d'Auvergne et de Boulogne, le Guillaume XI de Baluze, était au nombre des résistants.

que jamais nécessaire (1), était encore reculé, mais celui
que le souverain pontife avait promis à Robert roi de
Sicile et aux Guelfes d'Italie (2) devenait impossible.
Dans une de ses dernières missives au nonce Gaucelin,
appuyée d'une autre au roi, au sujet de la croisade, il le
presse de hâter la conclusion de la paix avec le comte de
Flandre et de la rétablir entre les sires de Sully et de
Mercœur (3), afin que les préparatifs de l'expédition ne
soient plus entravés.

Philippe se rendit enfin aux instances irrésistibles du
pape, et il le fit encore en roi. Il ne fut plus question de
l'affront des portes; la grâce accordée fut plénière (4).
Non seulement on lui remit les châteaux livrés et l'on
rapporta les ordonnances de saisie pour ceux que ses capitaines tenaient toujours, mais il fut réintégré dans sa
charge de connétable de Champagne (5). D'un vassal ul-
céré, le souverain se fit un sujet reconnaissant. Béraud
avait du cœur, il le montra sur l'heure.

XIX.

Madame de Mercœur

Il le montra en s'engageant pour le service de la couronne dans une nouvelle et dernière aventure; et il n'est
pas trop tôt de nous demander, avant de l'y suivre, ce que
devenait sa femme Isabelle pendant que, mari éphémère

(1) *Lettres de Jean XXII*. Nᵒˢ 926, 927, 986, 1032, 1091, 1114.

(2) Le pape avait confié en 1316 le vicariat impérial d'Italie au roi de Sicile, et le
sous-vicariat à Philippe de Valois, fils de Charles, avec mission de combattre les
Gibelins, dont Matteo Visconti seigneur de Milan, allié de Louis de Bavière, était le
chef dans la Péninsule.

(3) Ainsi qu'entre Raoul de Presles et les d'Arrablay.

(4) Réserve faite des procès en indemnités pendants, par suite de ses chevauchées.
Ils n'étaient pas encore terminés le 1ᵉʳ juillet 1320 *(Lettres de Jean XXII*, nᵒ 1116).
Lettre du pape au cardinal Gaucelme.

(5) « A Monseigneur Béraut de Marcueill, connestable de Champaigne, iiiixx l. »

non moins que connétable intermittent, il courait la France
en des chasses interminables, tantôt comme veneur et
tantôt comme gibier. Eh bien, Isabelle de Forez en prenait
vertueusement son parti. Elle vivait dans les terres conju-
gales, plus ordinairement au château d'Ussel, à deux pas
de Chantelle, sous l'imposante protection de Louis de
France sire de Bourbon, qui venait souvent à Chantelle.
De nouveaux liens avaient uni davantage encore les deux
familles : le jeune Guy de Forez, neveu d'Isabelle, avait
épousé, le 17 février 1318, la fille aînée du prince, Jeanne
de Bourbon (1). Décemment, Louis n'avait pu et pourrait moins que jamais prendre les armes contre un brave
seigneur devenu l'oncle de sa fille, et contre une tante à
succession (2). Et alors, que voulez-vous que fît le roi contre
un homme coupable seulement de procédés un peu vifs,
qui avait au nord le Bourbonnais et la Champagne pour
le recevoir, à l'est le Forez où le ménage était chez lui,
la Bourgogne et le Dauphiné amis, et au midi le pape prêt
à le serrer sur son cœur paternel !

Les Archives nationales contiennent en un rouleau
original, les comptes de l'hôtel de la dame de Mercœur,
pendant cette partie de l'existence mouvementée de son
mari, du 1er novembre 1316 au 18 janvier 1318 (3).

Dans un autre compte de son hôtel, pour la période du
18 janvier 1318 au 5 août 1319, on voit Béraud toujours
bon et généreux, ayant avec lui la fille de son oncle
Jean de Châlon, Mlle d'Auxerre, élevant l'orpheline comme
sa fille, dans sa maison, avec une largeur que n'ont pas
toujours connue les adolescentes de son temps. On l'en-

---

(1) Guy VII de Forez, fils aîné du comte Jean et d'Alix de Viennois, né le 19 avril
1299, mort le 23 juin 1358, succéda à son père le 3 juillet 1333. Ses deux fils, Louis
et Jean II, n'ayant pas laissé de postérité, leur mère, Jeanne de Bourbon, recueillit
leur succession et transmit le comté de Forez à sa petite-fille Anne Dauphine d'Auvergne (1381-1382) qui, par son mariage avec le duc Louis II de Bourbon, le reporta
à cette branche de la maison de France.

(2) La dame de Mercœur laissa, en effet, sa succession à Guy de Forez.

(3) *Arch. nat.* P. 1400b, cote 979.

tretient de tout, serviteurs et chevaux ; on lui achète deux paires de robes à l'année, de 13 livres pour celles d'été, de 27 livres pour celles d'hiver; on lui donne en outre 200 livres espèces pour sa bourse privée. Il y a aussi dans la maison, et auprès de Mme Isabelle, une certaine Madeleine qui ne reçoit pas moins de 500 livres par an. La dépense des chevaux est considérable. On a nourri, en dix-huit mois, 1,241 chevaux à l'hôtel, pendant plus ou moins de temps : chevaux de maîtres, d'officiers ou de visiteurs.

On y voit aussi que Béraud va et vient constamment. Pendant ces dix-huit mois, il a fait cinq séjours différents à Ussel : cette terre était partie en Bourbonnais et partie en Auvergne (1). Le 5 août 1319, il est à la cour à Pontoise, où l'intendant de Madame vient lui rendre ses comptes (2). L'hôtel de Madame coûte 1,500 livres par an, non compris les dépenses de réparations, d'entretien, d'officiers, d'écurie, et tous frais généraux, le produit des réserves et redevances en nature qui doivent doubler au moins cette somme. Les deux états de maisons sont distincts : et « Monsieur doit à Madame » tant ; « Madame a reçu de Monsieur » tant ; il y a évidemment des conventions financières entre eux comme s'ils étaient séparés. Ils ne le sont que de fait, et c'est la force des choses, Madame ne peut chevaucher aux côtés de son ambulant mari, du nord au midi du royaume. Le train de Monsieur est bien autrement considérable ; il n'est rien cependant auprès de ses dépenses de guerre, de justice, et de ses libéralités. Une main ouverte et l'autre sur l'épée, tout comme les Châlons dont l'ardeur bout dans ses pensées.

C'est à Valence que le compte suivant (15 avril 1320

---

(1) Chaverondier. Invent. 1. — Ainsi qu'il résulte d'un accord conclu à son sujet, le 6 avril 1326, entre Charles de Valois comte de Valois, d'Alençon et de Joigny, sa femme et Isabeau de Forez — (Chaverondier. *Invent. des titres du comté de Forez*, n° 965, p. 278 ; et 974, p. 279).

(2) *Arch. nat.* P. 1403³, cote 979.

n. st.) est apporté à Monsieur. Il se balance par 1,689 livres tournois que Monsieur doit à Madame et qu'il fait payer par Raymond de Saint-Jal, son « trésorier de Mercœur », car son véritable domicile à lui, sa demeure ordinaire dans la province, si on peut qualifier ainsi les apparitions de cet homme infixable (1), ést, dans les dernières années de sa vie, au château de Mercœur d'Ardes, qui, sous lui, commence de prendre une grande importance. Jusque-là ses préférences semblent avoir été pour celui de Saint-Cirgues, au diocèse de Saint-Flour. Aussitôt après lui, la « grosse tour d'Ardes » devient définitivement la capitale civile de la Terre. Mais le « château de Mercœur » de la paroisse d'Ardes existait déjà sous son grand-père (2).

Sa présence à Valence se rapporte à son départ pour l'Italie, vers laquelle il se dirige. Peu sûr d'en revenir, il règle son compte avec sa femme, le pied sur l'étrier.

(1) « Berauz sire de Marqueil, connestables de Champaigne, à Raymond de Saint-Jal, clierc, notre thrésorier de Marqueil, salut et bonne amour. — Nous vous mandons et commandons que vous paiez et dellivrez au plustôt que vous porrez à Isabelle notre fame seze cens vingt et neuf livres onze sous deux deniers et maaille de tornois que li devons pour fin de compte de tous arreyraiges. — Donné à Valence, et de notre scel scellé le mardi XV jours en avril, lan de grace mil trois cenz et vint. » (Arch. nat. P. 1400^5, cote 979. Orig. parch. jadis scellé).

(2) Dans un traité passé le 15 mai 1288, à Brioude, entre Béraud VI et le prieuré de La Voûte, il est déclaré que la haute justice sur les possessions du monastère appartient, sauf diverses exceptions, au seigneur de Mercœur · « In omnibus enim et singulis que habent dicti religiosi *ultra flumen dictum Alanho versus Mercorium, preter Jurssac et Moyssac*, et in hiis que habent citra Alanho apud Chaulhac Mimatensis diocesis et apud Cerazac Claromontensis diocesis, et in hiis omnibus que habent in castris et castellaniis de Murs et de Salgnes.... Actum Brivate...anno Domini M° ducentesimo octogesimo octavo ». (*Arch. nat.* P. 1376, cote 2631. — Spicileg. Brivat. 179). Par rapport à Brioude et La Voûte, le Mercœur d'Ardes, ainsi, du reste que les paroisses de Joursac et Moissac, sont situés au delà de l'Allagnon ; il en est de même de la seigneurie des Mercœurs à Allanche. Mais le Mercœur du canton de La Voûte est nécessairement exclu.

XX.

LA FOLLE EXPÉDITION D'ITALIE. — MORT DE BÉRAUD.
EXCENTRICITÉS TESTAMENTAIRES (1320-1321).

Enflammés par les prédications de la croisade qui, depuis deux ou trois ans retentissaient dans leurs villages, de pauvres paysans auxquels les contemporains donnèrent le nom de Pastoureaux, vaguaient dans le royaume en bandes considérables, cherchant le chemin de Jérusalem, exutoire à leur enthousiasme; elles y faisaient de grands ravages. D'autre part, le pape avait promis du secours au roi de Sicile et, sur sa demande, le roi qui ne voulait pas intervenir en personne, autorisa Philippe de Valois à conduire des troupes en Italie. Les rois de France avaient déjà certaines prétentions sur une partie septentrionale de la péninsule. Marcher sur le Milanais, c'était les servir et en même temps opérer une diversion utile au roi Robert. De plus, en enrôlant les Pastoureaux, on en débarrasserait la France. L'expédition de Terre Sainte se trouvant différée, Béraud de Mercœur s'engagea dans l'armée de moins de 3,000 combattants, levée par Philippe de Valois et lui amena ses hommes. Il trouvait là l'occasion de payer par l'épée sa dette au pape, au roi, aux Valois, et d'être utile au royaume. L'entreprise était plus qu'aventureuse, raison de plus. Disons mieux, envahir la guerrière et populeuse Lombardie défendue par des places supérieurement fortes et par les riches Visconti, avec si peu de monde, était un acte de folie pure. Béraud n'avait jamais reculé devant un acte périlleux. Bien qu'il approche de la cinquantaine, il est à peu près aussi étranger à la prudence militaire qu'à l'astuce politique. Ses modèles sont les héroïques fous des romans guerriers que chantent les poètes ambulants sous la voûte de ses châteaux.

Un chroniqueur du XIVe siècle le signale comme l'un des chefs de l'armée avec son jeune cousin Charles II de Valois, le comte de Roucy et Olivier de Clisson. Il emmenait avec lui un de ses parents que cette chronique appelle Géraud de Mercœur et dit être son frère (1).

Ils partirent entraînant, en outre de leurs 2,800 hommes environ de véritables soldats, une « ribaudaille » plus encombrante qu'utile dans ce pays jusqu'alors si fatal aux Valois. Il le fut une fois encore. La petite armée franchit les Alpes par le Grand Saint-Bernard (*montem Jovis*), déboucha en Lombardie avant la fin de juin 1320 (2), et mit le siège devant Verceil, ville gibeline. L'arrivée d'une armée de secours très supérieure en nombre, conduite par Galéas Visconti, fils de Matteo, contraignit les Français à une bataille sous les murs de la place, où ils furent vaincus, et les Pastoureaux anéantis ; puis à un traité humiliant suivi de l'évacuation au bout de quelques mois. Le retour en France fut des plus pénibles pour les débris de la petite armée à travers les défilés et les intempéries des montagnes. Philippe de Valois y perdit ses bagages (3). Le frère ou prétendu frère de Béraud a dû périr dans l'expédition, car on ne trouve plus de traces de lui.

Béraud put échapper au désastre et rentrer en France

---

(1) Anno M^o CCC^o XX°. Philippus de Valesio andivit quod patruus suus ex parte matris, Robertus rex Siciliæ, obsessus in civitate Janniensi a Guibelinis et quibusdam aliis, miserat ad regem, ratione cognationis, ad habendum subsidium. Idcico supplicavit regi quatinus daret ei licentiam eundi : quod ei a rege concessum est ; et abierunt secum comes Russiaci, Symon de Bova, *Gerardus et Beraldus de Marcueil fratres*, Oliverius de Cliçonio, et plures alii ; duxeruntque secum omnes illos pastores, dicentes eis quod duxerint eos supra Sarracenos ultra mare. (Moranvillé. *Chronologia regum Francorum*, 1, p. 251. *Coll. de la Soc. de l'Hist. de France* 1893.) Le passage qui précède celui-ci est consacré aux Pastoureaux. Une partie seulement de l'armée des Pastoureaux passa en Italie, l'autre s'avança vers les rives de la Méditerranée où elle fut détruite.

Géraud de Mercœur ne serait-il pas un Béraud de la branche cadette des Mercœurs, les seigneurs de Gerzat ?

(2) Muratori. *Scriptores, etc...* XIV, 995.

(3) *Chronographia regum Francorum*. 1, 256.

au mois d'avril 1321 au plus tard, pour y mourir. Se sentant perdu, il éprouva le besoin de compléter et de modifier son testament de 1314. Il le fit par un codicille daté du 16 avril 1321 (n. st.) [1]. Il y déclare être en santé corporelle et jouir complètement de sa mémoire. Il règle le compte de chacun suivant leur conduite à son égard pendant les innombrables épreuves qu'il a traversées depuis 1314. Satisfait de sa femme, sans enthousiasme cependant, il améliore l'assiette de son douaire de 1,000 livres de rentes, en l'appuyant entièrement, pour qu'elle en ait plus de commodité, sur ses terres de Champagne et de Brie, au lieu de rentes sur deux terres séparées dont il avait été composé antérieurement ; il lui laisse, en outre, un legs de 500 livres de rente en usufruit, mais rien en pleine propriété, bien qu'il n'ait pas d'enfants. Il avait mis au nombre de ses exécuteurs testamentaires, Guillaume Durand évêque de Mende et Guillaume Comtour sire d'Apchon (2), son voisin de terres et son vassal dans les Montagnes d'Auvergne ; ils se sont montrés contre lui, il les révoque en termes exprès et les remplace par son cousin Hugues de Vissac seigneur d'Arlanc (3), Pons d'Aurillac lecteur des Dominicains de Clermont et Pierre, de la Chaise-Dieu, prieur des Dominicains de la même ville. Dans son testament il s'était offert un luxe princier d'exécuteurs, seize, pas un de moins, pris en Haute et Basse Auvergne, en Bourbonnais, en Bourgogne, en Forez, à Lyon, dont deux évêques et trois abbés (4) ; il en réduit le nombre. Les parents de

(1) Baluze. *Hist. gén. de la Mais. d'Auv.* II, 339. Le texte publié par Baluze ne contient pas les formules finales où l'on aurait pu voir le nom du lieu et des témoins.

(2) Premier baron des Montagnes.

(3) Alixent de Mercœur sœur de son grand-père Béraud VI avait eu de son mari Aimar de Poitiers comte de Valentinois, Guillaume II de Poitiers, et notamment une fille Alix, femme d'Etienne de Vissac seigneur d'Arlanc.

(4) Baluze. *Mais. d'Auv.* II, 338-339.

Arbert Aycelin évêque de Clermont, Guillaume Durand évêque de Mende, les abbés de Féniers *sive* de Vauluisant, Hugues abbé de Saint-Gilbert, André de Marzé

son nom lui ont donné sans doute quelque témoignage d'attachement dans son malheur ; il ajoute à la seigneurie d'Ussel en Bourbonnais léguée déjà dans son testament au chef de la branche de Gerzat (1) avec substitution de ses fils, la nue propriété de sa terre du Planchat (2) à concurrence de 500 livres de revenu. Mais, qui a été le meilleur pour lui, c'est Pons de Polignac doyen de Brioude, fils de sa tante Béatrix de Mercœur et du vicomte Armand VI ; il l'a de tout temps assisté de ses services et de sa bourse quand Béraud était privé de ressources par la saisie de ses biens. Il lui lègue l'usufruit viager de sa vaste baronnie du Luguet avec ses châteaux du Luguet et d'Aubijoux qui, attribuée en toute propriété aux Polignacs par les partages ultérieurs de la succession de Béraud, forma leur plus grande terre d'Auvergne.

Les testaments un peu développés sont les actes où l'homme se montre le mieux tel qu'il est. On se rappelle que Béraud vient de s'exposer en 1318 et 1319 à la colère royale, à la ruine, à la prison, pour s'être obstinément opposé à la mainmise de Philippe le Long sur certains de ses châteaux par la raison, disait-il, qu'ils ne relevaient pas du roi de France. Cette idée le hante jusque sur son lit de mort ; toutefois il éprouve des scrupules, et il leur consacre un long paragraphe :

« Dans mon testament nuncupatif, moi, Béraud sei-

---

abbé de l'Ile-Barbe ; le cordelier Hugue de Falgueyroux ; son cousin Pons de Polignac doyen de Brioude, le Comtour d'Apchon, Guillaume Pons de Vissac seigneur de Vals ; Raoul Chaillot bailli royal d'Auvergne ; Guillaume de Taillac et Guichard de Marzé, chevaliers ; Bertrand de Saint-Nectaire, Imbert de Vaux professeur de droit, Mᵉ Bertrand de Cluzel chanoine de Brioude ; et Pierre Armand, de Langeac « alors son bailli d'Auvergne » (Baluze. *Loc. cit.* II, 338).

(1) Guillaume Iᵉʳ de Mercœur seigneur de Gerzat, fils d'une Ventadour et, à défaut de lui, son premier-né, ne devaient en prendre possession qu'après le décès de la veuve de Béraud. (Baluze. *Loc. cit.* II, 338.)

(2) Cette terre s'étendait sur les cantons d'Ardes, Massiac, Allanche, Marcenat et comprenait notamment 1000 à 1500 hectares de riches pâturages à vacheries.

gneur de Mercœur, j'avais affirmé ne tenir de personne mon château de Mercœur. J'ai affirmé cela (1) parce que je le croyais fermement et en toute conscience. Mais, depuis, j'ai appris de plusieurs hommes dignes de foi que le château de Mercœur relevait du pape au nom de la sainte Église romaine. Considérant qu'il est sage de changer d'avis quand il y en a un meilleur, qu'il vaut mieux se corriger soi-même que d'être rectifié par les autres, et que les honnêtes gens doivent toujours suivre la bonne foi, je crois aujourd'hui que mon château de Mercœur relève, entre mes mains, comme il relevait entre celles de mes prédécesseurs, de notre seigneur le Pape de Rome. Cela je le crois, et je l'affirme (2) ».

« Sa crédulité fut sans doute plus pieuse qu'éclairée », opine le coutumier Chabrol (3). Assurément Chabrol nous eut plus utilement éclairés nous-mêmes sur ce fait d'un caractère exceptionnel mais non sans précédent, en nous citant des hommages ou des actes antérieurs, au lieu de nous offrir une hypothèse. Nous connaissons, en effet, l'hommage rendu, au mois de mai 1247, par Béraud VI, grand-père du connétable de Champagne, à Alfonse de Poitiers seigneur de la Terre royale d'Auvergne, c'est-à-dire de la partie confisquée sur le comte Guy II par Philippe-Auguste. Il le prête pour les châteaux de Lastic (4), de Ruines (5) et son immense mandement qui s'étendait jusqu'à Saint-Urcize (6), de Montmoirac, d'Unsac,

-----

(1) Il ne dit rien de pareil dans son testament de 1314, c'est donc qu'il en avait fait un autre. *Castrum* dans la langue du temps se prend aussi bien pour le château que pour la châtellenie qui en dépend.

(2) Baluze. *Loc. cit.* II, 339-340.

(3) *Coutumes d'Auvergne*, IV, 57.

(4) Chef-lieu de commune du canton nord de Saint-Flour. Lieu d'origine de la célèbre famille de ce nom.

(5) Chef-lieu de canton, arrondissement de Saint-Flour, contigu au canton nord de Saint-Flour et aux arrondissements de Marvejols et de Brioude.

(6) Chef-lieu de commune, canton de Chaudesaigues, limitrophe de la Lozère et de l'Aveyron.

pour ses fiefs, Talizat près Saint-Flour, Augnat, la Marge, Lets (canton d'Ardes), pour ses châteaux de Ségonzat et Montcelet, et pour Saint-Gervazy en Lembronais, tous lieux membres de la baronnie de Mercœur, mais point pour le château chef-fief et son mandement particulier ; encore ajoute-il formellement que pour tous les fiefs ci-dessus énumérés « *il ne relevait de personne* » avant cet hommage (1).

Les archives de la grosse tour d'Ardes auraient pu nous instruire davantage, elles ont été détruites dans un incendie en 1567. Quant à la seigneurie du pape nul n'en a encore fourni de preuves ; nous savons seulement que le don d'une terre aux Apôtres en la personne du souverain pontife pour la soustraire précisément à la suzeraineté du roi était usitée en Auvergne comme ailleurs, par l'exemple que le comte Guy II en donna pour son château d'Usson lorsqu'il eut à prévoir qu'une guerre malheureuse avec Philippe-Auguste pourrait l'en déposséder (2). Et cet exemple est loin d'être isolé. Erreur ou non, la bonne foi de Béraud était assurément parfaite, au moment de paraître devant Dieu.

Après cela il s'endormit dans le Seigneur, connétable de Champagne, comme du temps de sa bien-aimée reine Jeanne (3), et convaincu qu'à défaut de Dieu, le pape lui restant, il avait un maître supérieur au roi de France, lequel n'avait rien à voir dans sa maison.

Il mourut en 1321, dans la seconde quinzaine d'avril et

---

(1) Il ne reconnaît de suzerains dans cet acte que pour les fiefs de Lugarde (canton de Marcenat, Cantal), et du Boucharat (canton nord de Saint-Flour) tenus de lui par Maurin de Bréon et Etienne Bompar. (*Spicilegium Brivatense*, p. 91. — *Arch. nat. J.* 320, n° 87.)

(2) En 1198, Guy II donnait au pape Innocent III le château qu'il venait de construire à Usson pour obtenir son appui contre son frère l'évêque de Clermont, et il ajoute qu'il agit à l'exemple de ses ancêtres qui avaient déjà donné Usson au pape Alexandre III (Baluze. *Loc. cit.* II, 77).

(3) Ego Beraudus dominus de Mercorio et conestabulus Campaniœ, per gratiam Dei in sana et bona memoria constitutus, etc... (*Ib.* II, p. 338).

très probablement le dimanche 19, trois jours après son codicille (1).

Les caveaux du prieuré de Lavoûte-Chilhac avaient été pendant des siècles le Saint-Denis des Mercœurs. Il dérogea à cet immémorial usage de ses ancêtres dans son testament de 1314, par une clause d'une excentricité rare. Il n'avait pas connu son père ; mais il avait un tendre respect pour sa mère Blanche de Châlon, et pour son aïeul Béraud il professait un véritable culte de souvenir. Il aurait voulu que sa dépouille ne fût point séparée de la leur. C'était difficile ; Blanche était inhumée à Lyon dans ce couvent de la Déserte, fondé par elle et que notre Béraud avait gratifié d'un don de 4,000 livres en mémoire d'elle. L'aïeul, lui, était enterré en Auvergne, à Lavoûte, avec tous les Mercœurs. Comment faire ? Ordonner que son corps et son cœur partagés entre eux deux de leur vivant, le seraient aussi après son décès et qu'on dépècerait son cadavre, cela lui semble une abominable profanation de la mort. D'autre part il avait beaucoup voyagé, il était allé dans tous les coins de la France, en Italie, en Allemagne ; peut-être en Norwège, il comptait beaucoup voyager encore, se rendre en Terre Sainte. Après avoir consciencieusement réfléchi, comme Jean XXII lui conseillait de le faire, il dicta les dispositions

---

(1) Ni Baluze ni aucun auteur n'ont précisé la date de sa mort. Elle est nécessairement enfermée entre le 16 avril 1321, date de son codicille, et le 26 septembre de la même année, date de la publication de ses dernières dispositions renouvelée le 7 décembre suivant. *(Arch. nat.* P. 1400[3], cote 973 et 985.) Ce qui est confirmé par une procuration du comte de Forez, donnée à Paris le 25 octobre 1321, pour traiter avec sa sœur Isabelle, femme de « *défunt* Béraud, sire de Mercœur. » *(Ibid.* P. 1400[f], cote 919. *Invent. Huillard-Bréholles*, I, p. 279). D'autre part, une transaction du 20 mai 1323, entre Isabelle et le comte Jean de Joigny, nous apprend que le décès eut lieu le dimanche où l'on chante *Judica me* de l'année ancienne 1320, ce qui correspondrait au dimanche 5 avril 1321. *(Invent. Huillard-Bréholles* I, p. 289). Il y a dans cette dernière indication fournie deux ans après, une simple erreur de dimanche ; et comme Pâques, fin de l'année ancienne, tomba le 19 avril en 1321, et que Béraud vivait encore le 16, sa mort doit être fixée au dimanche 19 avril 1321, nouv. style.

suivantes au rédacteur de son testament de 1314 qui resta
sa volonté du dernier moment puisqu'il ne la modifia
point dans son codicille de 1321 :

Qu'on ne démembre pas son corps, qu'on ne l'ouvre
pas; qu'on l'enterre tel qu'il sera sans autopsie. « S'il
meurt outre-mer en Terre Sainte, la terre de la promis-
sion, on l'inhumera là où il mourra. S'il périt en deçà de
la mer, sur le continent, on mesurera la distance exacte
séparant le lieu de son décès d'avec le couvent de la
Déserte de Lyon et le prieuré de Lavoûte, en Auvergne,
et on le portera dans celui de ces deux monastères qui
sera le plus rapproché, d'après une mensuration absolument précise, faite de stade à stade, de mille à mille, de
lieue à lieue, de *pas à pas* (1). » Si le lieu de son décès
est plus rapproché de la Déserte et de Lyon en tenant
compte de l'un et de l'autre endroit, on l'enterrera à la
Déserte, aux pieds de Blanche de Châlon dame de Belleville, sa mère, et en travers. En travers comme le lévrier
héraldique, emblème de l'amour respectueux et de la
fidélité. Si ce lieu est au contraire plus proche du prieuré

(1) De sepultura mea dispono et ordino ut sequitur. Videlicet si contingat me decc-
dere quandocumque iu partibus ultramarinis, in terra sancta ultramarina promissionis
sepeliri volo, nec de partibus illis volo aliqualiter removeri, nec ad partes alias citra-
marini deferri; nec corpus meum de quoquam post mortem meam, vel quomodolibet
demembrari volo, set in partibus prœdictis ultramarinis, in casu prœdicto. — Prœcipio
quod, si me decedere contingat propinquius ad et erga civitatem Lugdunensem et locum
de Deserta quam sit prioratus de Volta in Arvernia *recto et justo facto computo de
stadio ad stadium, de passu ad passum, de miliari ad miliare, et de leuca ad
leucam*, a loco in quo me decedere contigerit citra mare, ad loca predicta et *eorum
quemlibet*, in eo casu volo et prœcipio sepeliri in monasterio de la Deserta apud Lugdu-
-uum una cum carissima Domina matre mea Domina Blanchia de Cabilone, quondam
domina de Bellavilla, ad pedes ipsius, ex transverso. — Si autem me contingat viam uni-
versœ carnis ingredi seu decedere quandocumque citra mare, in loco aliquo, qui locus
re vera propinquior reperiatur dicto prioratu de Volta in Arvernia quam sit monaste-
rium de Deserta civitatis Lugdunensis, *recta facta computatione de leuca ad leucam, de stadio ad studium, de miliari ad miliare, et de passu ad passum*, co
casu, ex nunc prout ex tunc, et ex tunc prout et nunc, sepulturam meam eligo in dicto
prioratu de Volta, una cum carossimo avo meo Domino Beraudo quondam domini de
Mercoris, ex transverso. (Baluze. *Op. cit.*, II, 337. Extrait du très long testament de
Béraud de Mercœur du jour de la Pentecôte, 1314).

de Lavoûte « d'après une mesure faite au plus juste, de lieue à lieue, de *pas à pas* », et ici il précise de nouveau, on l'y ensevelira auprès de ses ancêtres, « aux pieds de son bien-aimé grand-père Béraud seigneur de Mercœur, et en travers », toujours en travers.

Eh bien, s'il était mort en Allemagne, en Flandre, au combat de Verceil, dans la traversée des Alpes ou seulement en France que ce grand agité parcourut dans tous les sens, il y aurait eu de beaux jours pour les procureurs au parlement, et les restes du brave Béraud eussent été réduits en poussière avant la fin du procès. Le sombre, visage de Philippe le Bel, témoin de l'acte, dut s'éclairer d'un sourire à la lecture de cette clause. Il n'en fit pas moins gravement publier par ordonnance donnée à Poissy, le 30 août 1314 (1), un testament qui apportait quelque chose comme 400,000 livres de rente de notre temps en terres féodales à son neveu Charles de Valois.

Ces excentricités nous feraient sourire aussi si elles ne nous rappelaient celles de certains lords d'Angleterre, chez qui l'habitude de la haute vie indépendante et l'exagération de la personnalité développent à l'excès l'originalité du caractère sans qu'ils éprouvent le besoin d'en adoucir l'étrangeté. Béraud n'est pas atteint de dépression mentale; les rois ni ses parents n'ont tenté de le faire interdire; mais il est d'une race de francs barons façonnée par quatre siècles de toute-puissance dans les hautes terres hérissées de pics, sillonnées de gorges profondes, noires de forêts et vertes de pâtures sans fin, où aucune conquête pas même celle de Philippe-Auguste ne les a supplantés, où aucune commune n'a pu s'établir dans leurs villes pour leur faire contrepoids. Au cœur de ces alleux, « nul ne peut leur résister », constate le 1er mai 1286, un visiteur de l'ordre de Cluny, Guillaume de Sémur, qui est d'une fa-

(1) *Ibid.*, II, 389,

mille où l'on sait bien ce que c'est que la domination féodale (1). Déjà, plus d'un siècle avant, la même idée de leur puissance absolue se formulait dans le pays avec l'énergie du proverbe : « Là où un Mercœur met le pied, tout est à lui (2) ». Seule l'Église a pu leur servir de frein ; ce frein qu'ils ont parfois couvert d'écume dans leurs mauvais jours, ils le rétablissaient après l'avoir brisé ; et, malgré ces secousses, leur prestige dans l'Église est sans égal. Depuis que saint Odilon, fils du premier Béraud l'a illustrée sous Hugues Capet et ses deux successeurs, les puînés de Mercœur ont occupé presque sans interruption, soit les sièges épiscopaux de Clermont, du Puy, de Mende, soit les premières dignités des grands chapitres, des grandes abbayes ; et l'abbé de Féniers rend hommage à genoux au chef de la maison. Les races princières que leur rang mettait en contact obligé et fréquent avec la cour du souverain, n'ont peut-être pas connu au même degré le sentiment de l'indépendance que donnait à ces sortes de chefs de clans montagnards, la vie au milieu de leurs immenses territoires et de leurs fidèles dont beaucoup étaient de fort grands seigneurs.

Sous le connétable de Champagne, la Terre de Mercœur que nous avons décrite ne forme qu'une seule unité administrative divisée en neuf mandements (3), gouvernée par un bailli général qu'il appelle son « bailli d'Auvergne (4) »

(1) Alex. Bruel, *Visites des monastères de l'ordre de Cluny de la province d'Auvergne*, p. 7. (Biblioth. de l'Ecole des Chartes, T. XXVIII).

(2) « Consuetudo Mercoriensium est ut, ubicumque pedem figere potuerint, totum sibi vindicent. » (*Rerum Gallicorum et Francie. Script.* XVI, 43. Lettre du Chapitre et des bourgeois de Brioude au roi Louis VII en 1163).

(3) 1° Ardes, Mercœur et le Fromental ; 2° Blesle ; 3° Allanche et Maillargues ; 4° Chilhac et Saint-Cirgues ; 5° Ruines et Corbières, mandement très étendu qui s'étend de la Margeride et du Velay à la frontière du Rouergue, Chaudesaigues inclusivement en traversant le Cantal de part en part ; 6° Tanavelle et Tagenat ; Saugues et Grèzes ; 8° Le Malzieu et Verdezun ; 9° Lastic et Sistrières (Chabrol. *Cout. d'Auv.* verbo, *Ardes*).

(4) *Petrus Armundi, de Langhac, nunc ballivum meum Arvernie.* (Baluze. *Maison d'Auv.*, II, 338, 16 avril 1321). — Deux membres de la famille Bouchut,

à l'exemple du roi, de l'évêque et du comte ; et la place est bonne, car Pierre (III) Armand, damoiseau de Langeac et bailli royal des Montagnes, en 1315 (1), quitte le service du roi pour le sien, après avoir conquis le ceinturon chevaleresque. Il est qualifié le 21 avril 1320, « bailli de la Terre du magnifique seigneur de Mercœur (2) ». La Terre est également pourvue d'une chancellerie unique. Le 3 février 1320, Hugues de Picherande est le chancelier du nom moins « magnifique seigneur de Mercœur (3) ». Il a, en outre, un bailli de Champagne, un bailli de Bourgogne, comme son père avait un « lieutenant du Beaujolais », un certain du Fayet, et son aïeul un « lieutenant du Gévaudan ». Le « Trésorier de Mercœur », Raymond de Saint-Jal qui occupait ces fonctions le 15 avril 1320, centralise le service financier des receveurs provinciaux (4), Béraud a un « conseil » comme les princes (5), une cour de chevaliers, de nombreux capitaines et châtelains. Ajoutez à cela aumôniers, clercs, écuyers, damoiseaux faisant l'office de pages, échansons, bouteiller, fauconniers,

gouvernèrent assez longtemps la Terre de Mercœur comme lieutenants ou baillis au XIIIe et au commencement du XIVe siècle (*Cartul. de Saint-Flour — Mais. d'Auv. — Nobil. d'Auv.*, etc.). — Elle parvint alors à la noblesse. Hugues Bouchut devint chevalier et il épousa Agnès de Tinières, d'une race de haute chevalerie, veuve de lui avec des fils le 11 janvier 1324 (n. st.), date à laquelle ils vendent à Bertrand de la Tour seigneur d'Olliergues, le Mas de Palières (Arch. nat. R², carton 15). Cette famille Bouchut, Boschut ou de Bouchut existait encore en 1450, 1526, 1666, 1685, avec des terres dans le duché de Mercœur et l'élection de Saint-Flour. — Une branche des Armands s'établit en Provence et en Dauphiné où elle donna naissance aux seigneurs de Châteauvieux, de la Forest, de Blacons. La charge de bailli de Mercœur était une de celles qui donnaient du relief et poussaient leur homme dans la province.

(1) *Arch. municipales de Saint-Flour*, Layette, cotée 1, chap. Ier, n° 1.

(2) *Dominus Armandi, miles, ballivusque magnifici viri domini de Mercorio.* (*Arch. du Puy-de-Dôme.* Aff. ecclésiast., cité par M. de Rochemonteix. *(Hist. de l'abbaye de Féniers).* A la mort de Béraud, ce chevalier devint le bailli d'Auvergne, de Guigues VIII, dauphin de Viennois. (*Arch. de l'Isère, Chambre des comptes des Dauphins;* carton *Auvergne,* B. 766).

(3) *Hugo de Pecharanghas, cancellarius magnifici civi domini de Mercorio.* (*Arch. du Puy-de-Dôme.* Aff. ecclésiast. Titre du 3 février 1320. (1321; n. st.).

(4) *Arch. nat.* P. 1400, cote 979.

(5) *Arch. de l'Isère.* B. cote 3164. Orig.

chevaucheurs. En résumé sa maison est montée comme celle des grands feudataires ; et de fait sa Terre est autrement vaste que le comté d'Auvergne.

Ce sire de Coucy de la province, amené à la cour, élevé avec les princes, beau, royalement apparenté dans les premières cours de l'Europe, choyé par la fortune, resta ce que l'atavisme l'avait fait, un chevalier d'autrefois tout d'une pièce, paladin par son idéal de grandeur, Châlon par la nervosité, auvergnat par l'obstination.

L'histoire est avec Philippe le Long et Sully contre lui, et nous sommes avec l'histoire parce que la monarchie représentait à ce moment l'ordre, l'autorité, l'unité, la grandeur nationale, la formation géographique de la France chef-d'œuvre des Capétiens. Mais « la révolution c'est l'expropriation », suivant la loyale définition de Guesde à la tribune de la Chambre ; et l'indemnité de l'indulgence est due tout au moins aux expropriés. Je n'ai pas entendu écrire la vie d'un grand homme. J'ai essayé de peindre d'après nature un Français déterminé dans une époque déterminée. Il s'est trouvé être un personnage original représentant avec une certaine allure une vieille école à l'agonie. Mon attention a été violentée parce qu'il était fatalement condamné à l'écrasement sous les ruines de l'édifice qu'il défendait, parce que sa vie se rattache intimement à l'histoire nationale, et qu'il était resté inconnu.

Il faut renoncer avec lui à la légende des brutes et cupides brigands dont on s'est plu à peupler presque invariablement les châteaux ; il est humain pour ses sujets, généreux avec les faibles, d'âme droite, sincère et sans peur. Il sait se faire craindre et se faire aimer ; il est dévoué comme un bon chien à ceux qu'il aime ; et, faute de pouvoir réaliser son rêve de conduire sa bannière à la délivrance du tombeau du Christ, il termine sa vie par une expédition volontaire non moins périlleuse et désintéressée, comme sa mère termine la sienne sous le voile, au monastère de clarisses fondé par elle, dans l'abnégation et la pauvreté volontaires. Il garde enfin, jusque dans ses fusées de déraison, un hautain mépris de la bassesse, de l'argent et de la vie qui font de lui, somme toute, une noble créature, fidèle à la devise chère aux romans de Gestes où il avait pris ses modèles : *Deus, dreitura e honur*, Dieu, mon droit et l'honneur.

Il manque à celui-ci, je l'avoue, les grâces féminines et la musique des troubadours; peut-être l'y trouvera-t-on quand on l'y cherchera.

XXI.

La Veuve. — Le Partage de la Succession (1322-1323).

Au dire de La Mure, il avait eu un fils, Béraud, mort avant lui (1). Si cet historien ne s'est pas trompé, il l'aurait perdu avant son testament de 1314, puisqu'il n'en est pas question dans cet acte. Mais c'est là, je crois, une erreur de La Mure, que ses rééditeurs de 1860 ont sagement rectifiée.

Le corps du connétable était à peine refroidi que les exploits de sergents fondaient sur son opulent héritage. Louis de Bourbon faisait mettre à sa main le château d'Ussel (2). Isabelle ne trouva plus digne d'y rester dans de pareilles conditions; elle se retira en Forez, sous la protection de son frère le comte Jean. Elle fut obligée d'assigner le comte de Joigny « sire de Mercœur », légataire universel de son mari, en restitution de son douaire (3)

---

(1) *Hist. des ducs de Bourbon et des comtes de Forez*, II, 303 et 302, note 1.

(2) Son châtelain de Chantelle commettait à cet effet, le 23 août 1422, Collet de Viry pour garder cette terre. (*Arch. nat.* P. 1400⁵, cote 984).

(3) Au parlement, le 30 septembre (*Ibid.* P. 1400³, cote 984). Le comte de Joigny était, sans doute, endetté, car il résista à ce paiement urgent de sa nature, ainsi qu'à la restitution de la dot de 9,000 livres due à la veuve, et cela jusqu'à sa mort. Isabelle

et obtint gain de cause par arrêt du parlement du 8 janvier 1324 (1).

Les difficultés d'exécution n'en durèrent pas moins jusqu'à la mort de son adversaire, malgré plusieurs transactions dont une du mois de mars 1324 (2). Charles II de Valois comte d'Alençon, du Perche et de Joigny, se trouvant à la Trappe, confirma les accords intervenus du vivant de son beau-père, entre lui et la douairière de Mercœur [6 avril 1327] (3); celle-ci put enfin prendre possession du château d'Ussel (4). Mais elle avait eu le temps de se rattacher à son pays natal et, le 30 août 1331, elle donnait Ussel à son neveu Guy de Forez en échange des châteaux foréziens de Virignieux et de Sury-le-Bois, augmentés du péage et de la leyde des fours de la ville de Feurs (5). Elle composa également au sujet de divers châteaux du Forez.

Isabeau de Mercœur vivait encore au mois d'octobre 1332, dans son château de Cleppé, sa résidence de choix depuis qu'elle avait quitté Ussel (6). Par son testament du 7 mars précédent elle avait institué son neveu Guy VII, qui succéda au comté de Forez l'année suivante, en le char-

obtint sans peine (31 janvier 1322) du roi Charles le Bel, parvenu au trône depuis quelques jours, l'ordre à ses officiers de lui faire payer le revenu de son douaire sur les revenus de la succession (*Ibid.* cote 984).

(1) Chaverondier. *Invent. des titres du comté de Forez*, n° 969, p. 278.

(2) *Arch. nat.* P, 1400⁵, cotes 977 et 972. — Il y en avait eu une autre le 22 avril 1322 *(Ibid.)*.

(3) *Arch. nat.* P. 1400⁵, cote 981.

(4) *Invent. des titres du comté de Forez*, n°ˢ 965, 974, 980, 981.

(5) *Arch. nat.*, P. 1394¹, cote 30. Jeanne, fille de Guy, qui fut le comte Guy VII, reçut de lui Ussel par son contrat de mariage avec Béraud Dauphin d'Auvergne, comte de Clermont, dressé le 22 juin 1357 *(Ibid.* P. 1370¹, cote 1923).

(6) *Titres du comté de Forez*, n°ˢ 1124, 1133, 30. — La Mure. *Op. cit.* II, 305. Le secrétaire de Guy et de Renaud de Forez, fils du comte Jean 1er, relate que le dimanche avant la Saint-Luc de l'année 1332, ses maîtres, leur gouverneur Henri de Rochefort, chanoine de Lyon, et lui-même, partis le matin de Montbrison pour se rendre à Paris, allèrent coucher le soir à Cleppé chez madame de Mercœur. « *Furont lo seir a Clepeu avoy madame de Marcueil.* » (Broutin. *Histoire de Feurs*, p. 103.)

geant de nombreux legs de bienfaisance (1), et elle élut sépulture dans l'église des Cordeliers de Montbrison, au tombeau de sa mère Jeanne de Montfort. Par le fait de ces dispositions dernières ses terres de Cleppé, de Sury-le-Bois, ses droits sur la ville de Feurs, la seigneurie de Virignieux (canton de Saint-Galmier), exactement limitrophe du Lyonnais, firent retour au comté (2). Elle porta jusqu'à sa mort, qui tarda peu, le nom de Dame de Mercœur, et c'est peut-être à cause d'elle que l'écu des Mercœurs est peint dans la salle de la Diana à Montbrison (3).

Charles de Valois prit possession de la baronnie de Mercœur (4) au nom de sa femme, aussitôt la mort de son beau-père.

La grande succession de Béraud donna lieu à d'autres litiges. Le comte de Joigny, le légataire universel, écarta d'abord la compétition de Jean Dauphin d'Auvergne et des membres de la maison de Poitiers (5), cousins du défunt, en leur cédant pour 1,200 livres de rentes de terres franches de dettes situées « en Arverne » et au plus près de celles que le Dauphin et Guillaume de Poitiers possédaient dans la province, et au plus loin possible du château de Mercœur, demeurant formellement exceptés des lieux d'assiette les châtellenies de Mercœur, Ardes, Blesle, le Luguet, Fromental, Chilhac et leurs mandements. Il fut convenu que, moyennant cette assiette de 1,200 livres de rente, le Dauphin et la maison de Poitiers-Valentinois

---

(1) Chaverondier. *Op. cit.*, n° 30, p. 12. — Elle fonda des messes hebdomadaires dans l'église du château de Cleppé, pour le repos de son âme.

(2) *Op. cit.*, p. 33.

(3) Fascé de gueules de quatre pièces et de vair de trois pièces. Mercœur ancien était de vair plein. Il se peut cependant que l'écu de la Diana soit celui de Faucon III de Montgacon.

(4) Le 29 octobre 1334, Jaubert de Bréon seigneur de Mardogne, chevalier, lui faisait foi et hommage de ce qu'il tenait de cette baronnie dans la paroisse de Peyrusse, mouvante de la châtellenie de Maillargues. (*Arch. nat.* P. 1376², cote 2681. *Orig. jadis scellé.*)

(5) Représentée en 1321-1322 par Guillaume de Poitiers, ses sœurs Béatrix, Florie, Alixens et Alaïs de Poitiers, femme d'Étienne de Vissac.

« renonçaient à tous droits dans la succession de « Béraut de Marqueil » et dans tous biens « demorés de seigneurs de Marqueil, *tant en royaume de France comme dehors* ».

Guillaume Flotte seigneur de Ravel, le futur chancelier de France, fut désigné comme tiers arbitre pour départager les deux chevaliers choisis de part et d'autre, avec mission d'asseoir ces rentes (1). Cela fut réglé au parlement de Paris par un arrêt d'appointement du 27 mars 1322 (2). Charles le Bel s'était personnellement interposé pour que ces débats reçussent une solution amiable et prompte (3).

Des termes de l'arrangement de 1322 il ressort que la succession comprenait encore des biens situés hors du royaume. Béraud n'avait donc pas aliéné toutes ses terres d'Empire, malgré ses coûteuses mésaventures et son train. Que sont devenus ses domaines de Haute-Bourgogne et de la vallée du Rhône ? Ne le recherchons pas. Négligeons aussi ses possessions de Champagne, la terre de Vitry, la seigneurie de Lantages (arr. de Bar-sur-Seine), où il eut le roi pour coseigneur, ses droits d'usage dans les forêts du comté de Champagne (4). Laissons même de côté sa baronnie bourbonnaise, ses biens du canton de La Chaise-

---

(1) Ces chevaliers étaient Jean Mulet pour le comte de Joigny et le seigneur de Ligny pour les autres héritiers. Pour le cas où l'opération ne serait pas terminée dans l'année, on s'en rapporterait au roi ou au parlement.

(2) *Arch. nat. Rég. JJ.*, n° 4. p. 52. — Bal. *Mais. d'Auv.*, II, 313.

(3) Le 4 février précédent, un arrêt du parlement « continuait en l'état, *par ordre du roi*, jusqu'à la quinzaine des Brandons, le procès entre le comte de Joigny, le dauphin d'Auvergne, Guillaume de Poitiers et Étienne de Vissac, chevaliers, à raison des biens et de l'héritage de B. de Mercœur ». (Règ. du parlem. Greffe 1, pol. 81.— Boutaric. *Invent. des Actes du Parl.* II, n° 6645.)

(4) « Lantaiges movant dou roy, de la dame de Marcueil et d'autres seigneurs, environ VI^{xx} feux ». (Longnon. *Docum. relat. au comté de Champagne et de Brie.* II, 195 L, et 196 K. État des biens du comté de Champagne vers 1290). « La dame de Marcueil, pour Lantaiges, a droit d'usage dans les bois du comté de Champagne ». (*Ibid.* II, n° 2831). Lantaiges est une commune du canton de Chaource, proche du comté de Joigny.

Dieu avec leurs seigneuries annexes de Murs, de Saint-Eble, de Castel-Noël (Châteauneuf) ; oublions de plus son important fief de Valon en Rouergue, pour ne nous occuper que de ce que fut après lui la Terre de Mercœur. Telle qu'elle, elle intéressait encore quatre départements : le Puy-de-Dôme, la Haute-Loire, le Cantal et la Lozère, sur de vastes étendues dans chacun d'eux.

Jeanne de Joigny, femme de Charles II de Valois, que nous avons vu dotée si largement par Béraud, mourut dame de Mercœur le 2 septembre 1336.

Finalement, une sentence arbitrale du 12 juin 1339 adjugea la Terre de Mercœur au fils aîné de Jean Ier Dauphin d'Auvergne, du chef d'Alix de Mercœur, femme de Robert III, Dauphin comte de Clermont, sauf toutefois ce que Béraud VII en avait légué aux Polignacs. La part d'un seul des héritiers de ce legs, Guy de Chaumont, fils de Yolande de Polignac, fut vendue par ce seigneur à Jean Ier d'Auvergne-Boulogne, en 1343, au prix de 40,000 livres, plus une rente viagère de 500 livres au vendeur (1). Par la valeur de ce fragment, on peut juger de celle de l'ensemble.

Les Dauphins relevèrent pieusement et héréditairement le prénom de Béraud jusqu'à leur extinction, et la sirerie de Mercœur fut le plus beau fleuron de leurs domaines avec le Dauphiné proprement dit, car le comté de Clermont était fort peu de chose. Elle arriva par mariage aux ducs de Bourbon ; à la couronne, en 1527, par confiscation sur le connétable ; à Renée de Bourbon, femme d'Antoine duc de Lorraine, de Calabre et de Bar, par transaction deux ans après. Erigée en principauté pour leur second fils Nicolas de Lorraine, comte de Vaudemont, au mois de juin 1563, puis en duché-pairie au mois de décembre 1569, la seigneurie de Mercœur fut une des premières

---

(1) Baluze. *Mais. d'Auv.*, I, 139. Ce prix fut celui du comté de Montpensier à la génération suivante.

terres baroniales si ce n'est la première, duchés provinciaux à part bien entendu, à recevoir l'honneur de la pairie que les rois prodiguèrent ensuite. Les procès du comte de Vaudemont avec ses sujets de la principauté ressortaient aux baillis de Velay, de Gévaudan, de Marvejols, au présidial de Nîmes et au parlement de Toulouse. Cependant, en 1555, les terres gévaudanaises de Mercœur furent détachées du parlement de Toulouse et annexées au ressort judiciaire du présidial de Riom, en appel au parlement de Paris.

De la maison de Lorraine, le duché-pairie passa par mariage aux ducs de Vendôme, puis aux Condés. La princesse Palatine, qui en hérita, le vendit, bien diminué déjà, moyennant le vil prix de 810,000 livres du temps (1719), au romanesque marquis de Lassay, enrichi par le système de Law. Retrait tout aussitôt par le prince de Conti, puis vendu à Louis XV (1776), il servit à l'apanage du comte d'Artois, fut repris par le roi deux ans après et resta depuis uni au domaine royal. Il était si vaste que, sur son territoire, l'édit du 30 mars 1781 n'érigea pas moins de cinq chefs-lieux de prévôtés royales.

II.

LES MERCŒURS SEIGNEURS DE GERZAT

LEURS AUTEURS ET LEUR FIN

Des alliances contractées par les Mercœurs, dans la seconde moitié du XIIe siècle et au commencement du suivant avec la maison d'Auvergne et les seigneurs de Chamalières, leur constituèrent un patrimoine dans la banlieue de Clermont. Il forma l'apanage d'une branche puînée, celle des seigneurs de Gerzat, Servant et Demolle, en qui s'éteignit la race.

Cela nous oblige à revenir en arrière et à dire un mot des Mercœurs du XIIe siècle pour lesquels on a si peu de documents en Auvergne et des généalogies si dépourvues de preuves et de consistance. Je ne prétends pas être à l'abri des méprises à mon tour et ne pourrai même pas être complet, tellement nos archives sont pauvres en actes de cette époque ; du moins apporterai-je un certain nombre d'éléments positifs que les généalogistes n'ont pas connus ou n'ont pas utilisés. Sans empiéter plus que de raison sur l'historique des premiers Mercœurs, qui mérite une étude à part, disons qu'on a coté à tort comme chefs de la famille tous les Bérauds qu'on a rencontrés depuis Béraud Ier, fils d'Itier, tige de la race vivant entre 911 et 936, fussent-ils des cadets et des gens d'église (1). A cette supputation fantaisiste, il faut substituer ceux-là seuls qui, restant dans le monde, furent ou paraissent avoir été, en leur qualité d'aînés, seigneurs de Mercœur.

(1) Audigier, La Mure. *Nobiliaire d'Auvergne*, etc., etc.

I.

LES MERCŒURS EN ITALIE. — ODILON SEIGNEUR DE MERCŒUR. — L'ÉVÊQUE ETIENNE VI. — BÉRAUD II. — BÉRAUD III. — OULX ET LA RIVIÈRE-L'ÉVÊQUE (1077-1173).

Le premier « seigneur » de Mercœur que l'on trouve après Béraud Ier, mort vers 960-980, est Etienne Ier, le seul à qui saint Odilon donne en 1025 dans l'énumération de ses frères et de ses neveux, la qualité de *honorabilis senior* (1).

Il ne doit pas être confondu avec son oncle paternel, Etienne fils d'Itier et d'Arsinde. Celui-ci établit sa domination sur les deux versants de la chaîne du Mézenc où sa branche posséda, paraît-il, d'immenses domaines, en Velay d'un côté, en Vivarais de l'autre. Il serait la souche des seigneurs de Mézenc, voire même des seigneurs de Fay et de Chapteuil du XIIe siècle, et l'ancêtre du troubadour Pons de Chapteuil. Le dernier érudit qui se soit occupé du sujet dit que deux grandes maisons, celle dont Etienne fut le chef et celle des Polignacs « se partageaient au XIIe siècle la majeure partie du Velay ». Dans le Haut-Vivarais ses domaines n'étaient pas moindres. Ses possessions s'étendaient « par une large bande de la Loire au Rhône » (2).

Quoiqu'il en soit, Etienne, frère puîné de Béraud Ier de Mercœur, et les premiers degrés de sa famille jusqu'au XIIe siècle, sont notamment prouvés par le cartulaire de l'abbaye de Saint-Chaffre (3) dont il fut le bienfaiteur et

(1) *Acta Sanct. Ord. S. Benedicti. Sœc. VI, pars I, pp.* 634-636. Charte de fondation du prieuré de La Voûte (canton de Lavoûte-Chilhac, arr. de Brioude, dans l'ancienne Auvergne, près du premier Mercœnr). Saint Odilon nomme avant lui Béraud, prévôt du chapitre cathédral du Puy, parce qu'il est d'église, et Bertrand, probablement parce que, sans être dignitaire, il était dans les ordres.

(2) Gaston Fontanille, avocat près la Cour de Grenoble, directeur du *Pays Cévénol : Du Mézenc aux sources de la Loire,* 32, Grenoble. Grattier, 1904.

(3) Charles 276, 382, 84, 106.

où son neveu Béraud, prévôt du Puy, fils de Béraud Ier fut inhumé. La part principale de Béraud Ier frère d'Etienne fut en Velay et en Auvergne, surtout dans le territoire qui forme aujourd'hui l'arrondissement de Brioude, pays de leur première origine d'après le cartulaire de Saint-Julien.

Le petit-neveu d'Etienne, l'*honorabilis senior* de 1025, prénommé Odilon, comme son grand-oncle l'abbé de Cluny, est qualifié « seigneur de Mercœur » sur sa pierre tumulaire découverte à Oulx en Piémont et conservée actuellement au musée de Turin. Elle figurait à l'exposition générale de 1898 dans cette ville. Voici au surplus l'inscription complète en ajoutant la ponctuation : « *Odillo, miles, vir præpotens Arisernus [Arvernus], magnus in armis, Mercorii dominus, tumba servatur in ista. Post obitum cujus, multa moti pietate, nati fecere hanc capellam : sexcentos solidos donantes R. titulario qui, pro patre rogans, illam semper veneretur. VII Kal. Augusti obiit Odilo canone* » (1).

Le cartulaire de Saint-Laurent d'Oulx ajoute : « Odilon de Mercœur, puissant personnage, né d'une illustre famille d'Auvergne, méprisant les honneurs et les richesses dont il était comblé, se retira à Oulx, y prit l'habit canonical et y mourut » (2).

---

(1) Lecture du chanoine Peralda, d'après sa notice mss. de 1582, conservée aux archives de l'Etat, à Turin. Une autre notice plus complète de M. Pietro Vayra a été publiée en 1882, dans le Bulletin de la Société d'archéologie et des Beaux-Arts de la province de Turin, sous le titre : *Il sarcòfago d'Odilone di Mercœur nel Museo civico di Torino*. Notre très savant compatriote, M. Alexandre Bruel, aujourd'hui chef de la section historique aux archives nationales, a donné un intéressant compte rendu de la notice de M. Vayra, dans le tome xxxii des *Annales de la Société d'agriculture, sciences, arts et commerce du Puy*, et cette communication a été reproduite, la même année 1882, dans le *Bulletin de l'Académie des Sciences, Belles-lettres et Arts de Clermont*, pp. 194-202.

(2) « Odilonem de Mercorio, potentem vivum, atque illustri apud Arvernos genere natum... in Ulcium, spretis honoribus opibusque quibus affluebat, se recepit, ibique canonicorum vitam aliquandiu professus, mortalitatem sine relicto desiderio explevit. » (*Ulciensis ecclesiæ Chartarium. Præfatio*, pp. xxiv-xxv.)

Comment se fait-il qu'un seigneur d'Auvergne, père de famille, illustre par la naissance, la puissance, la richesse et les armes, soit allé finir ses jours en Lombardie et qu'il ait choisi l'abbaye de Saint-Laurent d'Oulx, à quinze lieues de Turin pour y prendre l'habit monacal de Saint-Augustin? En voici peut-être la première cause.

Entre 1027 et 1033, l'empereur Conrad II le Salique, donna l'abbaye de Brème (diocèse de Turin, près du confluent du Tessin et du Pô), annexe de l'abbaye savoisienne de Novalaise, à saint Odilon de Mercœur, abbé de Cluny, afin qu'il l'empêchât de tomber au pouvoir de ses adversaires. Odilon mit à la tête de ce grand monastère son filleul et neveu Odilon, l'un des fils de son frère Guillaume (1) dont l'empereur confirma la nomination. C'était un tout jeune homme « sortant à peine des écoles », dont le premier soin fut d'appeler autour de lui des chevaliers sur lesquels il pût compter au milieu des guerres qui déchiraient la Haute-Italie ; et, faisant la part du feu, de leur distribuer une partie des domaines de l'abbaye pour sauvegarder le surplus (2). Ce qu'il avait donné en bénéfice à vie resta possédé en fief héréditaire naturellement, comme il arriva partout à cette époque d'évolution féodale. Il se constitua ainsi une force armée. Etranger, entouré d'hos-

(1) Il le nomme le cinquième des six fils de son frère Guillaume Ier, dans la charte de Lavoûte de 1025 : « Unacum.. Willelmo etiam filio quondam fratris mei Willelmi honestissimi viri et filiis ejus Geraldo etiam et Rotberto, Beraldo, *Odilone* et Hicterio ». (*Loc. cit.*).

La *Chronique de Novalaise* dit que cet Odilon était « le neveu d'un autre Odilon, abbé de Cluny » et Peignot. (*Hist. de l'abbaye de Cluny*, I; 342), constate aussi qu'il était le fils de Guillaume de Mercœur, frère de l'abbé de Cluny.

(2) « *Odilo quidam juvenis Cluniacensis, nepos alterius Odilonis abbatis.* Abbatiam nostram (Brematensem) ab Imperatore Cuonrado Romœ illi confertur ad regendum, qui juvenis, tunc rudis a claustralibus exiens disciplinis, conspicit se tanti honoris sublimatum, cepit turbam militarem sibi adhœrere, nonmullis prœdiis terrarum, unde sumptus veniebant monachis, illis vassis in beneficium tradidit, etc.. » (*Fragmenta chronici Novalicensis monasterii a tempore potissimum Hugonis et Lotharii regum Italiœ in quibus Luitprandus definit, usque ad Imper. Conradum cognomento Salicum.* — Du Chesne, *Rerum Gallic. et Francisc. Scriptores* III, 635-653.)

tilités à commencer par celle de ses moines, quel soutien
plus sûr eût-il pu trouver dans son inexpérience et son
isolement, que celui des chevaliers de sa famille ? Il est
donc infiniment probable qu'il en appela un ou plusieurs
de France pour s'installer et se maintenir. Ils ne lui suf-
firent pas et il dut recourir aux armes de Manfred marquis de Suze et de l'évêque de Côme, Albéric, à qui il
soumit son abbaye. Son gouvernement très troublé dura
jusque sous l'épiscopat de saint Léger, archevêque de
Vienne (1036-1066), il fut alors remplacé. Vers ce temps
(1057), Adélaïde de Suze fondait dans la même province,
et dans la « plébanie » ou archiprêtré d'Oulx, un monastère dédié à saint Laurent, qui reçut en 1065 la juridiction
de la plébanie de Suze, ainsi que de fréquentes libéralités
des Dauphins de Viennois (1).

Il n'y aurait donc pas à s'étonner autrement de trouver
à la génération suivante, dans la plébanie d'Oulx, Odilon
de Mercœur fils de Guillaume, neveu de l'abbé de Brème,
et probablement marié dans le pays (2).

Un Etienne II de Mercœur, *vir potens* également, paraît
alors en Auvergne, agissant en seigneur irrésistible dans
la terre patrimoniale. Il prend le parti de l'abbaye de
La Chaise-Dieu dans sa querelle avec l'abbaye de Blesle.
Il enlève par la force à Blesle, le corps de saint Léon et
l'église de Saint-Etienne avec l'adhésion de Durand évêque de Clermont. Tant qu'il vécut on ne put rien contre
lui, et La Chaise-Dieu resta en possession. Etienne est
manifestement une puissance de la région. Il est men-
tionné comme défunt en 1095 dans la requête présentée,
à ce sujet au pape Urbain II, par l'abbesse de Blesle Er-

____

(1) En 1064, 1073, 1100, 1105, etc... Valbonnays. *Hist. du Dauphiné. Preuves*,
p. 8).

(2) Les relations des Mercœurs avec les marquis de Suze seraient, à ce sujet, intéressantes à étudier. A noter aussi les donations faites à l'abbaye de Saint-Chaffre en
Velay, du bourg de Cervèra dans le diocèse de Turin, par les seigneurs de Montfalcone
de l'évêché de Genève, en 1018, et bien d'autres faits attestant des rapports entre ce
pays et celui des Mercœurs.

mengarde, lors de la prédication de la première croisade
à Clermont (1).

Peu avant 1097 mourait aussi un Béraud de Mercœur
qui ne s'était pas montré plus discret envers le prieuré de
Chamalières-sur-Loire, sur qui il avait usurpé le village
de Pradomars (commune de Vorey, arrondissement du
Puy) ; mais au lit de mort il le lui rendit pour le repos de
son âme (2). Ces deux personnages peuvent avoir été les
frères du seigneur Odilon mort en Italie depuis peu de
temps.

Il faut bien ajouter parmi les puînés un autre Mercœur
de la même époque, oublié par tous, Pierre de Mercœur,
prêtre, neveu probable de Pierre de Mercœur évêque du
Puy qui, se rendant en Terre sainte, mourut en route à
Gênes le 13 juillet 1073. Ce second Pierre se croisa et
partit vers 1101 pour Jérusalem par la voie de mer, avec un
nombreux groupe de ses compatriotes du Velay et du Brivadois, Abbon de Saint-Bonnet (3), Gilbert de Mézères (4),
Etienne de Lignon (5), Durand Bœuf (6), un chanoine du
nom de Boniface qui peut être Boniface de Bulhon (7),

(1) « Manu se violentia cujusdam *potentis Stephani Mercoriensis*, nobis contradi-
centibus, abstulerunt, et, auxilio Domini Durandi episcopi Claromontensis episcopi,
ipsum (corpus S. Leonis) tenuerunt quamdiu vixit supradictus Stephanus. » (Baluze.
Miscellanea, VI, p. 404. Réédition de l'abbé Chaix : *Monum. pontif. Arv.* 436).
Cet Etienne est très probablement le père d'Etienne de Mercœur, abbé de La Chaise-
Dieu en 1144.

(2) Jacotin. *Cartul. de Chamalières* cb. 14. La Charte dit *Geraldus de Merchorio*
qu'il faut, je crois, corriger en *Beraldus* dont l'existence est prouvée par d'autres documents.

(3) Saint-Bonnet de Médeyrolles, cant. de Viverols, arr. d'Ambert. propriété du
prieuré de Chamalières ; Saint-Bonnet-le-Froid, arr. d'Yssingeaux ; Saint-Bonnet-le-
Chastel, cant. de Saint-Germain-l'Herm, arr. d'Ambert ou Saint-Bonnet-le-Château,
cant. de Montbrison, Loire.

(4) Mézères, comm. du cant. de Vorey, arr. du Puy.

(5) Lignon, comm. d'Yssingeaux, ou Saint-Maurice-de-Lignon, Haute-Loire.

(6) Il y eut un croisé de ce nom à l'avant-dernière croisade.

(7) Les Bulhon étaient alors seigneurs de La Mothe près Brioude sous l'épiscopat
de Durand, d'après un acte d'environ 1080 : *Petrus, vir nobilissimus castri
Bulidonensis imedetatem predicte ecclesie (Sancti Saturnini filius vici qui*

Bertrand de Bas (1) et « plusieurs autres » sur le même navire. Pendant la traversée, ce dernier tomba gravement malade, et, se sentant perdu, il fit assembler autour de lui ses compagnons de route : il leur confessa à haute voix avec une profonde douleur qu'il avait indûment retenu les dîmes de Beauzac (2), et les chargea de les rendre en son nom au prieuré de Chamalières dont elles dépendaient. Pierre de Mercœur, l'un de ses fidéicommissaires (3), figure aussi dans une donation de l'un des mas du village de Paulin ou Mont-Paulin près du Broc et d'Issoire émanée d'Etienne de Paulin, de sa femme Aldiarde et de leurs fils en faveur du monastère de Sauxillanges (4).

Le cartulaire de Cluny nous a également conservé le nom de Géraud de Mercœur qui comparait dans un acte, en Velay vers 1110 (5). Il y en eut bien d'autres.

Pendant trois générations les descendants d'Odilon seigneur de Mercœur, retiré en Lombardie, vinrent s'agenouiller à Oulx sur sa tombe, ou gratifièrent, avec l'ampleur que cette race mettait en toutes choses, les gardiens de sa dépouille.

---

dicitur Villa) ipsumque allodium quod habebat in castro quod Mota vocatur... donat...). — (Cartul. de Pébrac, ch. vii). Bonafos de Bulho figure dans un des obituaires de Brioude.

(1) Bas-en-Basset, ch.-l. de cant., arr. dY'ssingeaux.

(2) Comm. du cant. de Monistrol, même arr.

(3) « ... Notum sit... quod Bertrandus de Bas ecclesie Amiciensis dioçesis canonicus, dum iret Jerusalimitam, gravatus infirmitate nimia super mares, secum voluit, convocatis comitatibus, condere testamentum, et reliquit Deo et beato Egidio et ecclesie de Bauzac superius memorate omnes decimas quas in ipsa villa vel ejus parrochia videbatur habere ; et valide se culpabilem redidit et clamavit quod jus ecclesie tamdiu tenuisset. Testes hujus testamenti fuerunt socii sui Girbertus de Mezeras, Bonefacius canonicus, *Petrus de Mercorio* sacerdos, Abo de Sancto Bonito. Stephanus de Liurio (*corr.* Luinio) et Durantus Bovis, et alii quamplures. ʜJacotin. *Cartul. de Chamalières*, ch. 103.) Chassaing l'a datée de 1103 par synchronisme.

(4) *Petrus de Mercoir* souscrit avec Ebrard d'Usson et autres contemporains de la première croisade *(Cartul. de Sauxillanges,* ch. 771). *Cf.* pour la date chartes 877, 871, 277, 602.

(5) A. Bruel, ch. 3895, t. V : *Jeraldus de Mercor.*

Ses fils commencèrent par donner 600 sous de Suze pour
la construction d'une chapelle dans le cimetière d'Oulx
sous le vocable de Sainte-Marie-Madeleine où les restes
de leur père devaient être conservés (1). Nous connaissons
par le cartulaire du lieu trois au moins de ses fils, Béraud,
Albert et Etienne prévôt du Puy lors d'une seconde donation. Ils se rendirent en effet, à deux réprises, en Piémont. Lors du second voyage ils achetèrent à des châtelains voisins du monastère au prix de 300 sous de Suze,
deux « opulentissimes domaines » qu'ils donnèrent à l'abbaye à charge de faire célébrer par un chanoine spécialement attaché au service de leur chapelle de Sainte-
Madeleine, une messe quotidienne et perpétuelle pour le
repos de l'âme de leur père Odilon, de leur mère et de
tous leurs parents (2). Cette seconde donation fut faite
entre 1131 et 1152 (3). Béraud, fils d'Odilon, est le
Béraud II de la véritable chronologie des seigneurs de

(1) Voir l'inscription funéraire ci-dessus et le *Cartulaire d'Oulx* qui la reproduit
(pp. xxiv). Le monument funéraire et l'inscription qu'il portait ne furent exécutés que
lorsque la chapelle étant achevée on y plaça les restes d'Odilon, c'est-à-dire un certain temps après sa mort.

(2) « Futurorum memoriæ tradere disposuimus quod *Stephanus præpositus Podiensis et frater ejus Beraldus Mercoriensis*, venientes in ecclesia Sancti Laurentii de
Plebe martyrum, in loco qui Ulcie dicitur, emerunt apud Ulcem, terram quæ fuit Du-
ranti Claudii et Riculfi, tercentis solidis securiensum, et apud vilare Folcardi vineam
Ferrarii, in qua tantumdem (ratione) precii dederunt pro anima *patris sui Odilonis
Mercoriensis, qui in capella Sanctæ Mariæ Magdalenæ, quæ sita est in cimi-
terio præfatæ, quiescit*. Hanc præscriptam terram dederunt ea conventione, ut in loco
patris sui unus Canonicus sacerdos in capella prædicta quotidie desserviret pro honore
Dei omnipotentis, omnium Sanctorum, et remissione peccatorum patris sui, et matris
suæ et suorum, ut hoc alliisque beneficiis mereantur percipere veniam peccatorum. »
(*Ulciensis eccl. Chartarium* ch. cxxxvii).

« Ejusque (*Odilonis de Mercorio*) namque *filii Albertus et Stephanus Podiensis
præpositus,* Ulcium adventantes, duo opulentissima prædia, quæ ab oppidanis et in
agro Villarii Fulcardi emerant, Canonicis Ulciensibus, ea lege largiti sunt, ut, singulis diebus ad aram Divæ Magdalenæ defuncto parenti justa persolverentur. » (*Op. cit.*
p. xxiv.)

(3) En 1131 Etienne n'était pas encore prévôt du Puy, mais il l'était déjà de
Brioude (Danlil et de Chavanat (Chavagnac)) *Chronologie du ci-devant chapitre de
Saint-Julien-de-Brioude*, p. 57. Paris, 1805). Il était remplacé dans la prévôté de
Brioude par son neveu Odilon en 1136. (*Ibid.*)

Mercœur dans l'état actuel des documents connus, puisqu'il n'y en a aucun autre prouvé comme chef de famille,
depuis Béraud I⁰ʳ fils d'Itier ; et son frère Etienne monta
sur le siège de Clermont « peu après » (1). Il était évêque en 1152. Une charte du cartulaire d'Oulx datée de
1173 (2) le dit décédé ; en quoi elle concorde parfaitement
avec l'époque de la mort de ce prélat qui advint le 26 janvier 1169. Il est donc l'Etienne VI de notre chronologie
épiscopale (3).

Béraud III et Odilon, fils de Béraud II, que l'évêque
Etienne appelle ses neveux dans une troisième donation
à Oulx, consentirent à cette nouvelle libéralité (4). Ce fut
la plus importante et, pour nous, la plus curieuse, car tout
a disparu des choses données. Pendant les premières
années de son épiscopat, Etienne gratifia l'abbaye ita-
lienne de son église dédiée, comme celle d'Oulx, à sainte
Marie-Madeleine, et située au village de La Rivière, dans
la commune d'Ardes ; c'est sans doute en souvenir de cet
oratoire qu'ils avaient choisi le vocable de leur chapelle
d'Oulx, pour que l'âme de leur père entendît là-bas tous
les jours un nom du pays natal mêlé aux prières de ses fils.

Il la dota largement et y fonda un prieuré. Entre
autres dispositions il lui assura 200 setiers de seigle de

---

(1) « Sed ille Stephanus », dit le cartulaire d'Oulx en parlant d'Etienne de Mercœur,
prévôt du Puy et de la seconde donation, « angustos limites liberationis erga Ulciensem
ecclesiam animi pietatem exhibere minime substinuit. Nam *Arvernorum paulo post
Episcopus* renunciatus (*corr.* enunciatus?) ut splendissimum pii animi testimonium
præberet, etc... » (*Ulc. ecc. Chart.*, pp. xxiv-xxv.)

(2) *Même cartul.*, ch. lxvii.

(3) Gonod. *Chronologie des évêques de Clermont.* Coté par d'autres Etienne VII.
— Savaron, Dufraisse, Dulaure, reproduits par M. Tardieu (*Histoire de Clermont*, I)
admettent un évêque Etienne qui aurait siégé en 1111 pendant un an seulement, d'après
une charte de Saint-Genès de Thiers qui s'appliquerait plutôt, il me semble, à un évêque
ou chorévêque du Puy ou d'ailleurs ; question insuffisamment élucidée.

(4) « Stephanus... Arvernorum... Episcopus... Ripariensem in Arvernia sitam
Sanctæ Mariæ Magdalenæ ecclesiam et quæ illi erant possessiones et jura consentien-
tibus Beraldo et Odilone nepotibus, Ulciensi collegio impartivit, etc. . (*Cartul. d'Oulx*
pp. xxiv-xxv.)

rente sur ses terres pour être distribués chaque année aux pauvres. Cela représentait la nourriture complète en pain de 60 personnes par an ; il veut cependant que les chanoines d'Oulx qui y feraient un séjour prélèvent là-dessus le nécessaire pour leur nourriture ; si les autres revenus n'y suffisaient pas (1). Stipulations rares et bonnes à noter, il prévoit la négligence dans la culture des vignes, dans l'entretien des cheptels d'animaux et outils aratoires faute d'argent en caisse le moment venu, et il crée un fonds spécial de 200 sous de rente pour la façon et la fumure des vignes, de 100 sous pour l'achat ou le « renouvellement des bœufs » (2). Les églises de Grezin (près du Broc et d'Issoire) et d'Anzat-le-Luguet lui doivent 100 livres de cire par an, il en donne 60 pour l'éclairage perpétuel de l'autel de Saint-Jean dans l'église de La Rivière (3) et 40 pour illuminer les tables du prieuré le jour de la Toussaint (4). Cette église était de son alleu personnel (5). Il y avait ou il avait fait creuser lui-même une crypte sous l'église de La Rivière ; et c'est là que se trouvait « l'autel

(1) Post hæc Dominus prædictus Stephanus hinc prefatæ Ripariensi dedit ecclesiæ ducentos sextarios siliginis censuales, ut cilicet de his in domo Ripariensi per totum spatium unius cujusque anni elemosina perpetuæ fiat ; ita tamen ut Ulcienses cononici qui ibi manserint, ad omnes sumptus suos et necessarios usus, qui sibi decrint, de his in unoquoque anno capiant, et sufficiens habeant omni tempore complementum. (*Même cartul.*, ch. LXVII.)

(2) Dedit jamdictus Stephanus hinc ecclesiæ Ripariensi ducentos solidos censuales in perpetuum ad putandum (corr. fumandum) et colendum vincas et centum solidos censuales ad emendendum singulis annis et renovandum boves (*Même cartul.*, ch. LXVII. Texte emprunté à un exemplaire d'un *codex* mss. des arch. d'Oulx. fol. 62.)

(3) « Dedit insuper adilluminandum perpetuo superius altare Sancti Johannis triginta libras ceræ, quas sibi debebat censuales ecclesia de Grezesc in Omnium Sanctorum festo. (*Même cartul.*, ch. LXVII.)

(4) Dedit insuper ad illuminandum perpetuo superius altare Sancti Johannis triginta libras ceræ, quas sibi debebat censuales ecclesia de Anzac in festivitate Omnium Sanctorum ; et ad... mensas domus Ripariensis illuminandas quadraginta libras ceræ quas sibi debebat censuales ecclesia de Monte Gresesc in Omnium Sanctorum festo. (*Ibid.*) *Mensas* s'applique aux autels comme aux consoles et tables qui supportaient les statues de saints dans l'église ou le monastère, *domus*.

(5) Prædicta vero ecclesia Sancti Johannis Evangeliste et Sanctæ Mariæ Magdalenæ de Riparia in proprio allodio prefati Stephani, qui hoc donum concessit (*Ibid.*).

FRAGMENT DE GÉNÉALOGIE

RÉSULTANT DES DOCUMENTS CONTEMPORAINS

Sont imprimés en petites majuscules dans ce fragment de généalogie les noms des personnes figurant dans les Cartulaires de Brioude, de Saint-Chaffre, d'Oulx, de Lérins, la Chronique de Novalaise et la Charte de La Voûte.

ITIER (911-936)
à Arsinde.

BÉRAUD Ier seigneur de Mercœur à Gerberge.	ETIENNE à Ermengarde 955-986.	Etc...	Etc...
ETIENNE seigneur de Mercœur 1025.	Guillaume + avant 1025.	SAINT ODILON 968-1048.	Béraud prévôt du Puy. Etc...
GUILLAUME II 1025.	ODILON abbé de Brême 1024-1050 env.	Béraud.	Etc...
ODILON Ier seigneur de Mercœur 1077-1095.	Etienne 1097.	Etc...	
BÉRAUD II seigneur de Mercœur 1097-1140 env.	ALBERT	ETIENNE prévôt de Brioude, du Puy, évêque de Clermont 1131-1169.	Etc...
BÉRAUD III seigneur de Mercœur 1163-1171.	ODILON Doyen de Brioude 1171.	ETIENNE 1170-1190.	

souterrain de Marie-Madeleine ». De concert avec ses deux neveux il en assure l'éclairage perpétuel en ajoutant une rente de 8 livres d'huile qui lui sont dues sur les vacheries de « Bandadou » et de Flay [commune de Mazoires, canton d'Ardes] (1). Enfin, par un acte général, les frères de Mercœur donnèrent au chapitre de Saint-Laurent-d'Oulx toute la terre de La Rivière avec « ses maisons, leur outillage et dépendances ; ses vignes, champs, prairies, jardins, bois, arbres fruitiers ou non fruitiers, dîmes, acquisitions, gages, cens, revenus de toutes sortes, rivages, *moulins à parer les étoffes de laine et de lin* ». Ils s'y dessaisissaient même de la pêche et de la chasse (2).

Oulx n'est pas le seul monastère très lointain auquel Etienne de Mercœur ait distribué ses largesses. Il donna tous ses droits dans l'église de Lugeac (commune de La Vaudieu, canton de Brioude) à l'abbaye de Saint-Honorat de Lérins située dans une île de la Méditerranée à l'extrémité du royaume de Provence (3). Un autre de ses neveux, Guillaume, chanoine de Brioude, s'unit à lui dans cette circonstance ; tous les deux donnèrent à Saint-Honorat « leurs corps et leurs âmes », suivant leurs propres expressions, c'est-à-dire qu'ils voulurent mourir

(1) Et Dominus Beraldus de Mercorio frater jam dicti Stephani dedit octo solidos debitales ad oleum altaris subterranei beatæ Mariæ Magdalenæ qui debentur de vaccis in villa Bandadou et de Fleis.

(2) Notum volumus quod *Dominus Stephanus de Mercorio quondam Arvernorum Episcopus, cum assensu et voluntate nepotum suorum Beraldi de Mercorio scilicet et Odilonis Brivatensis decani,* donavit... ecclesiæ Saucti Laurentii de Ultio... et Sanctæ Mariæ Magdalenæ de Riperia cum loco et domibus et toto apparatu et omnibus appenditiis suis... vineis, campis, pratis, hortis nemoribus, arboribus, fructiferis et infructiferis, decimis, emptionibus, acquisitionibus, pignorationibus, aquæ ripis, molendinis pannorum, lanearum et lineorum paratoriis... » (*Cartul. d'Oulx*, ch. LXVII, pp. 67-69.)

(3) La part que les comtes d'Auvergne possédaient dans ce fief d'église avait été déjà donnée, depuis un siècle (1045-1052), par le comte Robert II à Lérins (*Cartul. de Lérins*, ch. CCLIX) ; aussi avait-elle reçu depuis lors le vocable de Saint Honorat, ajouté à celui de Saint Just, et le considérait-elle comme patron dès le temps de l'évê-Etienne VI.

sous l'habit monacal de la célèbre abbaye provençale (1). L'evêque Etienne mort, son frère aîné Béraud II de Mercœur et son autre frère Odilon, devenu dans l'intervalle doyen de Brioude, achevèrent son œuvre à La Rivière.

L'établissement ainsi doté, orné, muni de tout, le moment était venu d'en opérer la délivrance à l'abbaye piémontaise. Cela fut fait en 1171, et très solennellement, entre les mains d'une députation composée de Nicolas, prévôt d'Oulx, et de quatre de ses chanoines (2) arrivés tout exprès d'Italie avec une escorte de serviteurs. Parmi les nombreux témoins de la cérémonie : Pierre Ebrard abbé de Saint-Germain-Lembron, l'un des plus fidèles clients des Mercœurs, Géraud de Billom, Jean d'Alayrac, Géraud d'Auzoles, prêtres; Eustache *de Bona rocha* (du Broc?), Etienne de Sauriers, Hugues de Montcelet, Durand de Lamothe, Guillaume de Saint-Giron.

Oulx était en terre d'Empire et le roi Louis VII, qui faisait tous ses efforts pour étendre son influence sur le domaine impérial du diocèse de Lyon vers les Alpes, voyait avec moins d'indifférence que ses prédécesseurs au siècle précédent les sujets de l'empereur s'étendre sur le territoire français. Il fallut obtenir sa ratification. Elle fut différée par la guerre civile qui désolait l'Auvergne à ce moment. Le roi venait d'envahir pour la seconde fois cette province pour y faire cesser les brigandages de Guillaume VIII et de ses partisans. Il avait poussé jusqu'à Brioude, peut-être jusqu'en Velay; il connaissait personnellement Odilon de Mercœur le doyen, nous le

---

(1) [*Cartul. de Lérins*, ch. CCLXX.] Etienne cumulait alors la prévôté de Brioude avec l'épiscopat, soit qu'il ait été à la fois prévôt de Brioude et du Puy, soit qu'il ait échangé le premier de ces bénéfices pour le second. D'après la même charte, son neveu Guillaume et lui reçurent un canonicat dans l'abbaye de Lérins.

(2) « ... Et quatuor canones de Ulcio, scilicet Guido de Lamura, Ismido de Chasta, Umbertus Regularis, Lantelmus et corum famuli. Factum est hoc apud Ripàriam, in manu Nicolai Ulciensis præpositi anno ab Incarnatione Domini MCLXXI, indictione epuarta, regnant Ludovico rege Francorum, Poncio existente Claromontense Episcopo. (*Loc. cit.*)

verrons tout à l'heure. Dans ces conflits, l'évêque et les Mercœurs étaient restés fidèles au parti royal.

Mais en 1173, Nicolas prieur d'Oulx, l'abbé Pierre Ebrard, deux clercs de Brioude Guillaume Audebrand et Bertrand, enfin Etienne de Beaumont le premier prieur de La Rivière tout récemment institué par Nicolas, allèrent en députation trouver le roi à Noyon. Ils y furent favorablement accueillis (1). A son assentiment pour la donation de La Rivière par « ses fidèles Etienne de Mercœur » et Odilon, doyen de Brioude », Louis VII joignit l'autorisation pour le chapitre italien « d'acquérir tout ce qu'il pourrait dans le royaume ». C'était un ami de gagné sur la frontière des Alpes ; le roi de France ne se montra pas moins généreux, vers le même temps et pour les mêmes motifs, pour « son ami » Guigues, comte de Lyon et de Forez. Le diplôme pour La Rivière fut signé dans l'hôtel de Baudoin, évêque de Noyon.

De son côté, Pons, évêque de Clermont, confirma la fondation du nouveau prieuré (2). Il augmenta même le do-

______

(1) « Ludovicus rex... Nicolao Ulciensi præposito et toti congregationi canonicorum Ulciensium... Salutem... Quoniam multa bona de vestra Ulciensi ecclesia et de vobis audivimus in Sanctitate, religione, hospitalitate, misericordia et charitate, vos in Regnum nostrum advenisse gaudemus... quæcumque jam congregationi vestræ dederunt et dabunt adhuc *Stephanus de Mercorio* et *Odilo Brivate Decanus, fideles nostri* in domo Ripariæ et in aliis locis, in terra sua, videlicet in vineis, campis, pascuis, nemoribus, terris cultis et incultis, venationibus, aquæ ripis... quæ in toto regno nostro poteris unquam adspici, nos vobis et præfatæ Ulciensi ecclesiæ vestræ Sancti Laurentii de Plebe martyrum... concedimus. : Valete et orate.... Hujus rei testes sunt Petrus de Curteniaco frater regis, Guido de Jabruisa, Guido de Garlanda, Bochardus Loveltres, Galterius camerarius, Hugo Bevanz, Gaucherius, Philippus, Petrus scriptor regis ; Petrus Ebrardus abbas Sancti Jermani, Willelmus Aldebrandus et Bertrandus Brivatenses clerici, et Stephanus de Belmont prior ecclesiæ Ripariensis, in manu cujus hoc factum fuit in civitate quæ appellatur Novionis, in domo Balduini ejusdem civitatis Noviomentis episcopi, Dominicæ incarnationis anno MCLXXIII, indictione VI et feria IV. Datum Novioni per manum Galterii camerarii Kal. novemb. ». (*Cartul. d'Oulx*, ch. XLIX, pp. 50-51)

(2) *Stephani de Mercorio* donationem Pontius, ex abbate Clarevalensi ad Claromontem sedem elatus, confirmavit (1170-1190) non modo, verum Ecclesiam de Foresta dictam, semirutamque, tunc temporis canonicorum sedem, Ulciensi congregationi donavit. (*Même cartul.*, p. XXV.)

maine d'Oulx en Auvergne en lui donnant l'église de la Forest, aujourd'hui Cisternes-la-Forest, canton de Pontgibaud. Il y avait là un chapitre de moines propriétaires de très vastes territoires ; mais ce n'était pas comme à La Rivière ; le chapitre était dans l'anarchie, l'église en ruines, les cultures presque abandonnées, les habitants réduits à la misère, et « un homme ennemi » de l'évêque s'efforçait de s'y rendre indépendant du chapitre cathédral propriétaire du lieu (1).

Il est probable que, dès cette époque, les Mercœurs, rapprochés de Clermont par les événements, cherchaient à se constituer un établissement féodal digne d'eux à Ardes, au centre de leurs possessions dans ces parages, et que la fondation d'un monastère en rapport avec leur situation entrait dans ce plan ; toutefois, on n'a pas la preuve qu'ils eussent abandonné leurs châteaux du Brivadois comme siège principal de leur existence. Ils sont alors, ce semble, comme beaucoup d'autres familles puissantes de ce temps, dans la période ambulante ; l'unité de leurs possessions n'est pas faite ; ils ont des chefs-lieux de seigneuries, il n'y a pas encore une capitale de la Terre.

Quoi qu'il en soit, les espérances qu'il était permis de concevoir d'un avenir prospère pour le nouvel établissement, furent déçues. La surveillance étant devenue trop difficile par l'éloignement et les guerres, l'abbaye décida de l'échanger. Par acte passé dans le palais archiépiscopal de Vienne à la fin de mars 1243 (1244), elle céda La Rivière et La Forêt, et en outre l'église de Chaumont en Limousin, aux Hospitaliers de Saint-Gilles en Provence, représentés par l'un d'eux, Bertrand des Barres, en échange de l'église et de l'hôpital de Calvomonte dans le diocèse de Turin, dont l'investiture fut donnée sur

______

(1) *Cartul. d'Oulx*, charte LXX, p. 70. C'est dans cette charte qu'on voit la donation de Pons.

le champ à Amblard, prévôt d'Oulx, par Faucon de Bonas, précepteur de Montbrison (1). La Forêt fut uni plus tard à la commanderie de Tortebesse, La Rivière, après soixante-neuf ans d'existence monacale, devint dépendance de la commanderie de Montchamp [Cantal] (2).

De son fondateur, l'évêque Etienne VI de Mercœur, le nom de La Rivière-l'Evêque lui avait été donné dès le moyen-âge. L'unique maison qui marque aujourd'hui l'emplacement de ce qui fut un village avec ses moulins à foulon, ses vergers, ses vignes et son église, le porte encore aujourd'hui. Quelques vestiges d'architecture religieuse dans les constructions, me dit-on, estompent vaguement ce souvenir, telle la signature peu lisible d'une vieille lettre déchirée.

Qu'on veuille bien me pardonner de m'être attardé à cette ruine ; nous lui devons des renseignements économiques, et les données fournies par les documents étrangers qui la concernent nous ont permis de restituer, avec ses habitudes ambulatoires, trois générations de Mercœurs pour lesquelles nos dépôts publics ne nous ont presque rien fourni jusqu'à ce jour (3). Elles relient les premiers Mercœurs aux derniers et nous conduisent à Béraud III, mari de la belle Nassal que nous allons maintenant retrouver en Auvergne et dans les récits provençaux.

(1) *Ibid.*, ch. CCLXIII.

(2) Telle était, du moins, la situation en 1745 (Niepce, conseiller à la Cour de Lyon. *Le Grand-Prieuré d'Auvergne,* p. 322).

(3) Après avoir longtemps et vainement cherché à me procurer le Cartulaire d'Oulx en France et en Italie, les événements me l'ont fait rencontrer dans la belle bibliothèque de Grenoble.

II.

BÉRAUD III DE MERCŒUR ET LA BELLE NASSAL D'AUVERGNE.

La première alliance connue des Mercœurs avec la maison d'Auvergne fut le mariage de Béraud III avec une fille de l'un de ses comtes. Mais quel comte et quelle fille? Assalide, sœur du premier Dauphin, fille comme lui du comte Guillaume VII le Jeune, mort entre 1167 et 1169, et de Jeanne de Calabre, enseigne Baluze (1) ; Judith, fille de Guillaume VIII le Vieux et d'Anne de Nevers, supposent l'historiographe Blondel et le généalogiste du Bouchet, bibliothécaire de Louis XIV (2). « N'Azalaïs de Claustre » serait le nom de cette princesse, s'il en faut croire le biographe de Guillaume de Saint-Didier, troubadour du Velay (3) qui n'en parle qu'accessoirement à son sujet et paraît confondre la femme de Béraud de Mercœur avec celle d'Odilon, vivant une génération plus tard ; l'état civil de cette dernière nous est donné clairement, en effet, par le biographe de Pons de Chapteuil, mieux qualifié pour la savoir, car elle est le fonds principal et direct de sa notice ; il l'appelle « Azalaïs de Mercœur » (4). Enfin, et c'est là l'élément le plus sûr comme point de départ, la Vie du troubadour Peyrol qui connut intimement la femme de Béraud III la nomme « Sail de Claustra » (5). Quant aux généalogies toutes faites des Mercœurs, impos-

(1) Baluze. *Hist. généal. de la Maison d'Auv.* I, 65.

(2) *Ibid.* 68.

(3) « La Marqueza de Polonhac quera sor d'el Dalphin d'Alverne et de N'Azalaïs de Claustra et moilher del vescomte de Polonhac. » (Raynouard. Vie de Guilhems de Saint-Leydier : *Choix de poésies originales des poètes provençaux* V, 32.)

(4) (*Op. cit.* V, 352). Cf. Bibl. nat. mss. fr. 854 b. 72-73.

(5) « Lo Dalbi si avia una seror que avia nom Sail de Claustra, bela e molt prezada, avinens et ensegnada, e si era molher d'En Beraut de Mercuer, un gran bar d'Alvern. » (*Op. cit.* V, 281).

sible de faire fonds sur elles de 1050 à 1220 (1); aucune n'est accompagnée de justifications ou de références. Elles se trompent en des points nombreux, se copient ou se contredisent. De sorte que, pour le désespoir des malheureux qui entreprennent un travail d'ensemble en comptant sur un cadre solide de chronologie généalogique, le désaccord des savants sérieux s'unit aux dissonnances du Gai Savoir.

M. Antoine Thomas observe avec son ordinaire sagacité que Sail-de-Claustra est un sobriquet dans le goût de l'époque, tout comme celui du troubadour de Bergerac Sail-de-Scola qui, après la mort de Marie de Ventadour, se retira, pour la pleurer, dans le pays qui devait enfanter Cyrano, « renonçant pour toujours au chant, à la poésie, à la gloire » (2). Le chanteur était un Echappé de l'Ecole, la dame de Mercœur serait une Echappée de couvent. Seulement, comme il est difficile de se sauver du couvent avant d'y être entrée, et qu'on y entre rarement en sortant de nourrice, il est à croire d'abord qu'elle eut un prénom véritable avant de recevoir un sobriquet, qu'ensuite elle le conserva dans son milieu composé de gens peu endurants et de taille à ne pas subir un surnom équivoque pour une femme qui leur tenait de si près. Les jongleurs ont jonglé avec le vrai prénom, voilà tout. Ce nom véritable, Baluze l'a découvert dans un document limousin, c'était « Nassal de Claustre » (3), composé lui-même d'un prénom N'Assal, qu'il assimile à Assalide, par contraction, sans qu'on puisse sérieusement le contredire, et, d'un nom d'apparence terrienne ayant un pendant topique dans celui de sa cousine et contemporaine, Béatrix de Claustral, de la maison de Sabran, fille de Guillaume comte de Forcalquier, mariée en 1202 à André

<hr>

(1) Aussi bien celles d'Audigier, de La Mure (I, 299-300), de Chabrol, etc., que celles des Nobiliaires.

(2) Raynouard. *Choix de poésies orig. des troubadours* II, p. 81.

(3) Bal., *Op. cit.* I, 65.

Dauphin de Viennois. Que le diminutif Nassal ait été adopté par les contemporains pour distinguer deux femmes du même prénom mariées dans la même famille, cela nous serait indifférent, tellement les cas d'homonymie sont fréquents lorsque la mode s'en mêle (1), mais, bien que le génitif latin d'Azalais puisse se prêter à la forme Assalide, celle-ci engendre si naturellement le contracté Nassal appuyé d'ailleurs sur un titre que nous donnerons la préférence à ce dernier nom. Il ne suffit pas que deux noms aient la même racine pour être identiques lorsque la forme adoptée les caractérise avec netteté, ils constituent bien des noms différents. Par un de ces à-peu-près dont ils étaient coutumiers, N'Assalide ou Nassal de Claustre a été transformé sans grand effort en Sail-de-Claustra dans la haute bohême des chanteurs ambulants ou de leurs biographes méridionaux ; et cela d'autant plus facilement que l'appellation correspondait à une locution usitée parmi eux. Au surplus, certains accidents de la vie de cette dame pourraient peut-être leur servir d'excuse et justifier ainsi la traduction de l'éminent directeur de la *Romania*. Que la famille comtale l'ait destinée au couvent sans succès ou que son mari l'y ait enfermée, il paraît bien qu'elle manqua de vocation pour le cloître.

Parmi les données qui nous sont venues des biographies de troubadours, les plus dignes de confiance sont celles

---

(1) Exemple hypothétique : *Uxor domini de Mercorio, nomine Azalaïdis*. L'analogie avec le nom certain de sa parenté et contemporaine Béatrix de Claustral, fille du comte de Forcalquier ou de Haute-Provence, de la maison de Sabran, n'est pas sans force, bien que le nom de Claustra fût donné au moyen-âge à un grand nombre de lieux, surtout à des quartiers de bourgs et de villes. On le trouve aux terriers du XVe siècle dans la seigneurie de Gerzat ou les environs. Quant à l'adoption de noms de lieux sans importance comparativement aux domaines de ceux qui le reçurent du public ou le prirent, par suite de circonstances particulières, lieu de naissance, d'éducation, de retraite, etc... l'usage en est fort connu même chez les plus hauts personnages, tels que Guillaume de Gellone, Raymond de Saint-Gilles, Philippe de Rouvres, etc.

qui s'attachent à Peyrol, prouvé par d'autres documents, même en dehors du moine de Montaudon qui l'a connu; il est exactement contemporain de Béraud III de Mercœur et du premier Dauphin, vassal, voisin, famillier assidu de ce prince dont Béraud a certainement fréquenté la cour. Nous devons donc tenir la femme de Béraud comme étant bien la sœur du premier Dauphin d'Auvergne (1). Nous connaissons ainsi le père de Nassal : c'était le comte d'Auvergne Guillaume VII, père incontesté de Dauphin, et sur ce point, Baluze a complètement raison.

Pour sa mère, Jeanne de Calabre, c'est autre chose. Le grand savant a bien mal à propos introduit dans son histoire de la maison d'Auvergne cette calabraise fantaisiste sur la foi d'une charte que lui-même, après examen de l'original en 1705, reconnaît manifestement fabriquée vers 1600 (2). Il avoue ne pouvoir se rendre compte pourquoi ce nom de Calabre au lieu de celui d'Albon, qui était celui des Dauphins du Graisivaudan. Ce n'est cependant pas qu'il eût fallu franchir les Alpes pour aller chercher la Calabre au pays des brigands légendaires; il y en avait une en Dauphiné au temps de Guillaume VII (3). Un quartier de la banlieue de Bourgoin (Isère) porte encore le nom de Calabre (4). Mais la femme de Guil-

---

(1) Il resterait l'hypothèse de la traduction de *seror* et *sor* par belle-sœur pouvant se fonder sur ce que la qualification fraternelle était fréquemment employée au moyen-âge pour désigner la fraternité d'alliance aussi bien que celle de la naissance. Dans ce cas, on pourrait supposer dans l'Assalide de *Claustra* une sœur ou une parente proche de Béatrix, dauphine de Viennois, sa contemporaine. Je me contenterai de formuler cette réserve conjecturale, n'ayant aucun document d'ordre positif de nature à l'appuyer.

(2) *Op. cit.* I, 64.

(3) Avec une église dédiée à saint Pierre que l'archevêque de Vienne Rostaing donna le 16 juin 903 au chapitre de Saint-Maurice de Vienne. (Abbé U. Chevalier. *Cartul. de Saint-Maurice, Append. II du Cartul. de Saint-André-le-Bas*, ch. 111, p. 17, intitulée : *De Villar quod vocatur Calebria.*)

(4) Le fabricateur assez ignorant fut sans doute impressionné par le mariage de Marie de Bourbon fille du duc Charles Ier, seigneur de Mercœur, avec Jean Ier d'Anjou duc de Calabre, en 1437; et de là vint sa Jeanne de Calabre qu'il donna pour femme au comte Guillaume VII faute d'en trouver une autre.

laume VII était Marquise d'Albon, issue du mariage de
Guigues IV, l'inaugurateur en Viennois du nom de Dauphin, avec Marguerite de Bourgogne, fille et sœur des
comtes palatins (1). La Calabre n'a donc pas plus à faire
ici que les chameaux dans l'origine de Chamalières, quoi
qu'en ait pu dire Savaron (2). Pour ce qui est de Judith,
dame de Mercœur prétendue fille de Guillaume VIII,
nous avons bien vu le château d'Olopherne aux mains de
Béraud VII de Mercœur, mais je n'ai pu trouver la Judith
de Blondel et de du Bouchet dans la maison de son
ancêtre Béraud III que nous savons être, lui aussi, exactement le contemporain de Dauphin d'Auvergne et de sa
sœur.

Quand je dis la belle Nassal, c'est par pure confiance
dans les Provençaux. A les écouter, ces dames ont cela
de particulier d'être chacune plus belle et plus avenante
que toutes les autres. Soyons du Midi, croyons-les, cela
n'offre aucun inconvénient historique.

Le premier renseignement que nous ayions sur le ménage
date de 1163 et nous le montre séparé. La jeune femme est
chez son père Guillaume VII ou chez son grand'oncle
Guillaume VIII (3), et elle y est contre le gré de son mari
à qui le comte refuse de la rendre (4). Fugitive volontaire?
Captive, alors que son mari ne l'est pas? Mystère.

(1) Cf. la *Vie de Marguerite de Bourgogne*, par Guillaume, chanoine de Grenoble, dont Baluze n'a publié que quelques extraits (*Op. cit.* II, 61, 247, etc...) avec
la charte 1223 du *Cartul. de Chalais.* Chalais, aujourd'hui simple maison forestière
près de Voreppe (Isère), seigneurie que Dauphin d'Auvergne possédait encore, du chef
de sa mère lorsque, en 1223, il la céda avec celle de Vorassieux à son cousin André
Dauphin de Viennois, mari de Béatrix de Claustral, par acte passé au château de Montrognon près de Clermont. (Baluze, *Op. cit.* 11, 248.)

(2) *Castrum... Camalicram, a camelis, vocatum.* (*Orig. de Clermont,* p. 35,
citant une des Vies de saint Genès que Bolland n'a pas cru digne d'être publiée).
Comme il y avait au château de Chamalières une tour dite des Sarrasins, les droma-
daires s'imposaient.

(3) *Rerum Gallicanarum et Francicarum Scriptores.* T, XVI, pp. 43, 44. —
Le rétenteur de la jeune femme paraît être Guillaume VIII de préférence, parce que
les Mercœurs étaient alors en guerre avec lui.

(4) Baluze (*Op. cit.* 1, 67) a exposé des faits portant à croire qu'il s'agit de Guil-

Cette séparation se produisit au cours d'une guerre civile qui mit en hostilité violente les Mercœurs avec Guillaume VIII le Vieux et son fils Robert (1162-1163). Elle naquit de l'anarchie du chapitre de Brioude. Ses deux premiers dignitaires, le prévôt et l'abbé, administrateurs déplorables, avaient laissé s'introduire l'hérédité des prébendes qui tendait à transformer peu à peu leurs dotations en véritables fiefs au profit des familles du pays (1). Le désordre des finances était à un tel point que le chapitre avait, en violation des règlements canoniques, engagé à Béraud III de Mercœur la célèbre croix d'or sertie de pierreries, don de Charlemagne, pour se procurer des ressources ; une taille extraordinaire avait été levée sur le peuple pour la dégager, on ne savait où avait passé l'argent. Au milieu de cette anarchie se dressa, comme toujours, un homme synthétisant l'autorité par la force ; ce fut le doyen du chapitre. Il fit de son hôtel une véritable forteresse surgissant milieu de la ville comme une suzeraine future des petits fiefs prébendaires qui s'y formaient, au mépris des privilèges du chapitre et des habitants : abus, conséquence logique d'un abus. Ce doyen était Odilon de Mercœur, frère puîné de Béraud III, l'un des bienfaiteurs de Saint-Laurent d'Oulx. Homme d'action mieux fait pour porter l'armure que l'étole — il ne paraît pas, du reste, avoir été dans les Ordres — il détermina Bertrand Ebrard, l'un des seigneurs de Paulhac, client de Mercœur comme Pierre Ebrard abbé de Saint-

laume VIII le Vieux, alors en rivalité politique avec son neveu Guillaeme VII, père d'Assalide. L'auteur de l'*Hist. généal. de la Mais d'Auv.* n'est peut-être pas autant dans la vérité en représentant Guillaume VIII comme un usurpateur ordinaire du comté d'Auvergne ; il serait très soutenable de prétendre que chacun régnait sur sa part héréditaire, et que Guillaume VIII prit seulement, suivant un usage assez fréquent, le titre paternel de comte concurremment avec son neveu. Nous en avons un exemple dans son propre fils Robert qualifié comte comme lui, de son vivant. L'équivoque de « comte d'Auvergne » explique la jalousie et la brouille intermittente des deux branches. Dauphin s'est très souvent qualifié lui-même de comte d'Auvergne.

(1) Ainsi qu'avaient tenté de le faire, au commencement du siècle, deux membres de la famille du comte de Gévaudan.

Germain-Lembron, à construire un autre château sur la principale route d'accès, aux portes de la ville ; lui-même était propriétaire de places très fortes dans la région où sa famille prédominait par la puissance. De sorte que les Mercœurs s'acheminaient vers la suzeraineté de l'ancien comté de Brioude par des procédés analogues à ceux qu'ils venaient d'employer avec succès dans la ville abbatiale de Blesle.

La crainte d'un résultat semblable au cœur du Brivadois, le soupçon tout au moins, se laisse aisément deviner dans une lettre écrite à cette occasion par le chapitre et des bourgeois au roi Louis VII (1163) ; c'est là que, pour la première fois, se voit formulé ce qui devint un proverbe : « Là où un Mercœur met le pied, tout est à lui » (1). Le prévôt et l'abbé soulevèrent le peuple qui se rua sur la nouvelle bastille, réussit à la prendre et la détruisit de fond en comble.

La guerre éclata avec toutes ses horreurs à la suite de ce 14 Juillet. Au début, les Mercœurs croyaient pouvoir compter sur l'appui du comte de Rodez et des comtes d'Auvergne (2), mais Guillaume VIII, qui jouait deux jeux, donna son concours au chapitre ; ce ne fut pour lui qu'une occasion de piller, avec l'aide du vicomte de Polignac, les biens d'église, ceux du chapitre cathédral, de Mozat et leurs dépendances, pendant que les gens de guerre du parti adverse en faisaient autant sur ceux de Brioude. Odilon de Mercœur a donné une maison à Cadurc, clerc du roi (3) ; Guillaume s'en empare et la fait raser. Sa femme, Anne de Nevers, occupe dans Clermont (rue du Port), le propre Palais du roi que Louis VII a laissé à la disposition de l'évêque Etienne ; elle y met une

---

(1) « *Consuetudo enim Mercoriensium est ut, ubique pedem figere potuerint, totum sibi vindicent* ». Lettre de 1363 (*Rerum Gallicanarum et Francicarum Scriptores*, Edition d'André Du Chesne. T. IV, p. 689).

(2) *Op. cit.* XVI, p. 44.

(3) Sans doute un membre de la famille « de Cahors » bien connue.

garnison (1). De là elle menace le chapitre et l'évêque à qui le comte aurait bien voulu enlever la seigneurie de la ville.

Guillaume VIII fut excommunié par l'évêque Etienne de Mercœur. Inutile d'entrer dans les détails des négociations de l'Eglise où les évêques de Mende, de Soissons et du Puy et successivement trois cardinaux, furent employés pour remettre la paix entre les belligérants, ni dans le dépouillement de la dizaine de lettres que les victimes de cette guerre adressèrent au roi pour lui dénoncer les excès; elles ont été plusieurs fois publiées (2). Nous devons vraisemblablement à ces pillages et à ces incendies des monastères d'Auvergne pendant les guerres civiles du pays depuis cette époque jusqu'à la conquête de Philippe-Auguste, l'extrême pauvreté des documents sur la province pendant le XIIe siècle. Des trésors de documents et des merveilles d'orfèvrerie furent anéantis à jamais. L'or se remplace, les objets d'art se refont, mais les chartes ne peuvent renaître de leurs cendres. Odilon et l'abbé de Saint-Germain se rendirent à Paris pour se défendre devant le roi des accusations portées contre eux. Ils recueillirent sur leur chemin des attestations tout en faveur du prévôt: à Clermont, du chapitre cathédral ; en Bourbonnais, d'Archambaud sire de Bourbon ; à Bourges, de l'archevêque métropolitain du diocèse de Clermont. Elles vantent les généreuses qualités d'Odilon, accusent la cupidité sacrilège de Guillaume le Vieux ; se taisent sur l'ambition des Mercœurs. Archambaud de Bourbon, dévoué au roi, termine en soldat son billet laconique à Louis VII : « Le doyen et l'abbé de Saint-Germain sont d'honnêtes hommes, accueillez-les comme tels ; quant au comte, sachez qu'il vous a toujours été hostile, à vous et aux vôtres » (3). En effet, Guillaume VIII se rendit alors

(1) *Op. cit.* XVI, 45-46.

(2) Par André Du Chesne, d'abord. L'abbé Chaix les a donnée à nouveau d'après leur réédition (*Monum. Pontif. Arv.*, pp. 488 à 500).

(3) *Scriptores* XVI, p. 45.

en Normandie pour s'entendre avec Richard, roi d'Angleterre (1). Louis VII était fixé. Aussi manifesta-t-il un très vif mécontentement en apprenant que le pape Alexandre III, cédant aux supplications du comte et ajoutant foi à ses serments, l'avait relevé de l'excommunication.

L'absolution du pontife fut donnée sous trois conditions absolues : la première de toutes, qu'il rendrait dans la quinzaine « *la femme du fils* de Béraud de Mercœur » (2); le mari et la femme sont si jeunes qu'on ne les connaît encore que par leur père et beau-père. Il lui accordait un mois pour restituer à Brioude les hommes et les biens qu'il avait enlevés au chapitre. Il devait se désister immédiatement des péages illégaux qu'il avait établis. Le tout en attendant que le pape eût reçu de plus amples renseignements.

Louis VII n'hésita plus. Il arrivait en Auvergne au printemps de 1163 avec une armée, et avant le 12 juin, il passait à Montbrison, emmenant à Paris avec lui le comte Guillaume d'Auvergne, le jeune Dauphin et le vicomte de Polignac qu'il avait faits prisonniers (3).

Nassal était libre, Dauphin ne tarda guère à le redevenir, et c'est à la cour de son frère que nous allons la retrouver.

Dauphin n'était encore qu'un adolescent, à peine un peu plus âgé que sa sœur, puisqu'il vivait encore soixante-dix ans plus tard (4). On sait que les filles se mariaient

(1) *Op. cit.* XVI, p. 111.

(2) « *Uxorem filii B. de Mercœur* » (Lettre du cardinal Hyacinthe au roi Louis VII. *(Scriptores* t. XVI, pp. 47-48).

(3) *Cartul. de Savigny. Historique*, pp. xcii-xcvii. — La Mure. *Hist. des ducs de Bourbon et des comtes de Forez I. Preuves*, 26. — Luchaire. *Actes de Louis VI*, pp. 66 et 235. — Il est possible toutefois que la capture de Dauphin et du comte Guillaume ait eu lieu lors de la dernière expédition de Louis XII en Auvergne, c'est-à-dire entre le 9 avril 1167 et le 30 mars 1168 (Luchaire. *Op. cit*, p. 270, n° 537). — V. aussi Bal. *Op. cit* II, 66-67 en 1171.

(4) Baluze. *Op. cit.* II, 256. Acte de 1234, le dernier connu de sa vie.

très souvent, au moyen-âge, aussitôt accompli l'âge ca-
nonique de douze ans, surtout dans les temps agités,
pour leur donner le plus tôt possible un protecteur auquel
la fillette était livrée dès la cérémonie faite. Nassal ou
Assalide, comme on voudra, en eût-elle quinze quand son
mari la réclamait en vain au comte Guillaume, elle aurait
été dans toute son efflorescence en 1183, date à laquelle
vit Pierre de Peyrol, du château de Peyrol, près Rochefort (1). Après lui, deux autres Peyrol, Etienne et
Guillaume, apposent leur seing sur les actes de Dauphin
en 1196 et 1199 (2). On ne les trouve qu'avec ce prince.
Ce Pierre de Peyrol fut-il le galant ou bien est-ce quelqu'un des siens ? Le troubadour se prénommait-il réellement Hugues comme on l'a dit (3), et le prénom de Pierre
que lui ont donné des biographes tardifs, tel Jean de Notre-
dame (4), ne vint-il que d'une méprise occasionnée par la
ressemblance de ce prénom avec le nom patronymique ?
Cela ne nous importe guère, Nassal étant d'un âge encore *hommageable*, surtout de la part d'un sujet, au moment de la troisième croisade (1190), où Notredame rapporte qu'il se rendit. Il est ainsi avéré, en dehors des biographies, qu'au temps et au lieu indiqués par elles, la
famille du troubadour Peyrol, de petite noblesse, vivait
près du premier Dauphin comte de Montferrand (5),

(1) *Nobil. d'Auv.* V, 104.

(2) Baluze. *Op. cit.* II. 256, 258, 262. En 1169 et 1199.

(3) M. Tardieu s'est contenté, à ce sujet, de reproduire le *Nobiliaire* qui n'est
lui-même qu'une publication de seconde main.

(4) Gui l'appelle « Peyre del Vernègue ». Assurément cet érudit du xvi siècle
est de ceux qu'il est bon de contrôler, mais il est aussi bon à consulter, ayant pu avoir
dans son pays de Provence des informations qui nous font défaut. Il n'est pas sûr du
tout qu'il ne nous donne pas dans ce passage le nom ou l'un des noms du troubadour.
Verneugheol est, en effet, situé dans le canton d'Herment, contigu à celui de Rochefort, et ce put être là que le troubadour, Peyrol par nom patronymique, reçut la maigre part de l'héritage paternel. Il y eut aussi, il y a toujours, en Combraille, un lieu
de Vernègues, canton de Chambon, arrondissement de Boussac (Creuse).

(5) Dauphin prenait dans les actes publiés le titre de comte d'Auvergne, quelquefois celui de Clermont. Toutefois, sa femme, en 1199, son fils Guillaume, en 1201,

parmi ces familiers, ordinaires souscripteurs des conventions du maître.

D'ailleurs Peyrol s'est rattaché lui-même à Dauphin et à d'autres membres de sa famille coexistants avec lui, et par là il nous fournit une date, au moins approximative, ce qui manque le plus dans ce monde poétique, où les chanteurs ne désignent d'ordinaire les dames que par leurs prénoms.

C'est ainsi qu'il exprime à « Marquise » le regret que lui cause son départ pour Vienne où il lui envoie sa chanson (1) ; et qu'il en adresse une autre à « Béatrix » pour louer son mariage, ajoutant que désormais sa muse « ira plus souvent à Vienne ; mais que pour lui, il reste en Auvergne auprès du Dauphin, où il se plait » (2). C'est donc la capitale du Dauphiné qui est le centre d'attraction commun à ces deux belles dames, que des liens attachent cependant l'une et l'autre à l'Auvergne. Or, précisément Dauphin d'Auvergne a pour mère Marquise d'Albon sœur de Guigues V Dauphin, comte de Vienne et d'Albon, veuve du comte d'Auvergne Guillaume VII depuis 1167-1169, et deux Béatrix comtesses de Vienne dans sa proche parenté. L'une, Béatrix d'Albon ou de Viennois, fille et héritière de Guigues V qui, en 1183, épousa Hugues III duc de Bourgogne, lui apporta le Dauphiné Viennois et survécut à ce prince mort neuf ans après ; l'autre, Béatrix de Forcalquier, dite de Claustral, qui, en 1202, épousait André-Dauphin comte de Vienne et d'Albon, fils de la précédente Béatrix et du duc de Bourgogne. La première était la cousine germaine de Dauphin d'Auvergne, la seconde sa nièce bretonne ; celle-ci peut-être, celle-là certainement se ma-

---

prennent ceux de comtesse et de comte de Montferrand (Bal., *Op. cit.* II. 256, 258, 259, etc.), et, dans l'usage courant, on l'appelait, lui aussi, de ce nom, parce que là il avait sa principale résidence et tenait sa cour.

(1) « En Vianes dont pretz ne pot chazer, etc... »

(2) « En Vianes anera plus sovent | Mas per mi dons remanh sai Alvernhatz pruep Dalfin, etc... »,

LIENS DES MERCŒURS

AVEC LES COMTES ET DAUPHINS D'AUVERGNE ET LES DAUPHINS DE VIENNOIS

(On ne retient ici des Mercœurs que ce qui est utile au rattachement.)

GUIGUES IV Dauphin
Comte d'Albon × 1142. A Marguerite de Bourgogne
fille du comte palatin de Bourg. × 1163.

GUIGUES V Dauphin comte d'Albon et de Vienne (1142-1162).	BÉATRIX à Aymar comte de Valentinois.	Marquise d'Albon	Guillaume VII comte d'Auvergne (1145-1168).	
BÉATRIX 1183. En 2e noces à Hugues III duc de Bourgogne mort en 1192 (1).	DAUPHIN comte de Clermont et de Montferrand (1169-1234).	ASSALIDE ou NASSAL dite SAIL DE CLAUSTRA à BÉRAUD III DE MERCŒUR (1173-1219 env.)		Marquise au vicomte de Polignac.
ANDRÉ-DAUPHIN comte de Vienne et d'Albon × 1237. M. en 1202 à Béatrix de Forcalquier dite *de Claustral* Répudiée (1219).	GUILLAUME comte de Clermont (1234-1240). A Huguette de Chamalières dame en partie de Chamalières et de Gerzat.	Béraud IV à Alixent de Chamalières dame en partie de Chamalières, Gerzat, etc.		

			BÉRAUD V DE MERCŒUR reçoit la vicomté de Gévaudan (1227). Sénéchal du Bourbonnais, connétable d'Auvergne (1229-1233).	ETIENNE (1219-1262) prieur de Thuret.	Etc...

GUIGUES VI (1237-1270) Dauphin de Viennois comte d'Albon. A Béatrix de Savoie.	Etc...	CATHERINE dame de Montferrand. A Guichard IV de Beaujeu.	ALIXENT ? dame en partie de Chamal. et de Gerzat. A Guillaume de Mercœur.	ROBERT Ier Dauphin comte de Clermont (1240-1262) A Aalis ou Alasie de Ventadour	BÉRAUD VI de Mercœur. A Béatrix de Bourbon (1237-1292)	ETIENNE dit de Gerzat prieur de Thuret (1216-1242)	GUILLAUME Ier seigneur de Gerzat ? A Alixent de Clermont ? veuve vivante en 1238-1242.

BÉRAUD DE MERCŒUR
× av. son père.
A Blanche de Châlon. — Etc.

BÉRAUD VII
connét. de Champagne
× 1321
A Isabeau de Forez.

---

(1) Ce mariage explique peut-être pourquoi divers auteurs ont donné à Béraud III de Mercœur, qu'ils chiffrent Béraud VII, une fille du duc Hugues III, et de sa première femme Alix de Lorraine. On a pu trouver Béraud à la cour de ce prince, son cousin germain par alliance, ou les rencontrer ensemble dans des actes de famille, mais on n'a fourni aucune preuve de ce mariage.

rièrent du vivant de Peyrol, et les relations de Dauphin comte de Montferrand (1) avec sa famille maternelle ne sont pas douteuses. Il conserva même pendant presque toute sa vie en Dauphiné les domaines importants qui lui venaient de sa mère, et il ne les céda à André-Dauphin qu'en 1223 avec « tous ses droits dans le comté de Vienne », par acte passé au château de Montrognon (2).

Faire de Marquise d'Albon, sa mère, une marquise de Montferrat et, par voie de conséquence, de la Béatrix de la chanson de Peyrol, une Béatrix de Montferrat (3), serait donc s'exposer à commettre une double confusion, d'abord entre un titre et un prénom très usité au moyen âge (4), puis entre un marquisat (comté de marches) de la Haute-Italie et la petite ville de Montferrand démembrement du comté de Clermont.

Ces confusions sont nées à l'origine de la malheureuse substitution par Baluze d'une fantastique Jeanne de Calabre introduite dans un titre faux, à Marquise d'Albon, véritable mère de Dauphin d'Auvergne (5) et de sa sœur

(1) Ainsi appelé du nom de sa principale résidence ; car dans les actes il prend ordinairement le titre de com'e d'Auvergne et quelquefois de Clermont. Sa cour de Montferrand, très fréquentée, était célèbre dans le monde des troubadours et de la haute société de son temps — Sa femme en 1199, son fils Guillaume en 1201 sont dits comtesse et comte de Montferrand. (Baluze, *Op. cit.*, II, 256, 258, 259, etc...)

(2) Bal., *Op. cit.*, II, 248.

(3) André-Dauphin épousa bien une Béatrix de Montferrat fille de Guillaume comte ou marquis de Montferrat, mais il contracta cette union en 1219 après avoir répudié Béatrix de Claustral (Prudhomme. *Hist. de Grenoble*, p. 103. Grattier, Grenoble, 1888. — Rochas, *Biographie du Dauphiné* I, 285). Il la répudia pour cause de parenté. Il y a donc au moins moitié de chances pour qu'elle fût aussi la parente de Dauphin d'Auvergne.

(4) Presque tous les titres féodaux sont représentés dans l'onomastique féminine du moyen âge : *Baronna, Comtoressa* ou *Comtors, Comtessa, Delfina, Marquesa, Regina.* On trouve même des *Signoressa* et des *Castellana.* L'absence de majuscule devant les noms des manuscrits de l'époque facilite singulièrement les méprises. *Marquesa, Marchisia* étaient parmi les plus répandus de ces prénoms.

(5) M. Prudhomme a réédité les textes d'où ressort l'identité de Marquise d'Albon femme de Guillaume VII d'Auvergne dans une notice publiée par la *Biblioth. de l'Ecole des Chartes* et citée plus loin.

la femme de Béraud III de Mercœur. Avec Marguerite d'Albon tout s'explique très simplement:

Ce serait donc entre 1169 et 1202, mais plus probablement entre 1169 et 1183 que se placerait le roman de Peyrol et de Na Assalide d'Auvergne, disons Nassal avec les Provençaux.

Il est connu ce roman.

Elle était « jolie, gracieuse, très recherchée et lettrée *ensenhada* ». Cette dernière qualité n'est pas prodiguée par les troubadours à leurs belles écouteuses d'Auvergne. Elle tenait ainsi de sa mère Marquise d'Albon, que son biographe contemporain nous dit être « supérieurement douée pour le beau langage » (1). « Peyrol était un pauvre chevalier du château de Peyrol, situé sur la terre du Dauphin d'Auvergne, au pied de Rochefort, courtois et avenant de sa personne ». Le Dauphin le prit sous son toit, lui donna un cheval, des vêtements, des armes et tout ce qu'il lui fallait » (2). Poète, il chanta fleurettes à madame de Mercœur et il les chantait si agréablement que Dauphin, loin de le trouver mauvais, intercédait auprès de sa sœur pour qu'elle leur prêtât une oreille sympathique, ce qui laisse supposer que la jeune femme, au début, les trouvait importunes. La complaisance du Dauphin n'eut d'égale que celle du troubadour Pierre Pellissier pour lui-même, lorsqu'il courtisait « Na Comtor », fille du vicomte de Turenne (3). En dilettante, il chaperonnait la galanterie de son familier pour l'amour des chansons

---

(1) « Verborum elegantia vehementer idonea » (*Vie de Marg. de Bourgogne* par le chanoine de Grenoble Guillaume). Cf. la charte de 1223 du cartulaire de Chalais, où André Dauphin de Viennois confirme une donation faite *ab'amita mea domina Marchesia et a Delphino de Arvernia consobrino meo, ejusdemque Delphini filio nomine Wilelmo* ». — V. aussi Prudhomme : *De l'origine et du sens des mots Dauphin et Dauphiné et de leurs rapports avec l'emblème du Dauphin en Dauphiné, en Auvergne et en Forez*, p. 21, Paris, Picard, 1893. Le prénom de Marquise se reproduisit, suivant l'usage, sur la tête d'une de ses filles, qui épousa le vicomte de Polignac, (Raynouard. *Op. cit.* V. 32.

(2) Raynouard. *Choix de pièces orig. des Troubadours*, V, 281.

(3) *Op. cit.* V. 321.

qu'il faisait éclore. Quoi de plus ? La dame de Mercœur goûta trop la musique, et le musicien, dit-on ; si bien que le Dauphin finit par le congédier. De chevalier se faisant jongleur pour vivre, le disgrâcié Peyrol alla promener sa vielle et ses romances de châteaux en châteaux, aux pieds d'autres beautés (1).

Nassal entre alors dans l'ombre de l'histoire et peut-être du cloître, ou bien alla-t-elle se réfugier auprès de sa cousine Béatrix de Claustre ou Claustral, celle qui fut répudiée, et est-ce de là que lui vint le nom de Claustre ? Il ne paraît pas douteux, en tous cas, qu'elle se retira sur la fin de sa vie chez les vicomtes de Ventadour, qu'elle y mourut et fut inhumée à Tulle, dans la chapelle du chapitre, auprès des tombeaux de cette famille. On ne voit, en effet, dans aucun document, qu'il y ait eu deux Nassal de Claustre (2) et le double nom est trop caractérisé pour autoriser l'hypothèse. Baluze a vu l'Obituaire de Tulle où Nassal de Claustre était commémorée (1), avec mention de sa sépulture au chapitre, ce qui achève de résoudre la question.

On veut que Peyrol soit allé à la croisade de 1190. C'est probable ; toutefois il se contente de dire qu'il a vu le Jourdain et « le monument», c'est-à-dire le tombeau du Sauveur. Relevé par ce nouveau baptême, il se peut qu'il ait reparu à la cour de Dauphin. Son retour en Auvergne n'aurait rien que de naturel puisqu'il en est, que là se trouvait sa maigre part de la succession paternelle, et qu'il n'était plus jeune. Rien d'étonnant non plus qu'il soit rentré en grâce auprès de son protecteur. La dame de Mercœur ? plus là, sans doute ; les torts sont anciens, ils furent partagés ; il est d'une famille cliente et Dauphin adore l'art où il excelle.

<hr>

(1) *Op. cit.* V. 281.

(2) La « N'Azalais de Claustra » que le biographe de Guillaume de Saint-Didier dit la sœur de Dauphin n'est autre que Nassal de Claustre. Le nom d'Azalais, femme d'Odilon de Mercœur, a occasionné chez ce biographe, qui n'en parle qu'incidemment, une confusion facile à comprendre avec Nassal de Claustre, femme aussi d'un Mercœur.

III.

ODILON II DE MERCŒUR ET LA BELLE AZALAÏS D'ANDUZE.

La question d'identité que soulève le roman de Nassal est si nécessairement liée à celle d'Azalaïs de Mercœur qu'il est impossible de les séparer. Cette romance à deux couplets nous retiendra un instant encore dans le concert des chanteurs provençaux.

Peu de seigneurs du XIIe siècle, en effet, étrangers par eux-mêmes à la poésie, ont été plus étroitement mêlés que les Mercœurs, par leurs parents les plus proches, au monde des troubadours. Béraud III vient de nous apparaître enchassé entre Peyrol qui chantait éperdûment Madame de Mercœur sa femme, Guy d'Ussel chantant sa belle-sœur ou sa belle-fille la comtesse de Montferrand, le brillant et volage Guillaume de Saint-Didier enguirlandant de ses rimes adulatrices, son autre belle-sœur Marquise de Polignac, fine et légère qui, ne pouvant lui rendre ses couplets, lui rendait ses infidélités (1) ; enfin, le comte Dauphin, son beau-frère lui-même qui, pour emprunter le langage sans prétention de Larousse (*verbo* Troubadour), était doué « d'un beau talent d'amateur », courtisait Na Comtors de Turenne entre deux sirventes décochés au roi Richard ou à l'évêque de Clermont.

Quelques années à peine ont passé et voilà maintenant Pons de Chapteuil aux pieds d'Azalaïs, fille de Bernard d'Anduze et femme d'Odilon de Mercœur, probablement fils de Béraud III. Chapteuil est un voisin des Mercœurs aux confins de la Provence et en Velay comme il l'est en Basse-Auvergne à Vertaizon. Il brûle d'une passion aux péripéties de laquelle s'intéresse toute la haute société du pays, ainsi que le biographe prend soin de nous l'ap-

_____
(1) Raynouard. *Op. cit.* V, 321.

prendre (1). Chapteuil qui « trouvait bien, chantait bien et jouait non moins bien de la vielle (2) », agréablement tourné avec cela, réalisait le type du cavalier servant des nobles dames, associant, dit-on, « le respect de leur honneur au culte de leur beauté (3) » ; aussi ce roman-là est-il resté l'un des plus célèbres dans l'histoire des troubadours, et les vers qui l'ont conté des mieux accueillis de tout temps par leur sincérité plus que par leur génie. Pour éprouver sa belle, il le prétendit du moins, il fleureta un instant avec Aldiarde, femme de Roncelin, vicomte de Marseille, et il y alla de quelques couplets. Azalaïs, piquée au vif, ne voulut plus connaître l'ingrat. Le désolé Chapteuil recourut alors aux bons offices de trois amies d'Azalaïs ni plus ni moins, celles qu'il jugeait les plus capables de la ramener dans le droit chemin, celui des cours d'amour s'entend. Luimême, il conduit cette députation au château de Mercœur pour clamer merci à la belle offensée (4). Ces dames pa-

(1) « Pons de Capduelh fo un gentil bars del evescat del Puec Santa Maria... Et amet per amor ma dona Azalais de Mercuer molher d'En Ozils de Mercuer, e filha d'En Bernard d'Anduza, d'un honrat baro de la Marqua de Proensa ». *(Loc. cit.* V, 352-354). — « E molt lur amor grazida per totas las bonas gens ». *(Ibid.)*

(2) « E trobava, e viulata, e cantava be ». *(Ibid.).*

(3) M. Maudet, plus tard conseiller à Riom, a fait dans l'*Ancienne Auvergne et le Velay,* (III, 231 *et suiv.*), une étude très colorée de ce troubadour et de son compatriote Pierre Cardinal. Ils ont été souvent étudiés l'un et l'autre. Le docteur Max Von Napolski a donné en 1880 une utile édition des pièces qui lui sont attribuées : *Des trobadors Pons de Capduoill.* Halle, Max Niemeyer). M. Teilhard de Chardin s'en est occupé également dans une bonne notice sur les Chartes de Vertaizon.

(4) « Don, anet a ma dona Maria de Ventadorn et a ma dona la comtessa de Montferran et a la vescontessa d'Albusso, et si las amenet a Mercuer a ma dona N'Azalais clamar merce, qu'ela li rendet grassia per lo precs de las donas... E tant que ela visquet non amet autra ; e quan ela fon morta, el se croset et lai moric ». *(Ibid.).*

Chapteuil les rappelle dans la chanson Jam non er om tan pros :

> « N'Audiartz, chascun dia
> Prec dieu a rescos
> Gart la comtes'e vos
> E Midons Na Maria
> De lausangiers fellos ». (Napolski, xxii, Envoi, p. 83).

raissent avoir réussi sans trop de peine dans leur négociation. Pons de Chapteuil resta le plus fidèle des soupirants jusqu'à la mort d'Azalaïs et il n'en aima plus d'autre. Inconsolable, il se croisa et mourut en Terre sainte. Voilà l'histoire bien connue de ce roman classique d'après le biographe provençal.

Des trois négociatrices, l'une était la comtesse de Montferrand, femme de Dauphin ou de son fils Guillaume, célébrée par le troubadour Guy d'Ussel (1), l'autre Marie de Ventadour « la meilleure dona et la plus avenante de ce temps », bien entendu, Gancelme Feydit, l'un de ses adorateurs, l'affirme. Mais si vous demandez à Chapteuil son sentiment, il vous répondra par les 254 vers de son adieu à sa « belle douce amie » où s'échappent, sans recherche et sans efforts, en expressions presque modernes, tant de flots de soupirs, de larmes, de souvenirs et de regrets qu'il semble ne pouvoir s'arrêter. La sans-pareille, c'est Azalaïs. Il ne la nomme qu'une fois « midonz N'Azalaïs » dans les trente-six pièces qui lui sont attribuées (2) ; mais il ne se lasse pas plus de vanter « son visage blanc comme la neige sur la glace », « sa bouche vermeille dont le sourire énamoure les gens, ses yeux riants qui lui mettent « une fête de joie dans le cœur », que de louer sa franchise, sa grâce et sa beauté.

Et les maris dans tout cela ? On les cherche au milieu de ces ramiers et de tous ces rossignols. Les maris ? Eh

---

(1) Raynouard. *Op. cit.* V, 150.

(2) Napolski, n° XXIV, strophe 6, p. 87. A moins que l'on ne considère comme la dernière syllabe de son nom familièrement donnée le mot *Lais* qui se trouve deux fois aux pièces IV (p. 55, n° IV. Envoi et n° IX, str. 4, p. 62) ; au lieu de traduire par hélas ! Chapteuil use fréquemment de cette exclamation. Elle figure au moins douze fois dans les textes édités par Napolski et toujours sous les formes : « *Las* (Pièces III, IX, XIX, XXI, XXII, XXVII et p. 102, *Hailas* (n° IV de l'appendice, p. 101), *Ailas* (Pièces XIII, XIV, XVII) ; et il dit « *Las* pour *Hélas* à la strophe 5 de la chanson IX, où à la strophe 4 on lit « Esins cujatz per gualear. Lais, que nous [vous] veja, donıpra pros gualiar ».

bien, il arrivait parfois que la chanson tournait mal ; et à voir la fin de Nassal de Claustre, on a grand peur qu'elle n'ait eu le sort de sa cousine Béatrix.

En 1195, Pons de Chapteuil, seigneur de Vertaizon, souscrivit en ce lieu un traité avec l'évêque de Clermont, négocié par Dauphin entre lui, sa femme Jarentonne et le prélat (1), et on le suit dans les documents des archives du Puy-de-Dôme et de la Haute-Loire jusqu'en 1236 (2). Il laissait entre autres enfants une fille à laquelle il avait donné le nom d'Azalaïs. Celui de sa femme Jarentonne est accolé par lui-même au sien dans la chanson guerrière et chrétienne que les préparatifs de la croisade lui inspira (3). C'est aussi sa femme Jarentonne qui s'unit à lui pour répondre par lettres à Philippe-Auguste en 1204, après une triple assignation du souverain à comparaître devant lui ou devant Hugues de la Chapelle, son bailli de Berry, au sujet de la même seigneurie de Vertaizon, qu'ils entendaient n'être justiciables que du roi d'Aragon (4). Ce qui cadre parfaitement avec l'envoi fait par Chapteuil au prince espagnol, d'une chanson au sujet d'une expédition contre les Sarrasins : « Roi d'Aragon, je dois vous servir de bon cœur humblement, aussi dirai-je « amen » à toutes choses venant de vous » (5), et d'un autre chant

(1) Curieuse charte où figurent nommément 146 témoins ou fidéjusseurs dont M. Emmanuel Teilhard de Chardin a publié le texte inédit, d'après l'original des archives du Puy-de-Dôme, fonds de l'Evêché, en y ajoutant très utilement un lot de documents inédits sur le même sujet et entre les mêmes parties. (*Chartes concernant Vertaizon*, Clermont, Bellet, 1893.

(2) A. Chassaing. *Chartes de Chapteuil et de Léotoing.*

(3) « Ar nos sia capdels e garentia » (1er vers de la chanson 1, p. 49, de l'édition de Napolski). C'est cette orthographe qui a déterminé La Chesnaye des Bois à donner le nom de Garentiane à la femme de Pons de Chapteuil. (*Dict. de la Noblesse, v° Capteuil*).

(4) *Arch. du Puy-de-Dôme*. Evêché, sac xiii, cote 24. Publié par M. E. Teilhard de Chardin. *Op. cit.*, 33-34.

(5) « Reis d'Aragon, francs, humils de bon aire vos serves deu de bon cor humilmen. El si' ab vos e tuich digam amen ». — « S» c'om plus vol e plus es volontos ». (Napolski, xiii, *strophe* 6, p. 68). Il annonce au prince qu'il partira pour faire la guerre aux Sarrasins « qui que ce soit qui reste ».

qu'il adresse au même roi d'Aragon (1). Il en faudrait conclure que le troubadour, auteur de ces pièces, fut bien notre Pons de Chapteuil, seigneur de Vertaizon. Et comme il était vivant après la croisade de 1190 et même plus de quarante ans après, on en a induit soit qu'il y avait contradiction avec son biographe, soit qu'il y avait eu deux Pons de Chapteuil, entre lesquels il faudrait faire le départ des poésies. Sans insister autrement sur ce point accessoire à notre récit (2), je me bornerai à observer que le biographe ne dit nullement que Pons prit part à la croisade de Philippe-Auguste en 1190, mais simplement qu'il prit la croix, ce qui n'est pas la même chose, attendu qu'on prenait la croix en tout temps, même en dehors des grandes expéditions, sans compter que Chapteuil a pu aller se battre contre les Sarrasins d'Espagne, autre façon de se croiser. Quant à l'hypothèse de deux Pons de Chapteuil ayant eu le même goût poétique, on n'aperçoit pas en quoi ce serait impossible, ni même très invraisemblable ; les biographes ont pu facilement les attribuer à un auteur unique, s'ils portaient le même prénom. Ce cas est précisément celui du seigneur de Vertaizon qui aurait eu deux homonymes dans son père et un cousin-germain d'après le plus récent biographe de la famille des de Fay, seigneurs du Mézenc, de Fay et de Chapteuil (3).

---

(1) *Op. cit. Append.*, p. 101. *Pièce* IV, *str.* 5.

> « Al valen rei qu'es de pretz coronatz
> Solr' autres reis e qui miels se chapte
> On fit jois et es renovellatz
> Jou et jovenz *t'en vai, chansons, dese*
> *En Arragon*, on prendron tuit repaire
> Bon fait valen que frans reis déjà faire
> E saludam de Perpegnan, enan
> Cels et cellas que d'amor an talan. »

(2) M. Emmanuel Teilhard de Chardin a résumé avec son scrupule ordinaire les opinions diverses de Diez, Napolski, Chabaneau, Chassaing, ce dernier inclinant seulement à croire à un seul Chapteuil poète. (*Chartes de Vertaizon*, Clermont, Bellet, 1893).

(3) M. Gaston Fontanille, avocat, directeur du « *Pays Cévénol* » (*Du Mézenc aux Sources de la Loire* ; § III, *La seigneurie de Mézenc*, pp. 25-33. Grenoble,

Ce qui est pour nous plus nécessaire, c'est de nous assurer si le biographe qui fait d'Azalaïs la femme d'Odilon de Mercœur, mérite créance.

Nous avons des informations moins directes en Auvergne pour contrôler l'identité d'Odilon de Mercœur, parce que son mariage l'a rejeté plus avant dans le Midi. Malgré cela, les présomptions surabondent pour nous autoriser à croire que le biographe de Pons de Chapteuil est exact sur tous les points essentiels en ce qui concerne les deux époux. Il faudrait qu'il se fût trompé sur tous pour qu'on puisse les confondre avec Béraud III de Mercœur, sa femme Nassal de Claustre et le chanteur de cette « vertueuse dame » ; sur le prénom du mari Odilon, sur le prénom exact et le nom de sa femme, sur la personnalité de son servant, sur l'époque où ils vivaient ; ce qui est à première vue bien invraisemblable.

Grattier, 1904), établit comme il suit la généalogie du troubadour sans indiquer ses sources, il est vrai. On n'en retient ici que les personnages essentiels.

ÉTIENNE I
Tige des s^{rs} de Mézenc, Fay, Chapteuil (955-982).

ÉTIENNE II (1062).	JARENTE.	Etc.

PONS 1 seigneur de Fay, *consularis de Fayno*. (× 1097).   Etc.
à Agnès de Polignac.

PIERRE à Marie de Chapteuil (fille de Pons vivant en 1069).	PONS II	Etc.

PIERRE à Marie du Solier	PONS III de Chapteuil.	SILVIUS prieur de Chamalières- sur-Loire. Etc.

PONS (DE FAY) DE CHAPTEUIL. Troubadour. × en Palestine.	PONS IV à Jarentonne de Vertaizon.

PIERRE	Urbain-Jourdain.	Guillaume-Jourdain.

Voir aussi : Chassaing, *Chartes de Chapteuil* ; Lachesnaye Desbois, *Dict. de la Noblesese* ; *Cartulaire de Saint-Chaffre*, ch. CCCCL, etc.

Le prénom d'Odilon, diminutif d'Odile, est parfois remplacé dans les textes français par Odile (1); le provençal « *Ozils* » du biographe équivaut au latin *Odilonis*, en français Odilon. Il fut héréditaire chez les Mercœurs de la première race pendant plus de trois siècles, depuis le xᵉ jusqu'à la mort en 1301 du dernier Odilon, seigneur de Murs en Brivadoiset de Saugues en Gévaudan (2). Le cartulaire d'Oulx, et la chronique de Novalaise à eux seuls nous en fournissent quatre entre 1027 et 1171; dont l'un est non seulement chevalier et décoré de tous les qualificatifs d'une puissance et d'un prestige exceptionnels, mais *dominus Mercorii*, c'est-à-dire le chef de la famille; d'un autre, son petit-fils, que les chartes d'Oulx ne disent pas être dans l'église, nous ignorons la descendance, le cartulaire s'arrêtant vers cette époque. C'est seulement à partir des enfants d'Odilon, inhumé dans la chapelle des Mercœurs au cimetière d'Oulx, sous l'épiscopat de Durand, à Clermont, que les aînés reçoivent ou prennent invariablement le prénom de Béraud, qu'avait porté le père de saint Odilon; mais toutes les générations suivantes, à dater de la même époque, ont leur Odilon; et vraiment Béraud III, son oncle Odilon et son frère Odilon eussent manqué à tous leurs devoirs s'ils n'avaient continué la tradition en ne donnant pas à l'un des fils de Béraud III un nom qui perpétuait le souvenir de la plus haute illustration de la famille.

Que cet Odilon, fils de Béraud III, ait pris femme aux confins de la Provence, et soit dit en passant, c'est bien sur celui-là que les Provençaux devaient être renseignés, rien ne s'accorde mieux avec ce que l'on sait des posses-

<hr>

(1) Et même en latin, même pour Odilon, futur abbé de Cluny. (*Cartul de Brioude*, ch. 1 : « *Odilus* »). Le chanoine Audigier lui-même ne s'en prive pas, à propos de saint Odilon qu'il appelle « saint Odile », après d'autres (*Projet de l'hist. d'Auv.*, I, pp. 33, 34, 35, 37, 105, 261, etc., etc. Edit. de l'Acad. de Clermont).

(2) Le 9 juin 1290, il ratifiait la donation entre-vifs que son frère Béraud VI venait de faire par contrat de mariage à son petit-fils. (*Arch. nat.*, 1,400ᵉ, *cote* 971, *Orig.*).

sions des Mercœurs dans ces parages. Depuis le xe siècle, ils avaient pied en Gévaudan et en Vivarais (1), et Odilon, mari d'Azalaïs, vivait peut-être encore lorsque Béraud IV régnait sur le vicomté de Gévaudan dit de Grèzes. La reine Blanche ne lui aurait pas concédé en fief de garde et en bénéfice à vie en 1227, s'il n'avait pas eu déjà racine dans le pays. Depuis Béraud V jusqu'à la mort du dernier de la branche aînée (1321), les Mercœurs possédèrent en Gévaudan les châtellenies ou baronnies du Malzieu, de Grèzes, de Saugues, et leurs dépendances s'étendirent jusqu'à Pompidou (arr. de Florac) où ils touchaient à la baronnie d'Anduze (2).

Le biographe qualifie Odilon de Mercœur « un gran *comte* d'Alverne ». Erreur assurément, si l'on prend le terme dans son acception littérale, mais erreur des plus probantes. Les maîtres des grandes baronnies du Gévaudan, au nombre de neuf à la fin du xiiie siècle, étaient en effet, qualifiés Comtours, *Comtors* (diminutif de comtes), titre de dignité qui, dans la hiérarchie féodale, plaçait le titulaire entre le comte et le baron ordinaire ; l'ensemble de ces Comtours est ce qu'on appelait dans le pays, par une altération populaire du mot, « le Tour du Gévaudan » (3);

(1) Dotation par Itier, chef de la race, au profit de l'un de ses petits-fils, en 936. (*Cartul. de Brioude*, ch. 285). — (*Cartul. de Saint-Chaffre-du-Monastier*, ch. 276. Donation en 955, par Etienne, fils du précédent, de Lachapelle-Graillouse, arr. de Largentière, cf., ch. 17 et 37). — *Chronicon monasterii Sancti Petri Aniciensis.* Abbé Ul. Chevalier, etc.

(2) *Arch. nat.* J. 293.

(3) En 1308, le juge-mage de la Cour commune du Gévaudan, informait sur les griefs des « nobles, barons et *comtors* du Gévaudan » contre le traité de pariage entre le roi et l'évêque Durand II. (Roucaute et Saché. *Lettres de Philippe-le-Bel, relatives au pays de Gévaudan. Append.*, p. 205). La liste des 49 protestataires, dressée en l'absence de Béraud VII de Mercœur, porte son nom le premier. (*Ib.*, p. 203). Y figurent cependant les seigneurs de Montjésieu, de Cénaret, d'Apchier, de Montferrand, etc., qui avaient droit au titre de comtours. Les scribes de chancelleries, là comme ailleurs, écrivaient souvent *comptor*, orthographe qui a occasionné une bien singulière et grosse erreur. Une lettre de Philippe-le-Bel du 4 février 1307, en original de copie du temps est adressée « *Omnibus baronibus, comptoribus, castellanis nobilibus... comitatus Gabalitani* ». (Arch. de la Lozère, G. 751).

comme on disait ailleurs les grands chevaux. Or, en outre de leurs immenses domaines d'Auvergne, les Mercœurs étaient, au temps du troubadour Chapteuil, la première puissance féodale du Gévaudan; ils y comptaient plusieurs familles comtoirales parmi leurs vassaux. On comprend qu'en Provence, le biographe de Chapteuil l'ait confondu avec le titre comtal. La méprise elle-même atteste, dans sa pensée, l'attribution à Odilon de Mercœur, d'une supériorité de rang féodal qui était réelle. Ces choses-là ne s'inventent pas.

Odilon était, suivant de sérieuses présomptions, ai-je dit, le fils de Béraud III. Marie de Ventadour, contemporaine et amie de sa femme Azalaïs, pourrait être à la grande rigueur Marie de Limoges, épouse en premières noces d'Ebles V vicomte de Ventadour (1); mais elle est beaucoup plus vraisemblablement Marie de Turenne, femme du vicomte Ebles VI, qui quitta le monde pour le cloître en 1221. Odilon II de Mercœur aurait donc vécu sous les règnes de Philippe-Auguste et de Louis VIII à tout le moins.

En résumé, nous sommes, à la fin du xiie siècle et dans les premières années du xiiie, en présence de deux générations de Mercœurs, se mouvant dans une période de quarante à cinquante ans, et formant deux groupes parfaitement distincts : premièrement Béraud III, mari de Nassal de Claustre, fille du comte d'Auvergne Guillaume VII, escorté du troubadour Peyrol; en second lieu Odilon II et sa femme Azalaïs d'Anduze, fille de Bernard, accompagnés du troubadour Chapteuil.

____

(1) Fille d'Adémar V de Limoges et de Sara d'Angleterre.

LA FAMILLE D'AZALAÏS D'ANDUZE

FEMME D'ODILON DE MERCŒUR (1)

BERNARD VI D'ANDUZE
Seigneur d'Anduze, Sauve, Portes, etc. (1181-1194).

BERNARD VII D'ANDUZE	PIERRE-BERMOND V
Seigneur d'Anduze et Florac en Gévaudan ; Largentière en partie (Vivarais) ; La Roque-Valsergue en Rouergue, etc. (1198 1223).	à Ermessinde fille de Bérenger-Raymond de Barcelone, comte de Provence.

| BERNARD VIII Cos. d'Anduze, etc. A Vierne dame de Luc (en Provence), Pradelles en Gévaudan, etc. En 1220 reçoit les biens confisqués sur son neveu. | Azalais ou Adalaïs à Odilon de Mercœur | BERMOND évêque de Viviers 1222. | BERNARD évêque de Viviers 1236. | PIERRE-BERMOND VI Sr de Sauve, Somnières, Cos. d'Alais, de Largentière. A Constance fille de Raymond VI comte de Toulouse et de Béatrix de Béziers, femme en premières noces de Sanche VI le Vaillant, roi de Navarre. + à Rome, 1215. | DOUCE à Raymond VI comte de Toulouse. |

| BERMOND Sr de Somnières 1248. | Etc. | PIERRE-BERMOND VII Sr de Sauve, Anduze, Alais, Largentière en partie, vicomte de Millau en Gévaudan. A Jausserande fille du comte de Valentinois. Amaury de Montfort confisque ses biens (1220). Vit encore en 1243. | RAYMOND Tige des seigneurs de Florac. | Etc. |

| GUILLAUME. | ROGER. | BÉRAUD. | PHILIPPIE à Amaury de Montfort comte de Narbonne. | MARIE à Arnaud-Othon vic. de Lomagne. |

(1) D'après l'*Hist. du Lang.* Privat, VI, p. 396 ; *La formation territoriale du domaine royal du Gévaudan* (Roucaute), p. 30 et suiv. Etc...

Le mariage d'Odilon de Mercœur avec Azalaïs Anduze le fit le beau-frère du comte de Toulouse, le cousin germain du comte de Provence, l'allié de presque tous les princes du Midi. Au commencement du xiiie siècle, la maison d'Anduze est maîtresse de toute la région cévenole qui formera plus tard le diocèse d'Alais ou peu s'en faut. La donation des vicomtés de Millau et de Gévaudan par le comte de Toulouse Raymond VI à Pierre Bermond VII d'Anduze eut achevé de faire de lui le roi des Cévennes, si ces princes eussent pu résister au roi de France.

Comme celle des Mercœurs la famille d'Anduze était hospitalière aux troubadours. Hugues Brunenc, de Rodez, chantait dans cette petite cour d'Anduze sa malheureuse passion pour Gallienne la vertueuse bourgeoise d'Aurillac, et Claire d'Anduze ne dédaigna point de s'exercer au gai savoir.

IV.

Béraud IV et les Chamalières. — Guillaume Ier de Mercœur, seigneur de Gerzat.

Dans le Clermont du xiie siècle l'une des familles les plus anciennes et les plus généreuses était celle des seigneurs de Chamalières et de Gerzat.

On suit leur trace depuis une centaine d'années déjà dans les documents (1). Un démembrement de l'ancien comté de Clermont formait leur patrimoine. Leurs domaines, en outre d'une très notable partie de la petite ville de Chamalières sorte de faubourg de la capitale et d'un quartier de Clermont, s'étendaient, par une série d'ilôts, des pieds du puy de Dôme, de la montagne de Gergovia et des rives de l'Allier qu'ils touchaient à Pérignat, jusqu'à Thuret dans le voisinage d'Aigueperse. Ils paraissent posséder ces terres sous la suzeraineté des comtes de la province ou des églises.

(1) Voici quelques notes sur les premiers Chamalières, sauf rectifications et compléments : Arnaud (965-1000 env.), mari d'Aldiarde d'Aurouse et de Dominique, peut avoir été le chef de race. (*Cartul. de Sauxillanges, Chartes* 229, 40 ; *de Saint-Chaffre*, ch. I, 139, 230 ; *de Conques*, 269, 394 ; *de Sauxillanges*, 231, 243, 35); mais il n'y en a pas de preuves positives. — Arnaud Ier (994-1048) prit le premier le nom de Chamalières « *Arnaldus al. Harnaldus de Camaliera* » (*Cartul. de Sauxill.*, ch. 395, 398 ; Arch. du Puy-de-Dôme, Chap. cath. Arm. VII, sac A cote 2, *Invent. Cohendy*). Il eut pour fils Pierre, Guillaume (1065) et Arnaud « *Arnaldus de Camaliera* » (1031-1065) [Arch. du Puy-de-Dôme, chap. cath. Arm. VII sac A cote 1 ; et Arm. XVII sac A cote 32). — Pierre Ier mourut en 1095 ou très peu avant *in Camaleria castello suo* en revêtant l'habit de moine de La Chaise-Dieu *ad sucurrum* et où il élut sépulture. Il donna ce qu'il possédait à Médagues, commune de Culhat, près Bulhon, pour y fonder un monastère. Ses fils Arnaud et Pierre confirmèrent ce don. (*Estiennot. Fragm. hist. Aquitaniœ*, III, 170. Bibl. nat. mss. latin Anc. fonds Saint-Germain ; Mém. de l'Acad. de Clermont, 1877, p. 415.) Il eut aussi un fils Etienne (*Ibid*). — Arnaud II « *Arnaldus de Camaleria* » vit encore en 1124-1150. (Arch. du Puy-de-Dôme. Chap. cath. Arm. XVIII sac B cote 5.) De lui : Arnaud et Pierre doyen du chapitre cathédral en 1132). Baluze, *Mais. d'Auv.*, II 571). — Arnaud III (*loc. cit.*). Elie de Chamalières, chevalier en 1167 (*Ibid.*, II, 63). Voir plus loin pour la suite.

Eux et les seigneurs de Montgâcon, successeurs des Jaligny dans le Marais, étaient les maîtres de la plaine (1). Les Chamalières avaient même depuis longtemps pied sur la rive droite de l'Allier, puisque Pierre Ier qui mourut vers 1095 dans son château de Chamalières donna, de concert avec plusieurs membres de la famille de Bulhon, les frères Astorg et Pierre de Montgâcon, Eldine de Jaligny dame d'Ennezat, et d'autres encore, ce qu'il possédait à Médagues (commune de Culhat), près Bulhon, pour y fonder un monastère (2).

A la fin du XIIe siècle, la famille des Chamalières seigneurs de Gerzat, qui s'éteint, n'est plus représentée que par Guillaume et Pierre que les documents appellent indifféremment de l'un de ces deux noms de fiefs, et par Arnaud, moine bénédictin de La Chaise-Dieu, puis abbé d'Issoire, puis abbé de Saint-Alyre de Clermont en 1184 (3), par conséquent qui ne compte pas pour les partages.

Guillaume, l'aîné, seigneur de Chamalières et de Gerzat, que l'on rencontre dans les actes en 1151, 1159, 1167, venait de rendre au pays un éclatant service en préservant l'Auvergne de l'invasion des bandes de routiers connus sous les noms de Cotereaux et de Brabançons, à la solde de l'Angleterre. Ils furent refoulés après avoir perdu 3,000 hommes au récit du moine Adam, chapelain de l'évêque de Clermont, et ils allèrent se fairent écraser en Berry (4). Le seigneur de Gerzat vivait encore en

(1) Les seigneurs de Chamalières et de Montgâcon durent avoir quelque origine commune, car leurs domaines étaient fort mêlés dans tous leurs membres, faubourgs de Clermont, pieds du puy de Dôme, milieu du Marais, environs de Thuret, fief de Bulhon, Médagues ; de plus, ils avaient au XIIIe siècles des armes identiques : de gueules au chef de vair. (Estiennot. *loc. cit.*)

(2) Estiennot. *Fragm. hist. Eccl. Aquitan*, III, 170. *Loc. cit.*

(3) *Gallia, II. Eccl. Claromont.*, II, 325 : « Arnaldus ex monacho Casœ Dei fit abbas Issiodor, deinde Pontio successit in abbatia S. Illidii au. 1184 ; cui P. de Camaleria, ibi sepeliri volens, plurima concessit au. 1192 id. April. apud Turiacum ».

(4) Baluze (*Mais. d'Auv.*, 1, 70 et 70 et II, 71) citant la *Chonique de Laon*, celle de Robert, moine d'Auxerre, et d'Adam, chapelain de l'évêque de Clermont, contemporain

1190 (1). Il laissa un fils Pierre, enfoui dans le cloître, une fille Huguette sa principale héritière et, peut-être, une fille cadette du nom d'Alixent.

Huguette épousa Guillaume Iᵉʳ Dauphin, comte de Clermont, qui vivait avec elle en 1196 (2). Elle lui porta la part de Guillaume de Chamalières dans la seigneurie de ce nom avec ses dépendances dans les faubourgs de Clermont et une partie de celle de Gerzat, pour ne parler que des terres intéressant notre sujet. Le fils de Guillaume, Robert Iᵉʳ Dauphin, « comte de Clermont et seigneur de Chamalières », tige de tous les Dauphins d'Auvergne, fut le mari d'Alasie *al.* Alaïs de Ventadour, et le frère de Catherine Dauphine comtesse de Montferrand, née vers 1212, mariée en 1226 à Guichard IV de Beaujeu, fils du seigneur de Montpensier (3).

Pierre de Chamalières fit son testament à Thuret, au mois d'avril 1192, élut sépulture à Saint-Alyre (4) et mourut peu après laissant deux héritières entre qui ses biens se partagèrent ; l'une Alixent, femme de Béraud de Mercœur, l'autre *Deya* ou plutôt *Delfina*, Dauphine, femme d'Adémar ou Aymar Iᵉʳ, de Murat, dit de Cros (5), qu'elle fit coseigneur de Gerzat et de la partie de Chamalières située entre ce bourg fortifié et la ville de Clermont. Cet Adémar était le fils d'un autre Adémar de Cros, l'un des trois frères de Géraud de Cros, archevêque de Bourges

des faits ; Chronique de Geoffroy de Vigeois ; La Thomassière (*Hist. de Berry,* p. 309). Comme aux autres on trouve à Guillaume de Chamalières, seigneur de Gerzat, la variante: « G. de Gerzat ».

(1) Arch. du Puy-de-Dôme, chap. cath. Arm. X sac **A**, cote 39 : *G. de Gersiaco miles.*

(2) Baluze. *Op. cit.* I, 165, 166, 168 et II, 261, 263, 776, 265. La comtesse Huguette vivait encore en 1224 ; elle était morte en 1248 (*Ib.* I, 166).

(3) *Ibid.,* I. 166 et suiv.

(4) *Gallia Christ.,* II. *Eccl. Clarom.,* II, 325.

(5) C'est du moins ce qui semble résulter de ce que: 1º la succession de Pierre de Chamalières se partagea en deux moitiés égales à Gerzat ; 2º de ce qu'une part en revint à la femme de Béraud de Mercœur, l'autre à Adémar ou Aymar qui fut aussi seigneur en partie de Chamalières. (*Nobil. d'Auv.,* II, 307 ; *Audigier,* etc.)

(1208-1218) ; c'est ce dernier qui nous l'apprend dans une charte du mois de juin 1213 où nous voyons que deux des quatre frères seulement restèrent dans le monde : Pierre et Adémar ; le premier portait le nom de Murat, l'autre celui de la terre de Cros (1). Le démembrement du fief de Chamalières provenant à Adémar seigneur de Cros de sa mère Dauphine prit le nom de Cros, de celui de ses nouveaux propriétaires, suivant un usage fort répandu ; l'histoire des Mercœurs, sans aller plus loin, en offre, nous l'avons vu, plusieurs exemples ; le nom resta au quartier du Bois de Cros qui le porte encore. On ne peut guère douter que ce territoire provînt du patrimoine des Chamalières, en présence de la donation faite vers 1140 par Pierre de Chamalières, prévôt du chapitre cathédral, d'une partie de ce patrimoine pour y fonder l'abbaye de Saint-André, de l'ordre des Prémontrés, avec la haute justice sur les biens compris dans sa donation, que le premier Dauphin d'Auvergne maintint, ratifia et augmenta (2). L'abbaye de Saint-André était en effet située au quartier du Bois de Cros et elle devint le lieu de sépulture préféré des Dauphins. Ces explications étaient nécessaires pour la conciliation d'un lot de pièces relatives à Chamalières et à Gerzat réparties en des fonds différents.

Somme toute, à l'exception d'une partie de Gerzat, du quartier situé entre Clermont et Chamalières qui prit le

---

(1) Baluze *Op. cit.*, II, 254. Cros est une commune du canton de Latour contigu à celui de Rochefort, où est situé Murat-le-Quaire.

(2) Baluze. *Loc. cit.*, I, 62-63 et II, 62. — Tardieu, *Hist. de Clermont*, I. 357, visant l'obituaire de l'abbaye de Saint-André où figure la commémoration de Pierre de Chamalières, le prévôt le qualifie « *hujus ecclesiœ fundatoris* ». Ainsi disparaît l'apparente contradiction signalée par Chabrol (*Cout. d'Auv.*, IV, 224-225) et le *Nobil. d'Auv.* (II, 307) entre ce fait que la terre de Cros (chef-lieu de paroisse du canton de Latour, arrondissement d'Issoire), dépendait de la baronnie de Latour et cet autre qu'un fief de Cros ressortait à la seigneurie de Clermont. Il y eut deux terres de Cros : la seigneurie primitive dans le canton de Latour, près de la frontière du Limousin et du département du Cantal, et le fief des seigneurs de Cros démembré de Chamalières, baptisé du nom de ses maîtres, lequel relevait de Clermont.

nom de Cros et probablement de quelques autres possessions secondaires, l'hoirie des Chamalières se partagea
entre les deux héritières du nom de Chamalières, la comtesse Huguette dame de Chamalières, femme de Guillaume Ier Dauphin, et Alixent dame de Gerzat, femme
de Béraud IV de Mercœur. De celle-ci descendirent les
Mercœurs de la branche aînée jusqu'au connétable de
Champagne.

Alixent mourut en 1216 au plus tard : cette année-là
Béraud V de Mercœur et son frère Etienne, qui fut moine
bénédictin et prieur de Gerzat, transigent sur la succession de « leur mère Alixent » (1). Neuf ans plus tard leur
père déclarait dans deux actes rédigés à deux mois de
distance que ses terres de Chamalières et de la Limagne
« lui provenaient de sa femme » (2) ; et que, d'autre part,
ces terres se composaient de « ce qu'avait possédé Pierre
de Chamalières » : 1° dans la châtellenie de Chamalières
in castro Camaleria (3) ; 2° la moitié des seigneuries de
Gerzat, Malintrat et Lignat dans le Marais de Limagne ;
3° la moitié de la châtellenie de Thuret *castri Turriaci* (4). Ces biens qui relevaient du comte d'Auvergne
étaient entrés dans le domaine royal par suite de la confiscation des états du rebelle Guy II après sa défaite définitive (1212-1213). Ils furent de ceux dont Philippe-Auguste

(1) Bal. *Op. cit.* II, 169. Etienne resta en Basse-Auvergne, se fit moine de
Saint-Alyre et fut prieur de Thuret en 1252. La *Gallia Christ* (II, 326) le désigne
sous le nom de Gerzat. Est-ce lui que l'Obituaire du chapitre cathédral mentionne
comme évêque de Sainte-Marguerite ?

(2) Acte d'avril 1225 : « *In terram meam quam habeo ex parte uxoris mee
apud Camaleriam et in Lemanniam* », dit Béraud IV de Mercœur (Arch. du
Puy-de-Dôme. Evêché. Sac VI, cote 139).

(3) *In castro Camalerie.* On sait que dans la diplomatique du temps le nom du
chef-fief s'étend aussi de la terre qui en dépend, à moins que du texte lui-même ne
résulte l'intention manifeste de spécialiser les constructions.

(4) Acte de février 1225. (*Bibl. nat. Arm. de Baluze.* Vol. 72, p. 166). Ces
biens s'augmentèrent des parts de Pierre de Chamalières, chanoine d'Artonne, qui
mourut abbé de Saint-André de Clermont (1261-1276. *Arm. de Bal.*, T. 72, f. 81-
82) ; et de Gautier, chanoine de Gerzat (*Ibid.* 1 et f. 89).

donna la suzeraineté à Robert évêque de Clermont pour l'indemniser des dommages de la guerre [novembre 1220] (1); aussi Béraud lui en fit-il hommage au mois de février 1225 (2). Mais les guerres civiles entre l'évêque et le comte avaient obéré le seigneur de Mercœur et, au mois d'avril suivant, il engageait le domaine utile de ces mêmes seigneuries à l'évêque en garantie d'un prêt de 1500 livres de Clermont (3). Si rares sont les espèces après ces longues guerres qu'il lui fallut ajouter sa terre et son château du Luguet dans le canton d'Ardes avec son château d'Aubijoux (*Al Bughes*) dans le canton de Marcenat [arrondissement de Murat] (4).

A partir de cette époque, Béraud IV remonte dans les montagnes où Blanche de Castille lui donne, dès le début de sa régence, le vicomté de Gévaudan, dit de Grèzes du nom de sa capitale militaire située près de Marvéjols pour en jouir toute sa vie et le défendre des entreprises du roi d'Aragon et du comte de Toulouse [janvier 1227 n. st.] (5). On le revoit en Basse-Auvergne cumulant les fonctions de maréchal du Bourbonnais avec celles de connétable d'Auvergne pour le roi dès le mois de juillet 1229 (6). Avec Archambaud VII sire de Bourbon, il

(1) Bal. *Op. cit.* II, 75. Ici encore l'acte porte sur « les fiefs de Gerzat, Malintrat, Lignat et la partie de Chamalières que tenait Pierre de Chamalières ». Le roi y ajoute le fief de la Forêt.

(2) Arch. nat. Armoires de Baluze, T. 72, p. 166. L'hommage fut fait par Béraud et par (son beau-frère) Pierre de Chamalières, le jeune, qui n'était pas encore moine et il est répété que les terres hommagées proviennent de Pierre de Chamalières.

(3) « ...*Et feodum illius partis de Camaleria cum pertinenciis suis quam Petrus de Camaleria tenebat* ». (*Bal. Op. cit.* II, 75).

(4) Arch. dép. Puy-de-Dôme. Evêché. Sac B, cote 139. Orig. — Bibl. nat. Arm. III de Baluze. Paq. 1, n° 2 ; T. 72, f. 72. — Mss. Crouset. bibl. de Clermont, n° 745, f. 22, v°. Notes prises en 1875. — La même année le Dauphin Guillaume et son fils Robert, non moins endettés, engagèrent au même prélat ce qu'ils avaient à Chamalières pour la même somme. (*Loc. cit.*, T. 72. *Codex homagiorum*, etc...

(5) Arch. nat. J. 295. *Hist. du Languedoc.* Privat. VII, col. 860. Lettres sous le sceau de Louis IX données à Paris.

(6) Baluze. *Op. cit.* II, 89. Et non en 1249, comme dit la généalogie médiocre du *Nobil. d'Auv.* IV, 116.

est le plus considérable représentant et le plus ferme défenseur de la monarchie dans cette région de la France.

Après lui, les arrangements de famille font passer les biens de Limagne entre les mains de Guillaume que les généalogistes disent être son fils.

Il est certain que Guillaume de Mercœur possédait, entre 1221 et 1223, la partie de la seigneurie de Bulhon (canton de Lezoux) qui relevait du comte Guy II et qui, après la confiscation, fit partie du domaine de la couronne (1). Ce fut ce qu'on appela par la suite Bulhon-pour-le-roi. Cette terre provenait-elle des Chamalières que nous avons déjà vus possessionnés près de là à Médagues ou fut-elle, comme on l'a dit, un don de Philippe Auguste, il est difficile de préciser. Pierre de Mercœur, l'un des successeurs de Guillaume, la vendit à Pierre de Chantelle qui la revendit en 1295 à Pierre de Bulhon (2) seigneur de la Forêt (commune d'Orléat) et de Cereix en Brivadois, descendant de ses anciens maîtres. La partie

---

(1) « *Hugo Rayellus juratus dixit quod Buillon cum pertinentiis suis valet XC libras et tenet illum Guillemus de Marcuel, miles* » (Baluze. *Op. cit.* II, 82.) Extrait d'une enquête sur la consistance et la valeur des biens que le comte Guy II avait prudemment donnés à sa femme en assiette de douaire au mois de juin 1209 avant de partir pour la guerre contre les Albigeois et parmi lesquels il avait compris son domaine de Bulhon (Baluze, *loc. cit.*). Mais, après le décès du comte, sa veuve ayant réclamé les biens donnés, Archambaud de Bourbon, usufruitier de l'Auvergne conquise, s'y opposa et demanda à la cour du roi l'annulation de la disposition de 1209 ; et c'est au cours de ce procès entre Archambaud et la veuve, Pétronille de Chambon, que cette enquête fut faite (Cf. Bal. *Op. cit.* II, 83). On y voit que Pétronille est veuve. (Texte d'un *Registre de Philippe-Auguste de* 1223, relatif au procès.) Or, le décès de Guy II est fixé à 1221 par un contemporain (*Cronicon B. Iterii armarii monast. S. Marcialis Lemovicensis*, p. 10. Ed. Duplès-Agier). La déposition d'Hugue Revel doit donc être placée entre 1221 et 1223.

(2) Donation par « noble Pierre de Chantelle à noble Pierre de Bulhon du chasteau de Bulhon et de la maison de Montanat (Montagne) que led. Pierre de Chantelle avait auparavant acquis de noble Pierre de Mercuer. Daté de l'an 1295 ». (Arch. nat. *Invent. du Trésor d'Olliergues* : R² 126, f. 60, n° 2.) Pierre de Chantelle avait encore un fief, en 1336, au puy de Paslières, à peu de distance de la châtellenie de Bulhon. (Arch. nat. Titres de la maison de Bouillon. KK 1113. Cartul. du comté de Forez 248). Une dîme de la paroisse de Dorat, près Bulhon, portait le nom de « dixmes

du fief de Thuret venue des Chamalières à Béraud IV de Mercœur passa également aux Bulhons de la branche dite Pèle-bois, *Pelabosc* (1). La partie de Chamalières qui leur était venue de la même source était minime au regard de ce qu'y possédaient les Dauphins depuis que leur part personnelle s'était augmentée du patrimoine d'Huguette; et, depuis lors, c'était eux les véritables maîtres de ce démembrement du comté de Clermont sous la suzeraineté de l'évêque, à ce point que Robert Ier Dauphin se qualifie quelque part comte de Chamalières ayant d'avoir recueilli la succession paternelle, de même que son père et son aïeul s'intitulèrent comtes de Montferrand, sans renoncer pour cela à leur qualité de comtes de Clermont (2).

Aussi est-il très probable que Guillaume de Mercœur fut, quoi qu'en ait dit Baluze (3), le mari d'une seconde Alixent qui, dans une charte de 1238, se dit dame de Chamalières avant de s'intituler dame de Gerzat et dont le sceau révèle qu'elle est la femme d'un Mercœur (4). Si la

---

de Chantelle » en 1352 (Arch. nat. R², 141) ; et une rue de Thiers s'appelait encore rue de Chantelle en 1578 et le 31 déc. 1602 (*Ibid.*). Quant à Pierre de Bulhon, il se dit mari d'Alix de Montaigu et seigneur de Cereix en Brivadois dans l'hommage qu'il fait à l'évêque de Clermont en 1299 (Arch. nat. Arm. Bal., T. 72, f. 225). C'est ainsi que ce descendant des vieux Bulhons recouvra une partie des biens qu'ils avaient perdus.

(1) « Que omnia legaverunt monasterio Sancti Hellidii et *ecclesiæ Turriaci* domina Pelaboscha soror Petrus (corr. Petri) de Builho et mater J. Pelaboscha » dit Faucon II de Montgâcon, en 1245 (Bibl. de Clerm. *Tablettes chronol.* de Dulaure). Rotgerius Pelaboc miles, al. Pelabosc, croisé en 1250 (*Spicileg. Brivat.*, p. 73), donne à Saint-Allyre toutes ses dîmes de la paroisse de Thuret (Arch. P. d D. Fonds S. Allyre. Layette 1e M, liasse 1e cote 1412). Voir pour le même et pour Johannes Pelaboc miles : Arch. nat. J. 314, n° 58. *Homagia ballive Enaziaci* et *Homagia Riomi. Etc. Pour* P. Pelabocs, *miles et Raymondus* Pellaboc *miles* en 1248-1263 et *Rotgerius* Pellaboc voir aussi : Donation de Durand de Jeu à Saint-Alyre (Arch. du P. d. D. Saint-Alyre Lay. 2e H. liasse 1e cote 1409); Vente par Gilbert de Jeu au même monastère en 1258 (Ib. Lay. 5e H, liasse 1e cote 1497) ; Lettres de Guillemette dame de Thuret, du 25 février 1259, n. st. (*Ibid.* n° 1496).

(2) Le premier Dauphin prend également la qualification de comte d'Auvergne dans des actes très authentiques.

(3) *Op. cit.* I, 169.

(4) Alixens domina Camaleriensis.., et Gerziaci anno MCCXXX octavo, mense maii

succession d'Alixent de Chamalières femme de Béraud V n'était pas ouverte en 1216, comme elle le fut de l'aveu même de Baluze citant l'acte et son gîte, ce serait d'elle qu'il s'agirait en 1238; mais du moment que la première est déjà décédée en 1216, la seconde ne peut être à la fois dame de Chamalières et de Gerzat que si elle est Alixent de Clermont, fille du comte Dauphin mari d'Alix de Ventadour (1); et Guillaume est son mari, car on ne connaît pas alors d'autre Mercœur que lui établi dans le Marais (2).

Il devait être mort en 1238. Quatre ans après, Alixent figure seule de nouveau dans les documents; et c'est encore uniquement sous le nom de « la dame de Mercœur » que sont portés les Marais de Sal, dans la seigneurie de Gerzat, en 1242 (3).

V.

Béraud seigneur de Gerzat et Alasie de Mercœur
vicomtesse de Murat (1263).

Béraud de Mercœur fils de Guillaume Ier et d'Alixent (4), était en possession de la seigneurie de Gerzat au mois de mars 1263 (n. st.). À cette date, il transigeait au sujet du droit de noces sur les habitants de Gerzat avec Jean de la Tuilière prieur du lieu et l'abbaye de Saint-Alyre que représentaient Hugues son abbé et Etienne du.

(Bal. *Op. cit.* II, 265). Le sceau portait en exergue : « S. ALIXENS DNE DE MERCORIO ». (*Op. cit.* I, 169.) Les frères se qualifiaient volontiers seigneurs de la terre patronymique, les uns et les autres, quand les partages n'étaient pas encore faits.

(1) Telle fut l'opinion de Justel.

(2) Ce fut son fils Béraud V qui épousa Béatrix de Bourbon.

(3) « Lo mares de la dona de Mercoir... Terra iosta mares a la dona de Mercoir al mares de Sal. » (Arch. dép. du Puy-de-Dôme. Fonds Port. *Terrier Dogue*, fol. 150 v°.)

(4) C'est à lui sans doute que s'applique cette mention d'un Nécrologe du chapitre cathédral de Clermont : « *XV Kal. maii. Ipso die obiit Domina de Gerzat, mater domini Beraldi de Mercorio* ». (Bibl. nat. Arm. Baluze. Vol. 284. Paq. 9, n° 39.)

Claux son syndic. Le prieur revendiquait pour le sacristain le droit de prendre part à tous les repas de noces des habitants se mariant dans le bourg (1).

Il est permis de croire que Béraud de Mercœur ne tenait pas outre mesure à s'asseoir à la table de tous les paysans de sa terre ; mais ce privilège était le symbole du droit primitif suivant lequel le tenancier, particulièrement le mainmortable, ne pouvait se marier sans avoir obtenu l'assentiment de son seigneur haut justicier ; et, les seigneurs tenaient à cette coutume comme à une manifestation permanente de leur suzeraineté haute-justicière, à l'égal du droit de banc dans l'église qui fit naître tant de procès et fit couler tant de sang aux xvie et xviie siècles. L'adoucissement des mœurs avait donné une forme toute familiale au droit de noces, en le réduisant à un simple droit de participation au festin nuptial ; puis l'avait transformé, dans l'intérêt de tous, en une taxe pécuniaire ordinairement très modique (2). Le prieur de Gerzat prétendait aussi à la perception des offrandes faites par les fidèles à l'église le lendemain de la Toussaint, à la distribution de ces aumônes, ainsi qu'à la disposition des biens de la luminerie, à l'encontre des consuls appuyés par le seigneur sur ce dernier point. Aussi « Béraud de Mercœur seigneur de Gerzat » se fit-il représenter devant Eldin Bouchal chanoine d'Ennezat, arbitre choisi par les parties pour régler le différend (3). Le bailli de Gerzat d'alors, Michel de

(1) E. Jaloustre. *Hist. d'un village de la Limagne. Gerzat.* (Mém. de l'Acad. de Clermont, 1885, pp. 185-186.) T. 72, f. 230.

(2) A Biozat (canton de Gannat) par exemple, il était de 7 sous 6 deniers (Chabrol. *Coût. d'Auv.* III, 484). Cependant il y avait des pays où il se payait encore en nature au xive siècle. Dans la seigneurie de Paulhac (canton de Brioude), les habitants étaient tenus d'envoyer au château une partie du repas de noces. Et, comme les officiers de trois seigneurs du lieu l'exigeaient complète et trop copieuse pour chacun d'eux, l'art. xviii de la charte inédite du 5 juin 1340 limita cette redevance à une mesure de vin et une seule pièce de chair que les seigneurs devaient partager entre eux, s'ils étaient plusieurs (Charte inédite des coutumes de Paulhac, que je me propose de publier).

(3) *Hist. de Gerzat,* précitée, p. 186.

Lardeyrol, d'une famille de vassaux des Mercœurs en Velay (1) souscrivit la sentence arbitrale de 1263 (2).

Suivant les concordances les plus plausibles Béraud eut pour enfants, et il eut en tous cas pour héritiers : Guillaume, Pierre et une fille Alasie, mariée au vicomte de Murat. Une courte notice est due à cette dernière.

Alasie de Mercœur vicomtesse de Murat a échappé, en effet, aux recherches de MM. de Sartiges, Paul de Chazelles (3) et de divers autres spécialistes. Veuve d'un seigneur de Boissonnelle, c'est-à-dire d'un Montboissier — le synchronisme indiquerait Eustache II pupille d'Alfonse de Poitiers — dont elle eut une fille Aliénor, Alasie de Mercœur convola aux environs de 1280 avec Guillaume III vicomte de Murat (4). Elle le rendit père de Begon dit Bégonnet dans sa jeunesse (5), Pierre, Guillaume, et de deux filles, Dauphine et Gaillarde. A celles-ci elle donna, pour leur dot monacale dans l'abbaye bénédictine de Beaumont, près Clermont, 100 sous de cens annuels à prendre sur le four neuf de Gerzat, et une rente de 20 setiers d'avoine sur le mas de Siaurac (commune de Perrier, canton d'Issoire), dont elle se réservait l'usufruit, pour la pleine propriété revenir après sa mort à l'abbaye de Beaumont, si ses filles y prenaient le voile. Alasie précéda son mari dans la tombe ; des difficultés sur l'exécution de sa libéralité s'élevèrent entre Ayceline abbesse de Beaumont et le vicomte de Murat administrateur de leurs enfants, tous mineurs. L'aîné, Begon, pourvu d'une

(1) Saint-Etienne-de-Lardeyrol, cant. de Saint-Julien-de-Chapteuil, arr. du Puy.

(2) Avec Pierre de Pompignat, Guillaume d'Orcet et Pierre Ragon (*Op. cit.*).

(3) *Dict. statist. et hist. du Cantal.* Article *Murat*, IV, 395 et suiv. — *Nobil. d'Auv.*, IV, 359. Peut-être l'article est-il de Bouillet.

(4) Guillaume III de Murat et Guillaume II de Gerzat donnèrent en la même année 1292 une charte de franchises, l'un à ses sujets d'Albepierre, l'autre à ses sujets de Gerzat.

(5) C'est, sans doute ce prénom, héréditaire chez les Calmont d'Olt, rapproché de celui d'Aliénor *id est* Eléonore qui a induit en double erreur P. de Chazelles dans sa Notice sur Murat insérée au tome IV du *Dictionn. historique du Cantal.*

procuration de son père [1305] (1) s'employa à les régler par un acte notarié de 1306, sous le sceau royal tenu par Guillaume de Laire, en vertu d'une procuration de son père (1305) délivrée sous le sceau de Guillaume de la Halle, qui en eut la garde en Auvergne après Guillaume de Laire (2). Le vicomte s'exécuta. C'est grâce à des pièces des archives du Puy-de-Dôme que nous connaissons l'existence et le sort d'Alasie de Mercœur. Elle était bien de la branche de Gerzat : lors du règlement d'un autre litige né entre Jean de Boulogne, alors seigneur de Gerzat, et les Frères prêcheurs de Clermont, à propos de l'assiette d'une rente qu'elle leur avait aussi léguée sur cette seigneurie, la transaction la nomme *Alasia domina quondam dicti loci Gerziaci* (3).

(1) Universis... Guillelmus de Area, tenens sigillum domini regis Francie in Arvernia... Constitutus personaliter *Bego de Murato, domicellus, filius nobilis viri domini Guillelmi vicecomitis de Murato, militis,* habens ab eodem patre suo... auctoritatem et speciale mandatum... confessus fuit quod olim dictus vicecomes pater ipsius domicelli... et recognovit quod domina *Aluzia de Mercorio mater quondam ipsius domicelli,* tempore quo vivebat... donavit... abbatisse et conventui monasterii Bellimontis... imperpetuum centum solidos reddituales... in... reddituibus... furni novi *Gerziaci...* ac donavit *Delphine et Gailharde filiabus dicti vicecomitis sororibusque dicti domicelli,* olim receptis pro monialibus dicti monasterii Bellimontis..., viginti sextaria avene censualia... in manso de Syorac... Datum die sabbati post octabas festi Pasche anno Domini M° CCC° sexto. (Arch. dép. Puy-de-Dôme. Fonds Beaumont. Liasse XIV C cote 14. *Orig.*)

(2) «... Nobilis vir dominus *Guillelmus vicecomes de Murato,* pro se et nomine administratorio *Begoneli, Petri et Guillelmi fratribus, filiorum suorum,* et *Delphine et Gailharde filiarum suarum, et quondam Alihenor filie quondam Alazie de Mercorio, quondam domine de Bossancla deffuncte...* confesserunt... quod dicta domina *Alazia de Mercorio,* dum vivebat... donavit abbatisse et conventui Bellimontis... centum solidos reddituales... in... proventibus... *furni novi de Gerziaco...* ac... *Delphine et Galharde filiabus dicti vicecomitis et quondam dicte Alazie,* olim receptis pro monialibus dicti monasterii Bellimontis : Testibus his presentibus domino Armando de Faydit milite, Stephano de Vernols, etc... Datum die mercurii post festum Penthecostes anno Domini M° CCC° quinto. *(Arch. P.-de-D. Loc. cit.)*

(3) Arch. P.-de-D. Jacobins carton 9. Transaction de 1366.

VI.

Guillaume II de Mercœur seigneur de Gerzat (1272-1307).

Guillaume II de Mercœur, successeur de Béraud dans Gerzat, eut plusieurs femmes. La première, probablement Marguerite de Montaigut ; la seconde, certainement une Ventadour (1), Dauphine, fille du vicomte Ebles VII (2). Cette alliance, en le faisant le cousin-germain de sa voisine Béatrix de Montgâcon, comtesse d'Auvergne et de Boulogne par son mariage avec le comte Robert VI, le plaça, lui et les siens, sous l'influence de la maison de Boulogne qui devait les absorber.

L'existence de ces derniers cadets de Mercœur est aussi terne que celle de leurs ancêtres avait été brillante, aussi inerte que la vie du connétable de Champagne fut agitée. Le sang des chefs est tari en eux. On ne peut leur reprocher l'intrigue ; au rebours des familles qui sortent en foule de l'obscurité durant le règne de Philippe le Bel et de ses fils et dont tous les membres grandissent autour du premier qui surgit, ni Guillaume II, ni ses frères, ni ses fils ne bénéficient, ne cherchent ou ne réussissent à bénéficier du crédit de leurs parentés ou de leurs superbes alliances, ni de la faveur du chef de la maison au moment où elle est le plus éclatante à la cour. Un Pierre de Mercœur somnolant près de lui, dans une stalle du chapitre cathédral de Troyes en 1308, un Béraud ou

---

(1) « *Ultima uxore sua, ex genere del Ventador* » dit Béraud VII dans son testament de 1314.

(2) Bal. *Mais. d'Auv.* I, 287. Ebles VII était le fils du vicomte Ebles VI et de Dauphine de La Tour. Sa sœur Isabelle avait épousé en 1263 Faucon III de Montgâcon fils de Robert et de Béatrix de Beaujeu, le roitelet du Marais de Limagne. De ce mariage n'étaient nées que deux filles : Béatrix, mariée en 1279 à Robert V d'Auvergne à Boulogne et Mahaut épouse en secondes noces de Guillaume de Bourbon qui, décédée sans enfants, avait laissé sa sœur unique héritière de la maison. (Bal. *Op. cit.* I, 107 ; II, 125-126.)

15

Géraud de Mercœur l'accompagnant dans son expédition d'Italie en 1320. sans qu'on sache au juste d'où il sort ; et c'est à peu près tout. On dirait des ruraux casaniers, vivant au jour le jour, les pieds sur leurs chenêts, quand ils ne cheminent pas très pacifiquement vers Clermont ou le Bourbonnais, inattentifs aux créanciers qui convoitent leurs dépouilles.

La mère de Guillaume II s'était remariée avec un seigneur de la maison d'Isserpent en Bourbonnais (1), et elle en avait eu un fils, simple chanoine de Thiers. D'Astorg de Mercœur, son frère germain, chanoine du Puy, rien de saillant non plus.

L'un et l'autre l'assistaient à Gerzat lorsque, au mois d'août 1292, Guillaume concéda aux habitants du bourg la mise en écrit de leurs franchises dans une charte de consulat (2). Par l'article XLIII il déclarait supprimé le droit de noces objet de litige trente années avant. Il reconnaissait à ses sujets le droit de réparer et d'augmenter les fortifications du « casar » et de clore la ville d'une enceinte ; il confessait tenir la seigneurie de Gerzat en fief de l'évêque dont le seing fut apposé sur le document.

Il commença au profit de la maison de Boulogne les aliénations du patrimoine de sa famille qui ne devaient

----

(1) Isserpent cant. de la Palisse, Allier ; branche probable des Châtel-de-Montagne, race chevaleresque du xiᵉ siècle, possessionnée en Basse-Limagne depuis au moins la campagne suivie de confiscation partielle, des troupes de Philippe-Auguste en 1204-1205. Pierre d'Isserpent, abbé de Mozat en 1252-1267 avait augmenté par des inféodations les domaines de sa famille dans cette région.

(2) « …*Nos Guillermus de Mercorio, domicellus, dominus (castri* ou *Caslari?) Gerziaci seu villæ Gerziaci in Arvernia…* (suit le texte de la charte en 53 articles). Et rogamus etiam *dilectos fratres nostros Astorgium de Mercorio canonicum Aniciensem et Guillelmum de Issarpano, canonicum Thiernii,* et dilectos fideles nostros domnum Albertum de Chalutz, et dominum Guillelmum Boysso et dominum Ademarium de Novavilla milites, quod ipsi una nobiscum jurent… (suivent : la confirmation d'Adémar al. Aymar de Cros évêque, l'approbation, la garantie des autres, l'apposition des sceaux). Actum et datum die veneris in octobris (*corr.* octavis) festi Assumptionis beate Marie XIᵉ Kalendas septembris, mense augusti, anno Domini millesimo ducentesimo nonagesimo secundo ». (Orig. aux arch. mˡᵉˢ de Gerzat. Publié par M. E. Jaloustre *Op. cit.,* pp. 134-144.)

plus s'arrêter, et ne vivait plus en 1307 (1). Damoiseau, il n'avait pas su se démoiseler par quelques bons coups de lance au cours de ces interminables guerres de Flandre où allèrent tous les nobles hommes de son temps et beaucoup de bourgeois. Il laissait Etienne, Guillaume, Béraud, Jean (2) ; et au moins une fille, Alasie. La généalogie de Montmorin y ajoute Béatrix, femme d'Hugues IV de Montmorin (3).

Les trois fils issus du mariage Ventadour furent les seuls dont le connétable de Champagne voulut se souvenir dans son testament et son codicille. Béraud disparu, il n'en restait plus que deux, Guillaume et Etienne. Quant à Jean de Mercœur, probablement issu du premier mariage, comme ses fils furent les derniers survivants, gardons-le pour la fin.

VII.

GUILLAUME III ET SON FRÈRE ETIENNE (1310-1366).

Guillaume III, l'aîné des fils de Guillaume II et de Dauphine de Ventadour, fut une sorte de *capite minutus*. Il resta longtemps dans l'indivision avec son frère Etienne qui se qualifiait en 1310 « seigneur de Gerzat pour partie » (4) et paraît avoir été la tête de la famille. Guillaume fait acte de seigneur du lieu la même année

(1) Arch. nat. Arm. VIII de Baluze. Vol. 199, p. 8 ; Arch. Puy-de-Dôme ; Evêché. Liasse 245 ; Testament de Béraud VII, connétable de Champagne (Balu e. *Op. cit.* II, 337).

(2) Pour Etienne, Guillaume et Béraud : *Bal. Op. cit.* I, 65.

(3) Comtesse de Carneville ; d'après les titres de famille. Hugues ne vivait plus en 1277. Voir aussi Chabrol. *Cout. d'Auv.* IV, 282.

(4) « *Nos, Stephanus de Mercorio, dominus pro parte Gerziaci* » (Arch. nat. J. 1085, n° 9). Rachat en 1310 au prix de 30 livres, d'une rente de 40 sous tournois sur Gerzat, qu'Alixent de Mercœur, naguère dame de Gerzat, avait léguée à Hugues de Chastel (de Montagne). (Arch. nat. R² 126, fol. 65).

qu'Etienne (1). Les dernières dispositions du connétable
de Champagne apportèrent une déception aux uniques
héritiers de son nom. De la colossale fortune du cousin,
elles ne leur assuraient que la terre du Planchat dans la
montagne d'Issoire (commune de Saint-Sauves) près de
la Bourboule, à concurrence d'un revenu de 500 livres,
35 à 40,000 francs de rente en valeur relative de notre
temps. C'était quelque chose ; encore fallait-il attendre le
décès d'Isabelle de Forez à qui l'usufruit était réservé (2).

Sur ces entrefaites, Guillaume se maria. Il épousa Isabelle de Montaigut, dame de Douharesses, de cette famille
chevaleresque des Blancs, connue depuis le xi⁰ siècle (3),
seigneurs de Moncellet et de Montaigut près Champeix,
qui prit d'eux son sobriquet de Montaigut-le-Blanc et
dont les ruines n'ont pas fini de s'effriter à la cime d'un
pic du Lembronnais. Ces Montaigut avaient été au siècle
précédent l'une des plus hautes illustrations de l'Orient
latin qui les avait vus en moins de quarante ans donner
à l'ordre de Saint-Jean-de-Jérusalem son grand-maître
Pierre de Montaigut (1207-1230), à Nicosie la métropole
de Chypre son archevêque Astorg de Montaigut (1217)
frère de Foulques ou Faucon évêque de Lydda en Palestine, sans compter Pierre de Montaigut, seigneur de Malintrat et de Douharesses, mort en 1250, en Egypte, des
blessures qu'il avait reçues « au siège du château de la
Massourah », après avoir eu le temps de faire son tes-

(1) Baluze. *Op. cit.* II, 339.

(2) Lettres d'Humbert, provincial des Cordeliers de Bourgogne, du mercredi après
Oculi mei de 1310 (Bibl. nat. Arm. VIII de Baluze, T. 199, p. 8. Mss. Crouset à
la Bibl. de Clerm. Relevé en 1875). Je n'ai plus pu retrouver ce cahier mss. à la
Bibl. de Clermont en 1894. — Testament et codicille de Béraud VII (Baluze *Op. cit.*
II, 338 et 339.

(3) Sobriquet devenu patronymique dans une branche des Boullier, al. Boutlier,
Bothlier, Boutliet, Bouteiller, Bollet, dont le premier connu est Arbert, vivant à la fin
du xi⁰ siècle. Voir pour les Blancs : (*Cartul. de Sauxillanges*, ch. 624, 631, 966,
616, 615, 618, 272, 860, 849, 697 *bis*, 637, 939, 856, 713, 957) ; *Spicileg. Brivat.*,
p. 17 ; *Dict. hist. du Cantal* III, 60 ; *Arch. nat.*, J, 1060 ; *Tablettes chronolog.
de l'Auvergne* (mss. de Dulaure à la Bibl. de Clermont, sous la date de 1245, etc.

tament (1). Odon, grand-prieur d'Auvergne de l'Ordre
des Hospitaliers en 1323-1324 (2), né de l'union de Guérin de Montaigut seigneur du lieu et de Champeix avec
Randonne de Polignac, continuait ces nobles traditions
du vivant de Guillaume de Mercœur et de sa femme Isabelle.

La mariée était d'ailleurs une voisine de terres de Guillaume aussi bien à Douharesses (commune d'Orcival) près
de la terre de Nébouzat que dans le Marais, où les Montaigut étaient seigneurs de Malintrat et autres fiefs des
environs (3). La branche qui avait conservé le sobriquet
patronymique de Blanc possédait aussi une partie des
seigneuries de Vialle et de Luzillat sous le château de
Montgâcon (4) ; et c'est chez ces derniers que Guil-

(1) Des généalogistes font de ce Pierre de Montaigut un frère des deux précédents
et lui donnent encore pour frères Géraud et Bernard, évêque du Puy en 1219 (Tardieu. *Dict. histor. du Puy-de-Dôme* v° *Montaigut-le-Blanc*, pp. 220-221. Etc...).
Mais, en réalité, le croisé Pierre, blessé à mort à la Massourah en 1250, était le neveu
du grand-maître Guérin (Chassaing. *Cartul. des Hospitaliers du Velay*, p. xli).
L'obituaire de Brioude commémore ainsi son décès : « xv *Kal. april. Obiit Petrus de
Monte acuto qui, crucesignatus, decessit in exercitu S. Ludovici regis Francorum in partibus ultramarinis Egypti, ultra la Damiatta, in obsidione de la
Massarra* (corr. Massoura), *qui legavit nobis* xl *libras Podiensium* ».

(2) Niepce. *Le Grand-Prieuré d'Auvergne*, p. 272 (en 1323). — Bibl. de Clermont.
Mss. Crouset. Copie d'un titre original du Fonds Decamps, n° 125 de la Bibl. nat.
Vente en 1324 par Guigues VIII, dauphin de Viennois, de ce qu'il possède dans La
Sauvetat, à Odon de Montaigut, précepteur des Hospitaliers. Marcellin Boudet. *Le do-
maine des Dauphins Viennois en Auvergne.*

(3) Au mois de novembre 1220, Philippe-Auguste donnait à l'évêque de Clermont la
suzeraineté de ce que Pierre de Montaigut, Béraud de Mercœur et Guy de Vernet
possédaient à Malintrat, Gerzat, Lignat et Thuret (Baluze. *Op. cit.* II, 75). En 1299,
Alix de Montaigut fait un échange de ses biens sis à Aulnat avec le chapitre cathédral
(*Arch. du Puy-de-Dôme.* *Chap. cath. Arm.* XII, sac D, cote 9). Blanche de Mon-
taigut, hommage, en 1358, à l'évêque, pour le château de Malintrat *Malo Introitu*
(*Gallia Christ. II, Eccl. Clarom. Instrum.* col. 96). En 1388, hommage par une
autre Blanche de Montaigut à Godefroy 1er de Boulogne seigneur de Montgâcon et de
Rochesavine, où elle se dit dame de Lezat (cant. de Randan) et de Lagarde (com. de
Luzillat, cant. de Maringues). (*Arch. nat.*, R² 126, fol. 84).

(4) En 1245, Faucon II de Montgâcon hommage à Alfonse de Poitiers : « pro feode
que Petrus de Bulhon, *Stephanus Blans* et Radulfus de Ponte Gibaldi *milites*, tenent
de me... scilicet... forteritiam de Lusillac cum pertinenciis suis etc... ». (*Tablettes chronol. de l'Auv. mss. précité.*)

laume II paraît avoir pris sa première femme. Les croisades avaient éreinté cette famille. Lorsqu'Isabelle de Montaigut régla ses reprises dotales sur Gerzat après la mort de Guillaume de Mercœur, elle dut se contenter de 80 livres de rente viagère (1), et les autres filles de cette maison n'étaient alors guère mieux pourvues.

En 1327, Guillaume hommageait à Marie de Flandre, dame de Montgâcon, comtesse douairière d'Auvergne et de Boulogne et veuve de Robert VII, pour ce qu'il possédait dans « la ville de Luzillat et la ville de Chas, près Luzillat » (2). De ces « villes » l'une est un village près de Montgâcon et l'autre était un hameau dont il subsiste un pauvre moulin, à sec la moitié de l'année.

Audigier a dit que Guillaume, n'ayant point de postérité, donna Gerzat à Béatrix de Montgâcon, sa tante bretonne (3). Il n'appuie d'aucune preuve cette allégation inconciliable avec les dates. Béatrix, femme du comte Robert VI, est morte avant 1329. Or, le 11 avril 1329, Guillaume III de Mercœur « seigneur de Gerzat » confirmait aux habitants la charte de franchises que son père, Guillaume II, leur avait concédée en 1292 et l'augmentait de nouveaux privilèges (4) ; ce qu'il ne pouvait

----

(1) Arch. nat. *Titres de la maison de Bouillon*, R² 126, fol. 63. *Invent. du Trésor d'Olliergues*.

(2) *Ibid.* R² 126, f. 125. Même Invent. dressé judiciairement en 1667.

(3) *Hist. mss. d'Auv. art. Gerzat*. Reproduit par M. Elie Jaloustre, *Op. cit.* p. 281. Audigier a pu être trompé également par les possessions utiles de Béatrix, de son mari, de son fils et de ses petits-enfants, dans Gerzat, avant d'en posséder la seigneurie.

(4) L'original de cette confirmation est aux archives municipales de Gerzat. Il est, de plus, assez longuement analysé dans l'*Inventaire du Trésor d'Olliergues* (*Arch. nat.* R² 126, fol. 63). Il y est rappelé que Guillaume de Mercœur, seigneur de Gerzat, ajouta les privilèges suivants à ceux reconnus par son père : 1° Aucune taille imposable aux habitants sans leur assentiment ; 2° Promesse de ne faire arrêter aucun délinquant hors le cas de « crimes de mort », c'est-à-dire punissables de mort ; 3° Reconnaissance aux consuls du droit de garde cumulativement avec le bailli seigneurial des biens des intestats pendant un an avant de les remettre au seigneur, s'il ne s'est pas présenté d'héritiers durant ce délai ; 4° Droit des consuls de faire construire ou réparer les murs de la ville, le seigneur conservant le même droit.

faire qu'en qualité de seigneur investi du *dominium* et
de la haute justice. Audigier n'avait-il pas confondu
Béatrix avec sa belle-fille Marie de Flandre, dame de
Montgâcon comme elle et femme du comte Robert VII,
comme Béatrix l'était du comte Robert VI ?

Guillaume mourut entre 1329 et 1334 à la survivance
de sa femme Isabelle (1).

L'union ayant été stérile, il laissait son frère Etienne
pour héritier. Par un testament mal bâti, paraît-il, il faisait des legs à sa femme, aux Frères Prêcheurs ou Dominicains de Clermont, et peut-être à son cousin Jean Ier de
Boulogne qui fut son exécuteur testamentaire. Etienne
devenait, en outre, seul bénéficiaire du legs de Béraud VII.

Justement, vers la même époque, la mort de l'usufrui-
tière, Isabelle de Forez, l'investissait de la pleine propriété
du legs (2). Mais, au lieu de trouver le champ libre, Etienne
se vit jeté dans la mêlée des compétiteurs à la succession
du connétable, Charles de Valois, le Dauphin d'Auvergne,
les Polignac, les Vissac et autres ayants droit en train de
batailler au parlement, tandis qu'à Gerzat il avait à
tenir tête à Marie de Flandre, intelligente femme d'affaires, toute dévouée aux intérêts de ses fils, à qui la
seigneurie de Gerzat était nécessaire pour relier leurs
terres du Marais à leur fief dit de la Maison de Boulogne,
dans Clermont et sa banlieue. Ils avaient déjà un pied
dans la place et il n'était pas douteux que leur tutrice pour-
suivrait son but obstinément ; d'où mille ennuis. Avec
quels appuis, avec quelles ressources pourrait-il lutter à la
fois à Paris et à Clermont ? Il prit son parti ; et la même
année, 1334, il cédait à Jean de Boulogne et à Marie de

---

(1) En cette année 1334, à Beaumont, près Clermont « *Ysabellis de Monte acuto,
relicta quondam domini de Gerziaco*, hommage à l'évêque pour maisons situées à
Gerzat, en présence de deux chevaliers, Guillaume de Murols et Guillaume de Fonte-
nilles (Arch. du Puy-de-Dôme. Evêché. *Reg. des Hommages*, cote I, n° 2).

(2) Elle testa au mois d'octobre 1332 et sa mort suivit de près son testament (Chaverondier. *Invent. des titres du comté de Forez*, n°s 1124, 1133 et 30).

Flandre, agissant au nom de ses deux autres fils mineurs, Guy et Godefroy, le « casar de Gerzat » en échange du « casar de Nébouzat » avec les hautes justices, fiefs et droits quelconques dépendant des casars échangés (1).

Dans la langue du temps et de la région, le casar, caslar ou « forteresse » (2) ne s'entend pas seulement du château, vu que presque tous les villages plats du Marais de Limagne, même dépourvus de château, ont leur « forteresse » au xive sicle. Les actes et les terriers donnent ce nom au quartier central du village ou du bourg, entouré d'une enceinte de fossés et de « palis » (3), destinée à servir de refuge aux habitants et à leur avoir mobilier en cas de péril. L'église, la cure, les greniers du seigneur et sa demeure, s'il en possède une dans le lieu, se trouvent d'ordinaire dans cette enceinte. Les maisons y sont empilées. Les familles notables ont une « chambre dans la forteresse », réduits étroits bâtis ou souterrains, indépendamment de leur habitation dans le village ou le bourg, et le cens en est plus élevé qu'ailleurs. L'emplacement du *casar* de Gerzat se reconnaît encore aujourd'hui, dans le milieu du bourg, aux ruelles qui en circonscrivent le pourtour, à des vestiges de constructions, au nom même de « *Casernes* » que le peuple lui a conservé en le déformant comme il a

(1) Lettres d'Etienne de Mercœur du jeudi après *Invocavit me* de 1334. Témoins : Hugues, prieur de Royat ; Guillaume (de Neuville) de la Chabre, prieur de Luzillat ; Guillaume Beschard *(Arch. nat. J. 1085, n° 8. Orig. jadis scellé).*

(2) *Casarum seu fortalicium.* Un simple retranchement sans constructions ou habitations fortifiées, suffit à constituer le *fortalicium,* la forteresse rurale. Le *castrum* suppose les deux. Mais comme tous les *castra* étaient entourés d'une ou plusieurs enceintes, il arrive souvent que les actes leur donnent indifféremment l'un ou l'autre de ces noms. Au contraire, le simple *fortalicium* (retranchement) n'est jamais qualifié de *castrum*. Entre autres documents, Baluze *(Op. cit.* II, 253) a publié un traité de 1247 relatif au caslar du village de Dauzat où la distinction est bien faite. L'une des parties « *debet œdificare munitionem in predicto caslario, in loco qui videbitur magis idoneum* ». Un édifice fortifié dans l'intérieur du caslar.

(3) Notamment les Terriers de la baronnie de Montgâcon, de 1392 à 1405, comprenant une grande partie du Marais ; ceux du Chastel-d'Ennezat, Saint-Beauzire, Pagnan, etc,.. au xve siècle.

coutume de le faire (1) Le château chef-fief s'y trouvant au XIVe siècle, céder le casar et sa justice, c'était, de la part d'Etienne, aliéner ce qui lui restait de la seigneurie. Les Boulogne avaient déjà des biens dans le village et la terre de Gerzat, comme dépendances de leurs châtellenies voisines, mais voilà leur premier titre de seigneurie haute justicière sur la châtellenie de Gerzat.

Le choix de Nébouzat pour l'échange s'explique fort bien. Ce démembrement de l'ancien comté de Clermont était pour les Mercœurs une propriété de famille ; il leur était advenu de leurs alliances avec les Chamalières et les premiers Dauphins comtes de Clermont ; propriété très morcelée depuis. En 1301, Béraud. VII de Mercœur avait cédé sa part, nous l'avons vu, au comte Robert VI de Boulogne, grand-père de ceux qui la rétrocédaient à Etienne en 1334 (2). La montagne qui domine Nébouzat portait et porte toujours leur nom : là aussi le pied des Mercœurs avait laissé son empreinte ; à tant faire que de perdre Gerzat, mieux valait aller là qu'ailleurs. Cependant le troc n'était guère avantageux. Etienne se trouva lésé considérablement par l'échange, les frères de Boulogne et leur mère s'exécutèrent et lui ajoutèrent 120 livres de rente à prendre sur Nébouzat par une transaction du mois de février 1338 (1339 n. st.) dont l'original existe aux archives nationales (3). Alors, mais alors seulement, il se dessaisit de la seigneurie de Gerzat dont il avait jusque-là

(1) Tel l'ancien quartier de *Pessas porcz* (terriers), dépaissance des porcs, en dehors des remparts à l'ouest de la ville de Clermont, dont il a fait la rue du Passeport.

(2) Voir § 1er, pp. 14-15 de la présente étude. En 1282, Odilon de Mercœur, prévôt de Brioude, oncle de Béraud VII, en détachait des redevances à prélever sur Laschamps et Saint-Genès-Champanelle qui en dépendaient pour en gratifier l'abbaye de Beaumont (*Arch. P.-de-D. — Fonds Beaumont*).

(3) Rouleau de 1m50 de long. — Acte daté du dimanche avant la saint Valentin (14 février) de 1338, et dressé par les notaires Pierre Rigaud, Germain et Aldin Sauvagnat, sous le sceau de Hugues Grégoire, clerc et garde du scel de la sénéchaussée d'Auvergne (*Arch. nat.* J. 1085, no 8). — Les Boulogne exceptèrent de l'assiette les territoires de la châtellenie de Nébouzat qu'ils possédaient en leur qualité de seigneurs de Pontgibaud.

gardé le titre (1) et il enjoignit à ses sujets et vassaux de Gerzat de reconnaître désormais les enfants de Boulogne pour leurs seigneurs. A partir de ce jour il ne se qualifie plus qu'Etienne, damoiseau seigneur de Nébouzat, ainsi qu'on le voit dans une reconnaissance de 1341 qu'il signe au château de Joze, chez les frères de Boulogne, seigneurs de Montgâcon (2).

Pendant qu'il réglait ainsi, non sans regrets, sa situation vis-à-vis de la maison de Boulogne, par amour de la paix, Jeanne de Joigny, comtesse de Valois, l'héritière principale de Béraud VII, mourait (1336); et une décision de 1339, en adjugeant la baronnie de Mercœur au Dauphin d'Auvergne, mettait Etienne en présence d'adversaires non moins puissants, les Dauphins et les Polignac. Depuis deux ans au moins, il s'était nanti de la terre du Luguet en garantie de son legs et de ses droits héréditaires éventuels (3). Cette fois encore il en termine par un compromis avec Béraud Ier Dauphin, fils du comte de Clermont. L'arbitrage fut confié à des personnages éminents, tels que le comportait l'intérêt en jeu : Guy de Boulogne, plus tard cardinal; Philippe de Melun, évêque de Châlons-sur-Marne, et Guillaume Flotte, seigneur de Ravel et d'Ennezat, chancelier de France. Par leur sentence du 12 juin 1339, la grande Terre de Mercœur fut attribuée au Dauphin dont le père avait acheté les droits des Joigny;

(1) C'est ainsi qu'il s'exprime en 1337 dans son hommage à Raymond des Prés, évêque de Clermont, pour les châtellenies de Gerzat et du Luguet : « *Ego Stephanus de Mercorio, dominus villarum et castrorum Gerziaci et de Lugueto, domicellus, etc...* » (Arch. du Puy-de-Dôme. Evêché. Liasse 245). Titre cité par M. Jaloustre *(Op. cit.*, p. 280) sous la date de 1307 : erreur purement matérielle. L'administration de Raymond, le seul évêque de ce prénom qu'ait eu le diocèse, ne commença qu'en 1337 et ne dura que trois ans.

(2) « *Stephanus de Mercorio, dominus de Nebozac... Aatum et datum in castro de Jauza anno* MCCCXLI » (Baluze *Op. cit.* II, 161). Joze était une dépendance de Montgâcon et les trois frères étaient encore dans l'indivision.

(3) Des arrangements ou des décisions qui nous sont inconnus pour le moment avaient substitué le Luguet au Planchat que convoitaient les Latour. Etienne prenait encore le titre de seigneur du Luguet en 1337, dans son hommage à l'évêque.

400 livres de rente furent assurées à Etienne de Mercœur, sous la condition de céder le Luguet au vicomte de Polignac (1), et la part d'Etienne de Vissac, autre ayant-droit, fut fixée (2). Quatre ans après seulement, Etienne de Mercœur se résignait à confirmer cette solution au profit de Jean Dauphin, fils de Robert III et d'Alixent de Mercœur (3), et alors il put obtenir l'assiette de sa rente de 400 livres sur des territoires déterminés (4).

En définitive, d'arrangements en concessions, il avait été délogé du fertile bien patrimonial de Limagne, refoulé au delà de la montagne du Puy-de-Dôme, évincé dans les montagnes d'Ardes des grandes terres féodales, sources de la puissance. Du moins, son esprit de conciliation avait-il contribué à assurer la principauté des ancêtres aux descendants d'une Mercœur. Las de ces luttes, célibataire, et probablement ses ressources épuisées, il se retire du monde et des procès, grêle des familles qui tombent. Déjà en 1339, il ne prenait plus le titre de damoiseau et on lui donnait du *nobilis et discretus vir* réservé aux gens d'église bien nés. Il laisse l'impression d'une nature douce moins faite pour la bataille que pour la vie de chanoine ; il comprit sa vocation et mourut pourvu d'une prébende au chapitre cathédral de Clermont. Après avoir vécu, comme son frère Guillaume, à l'ombre de la virile maison de Boulogne, il choisit comme lui Jean Ier, alors devenu comte d'Auvergne, pour exécuteur testatentaire et peut-être pour héritier partiel. Le 6 juin 1366, ce prince, en donnant une maison de Clermont pour assiette à une rente de 12 setiers de blé léguée par Etienne au chapitre cathédral, déclare à ses membres la donner pour lui

(1) Baluze *Op. cit.* 1, 289,

(2) On lui attribua la châtellenie de Murs, près de La Chaise-Dieu, avec 200 livres de rente sur le péage de Sistrières dans la Margeride.

(3) *Invent. des titres des Dauphins*, etc... (Bibl. de Clerm. mss. Crouset ; copies des Arch. nat. et du fonds Baluze. Note relevée en 1875).

(4) Arch. nat. R² 127, cote 50.

et au nom de « feu Etienne de Mercœur leur co-chanoine » (1).

Le testament de son frère Guillaume avait été d'une exécution moins facile. Interprétations contraires ; difficultés au sujet d'un legs fait à sa femme Isabelle (2) ; différend sur les reprises ; litige entre Jean de Boulogne et les Dominicains de Clermont qui alléguèrent « *l'insanité* » *d'esprit* » du testateur. Jean de Boulogne était un homme sage ; il coupa court à ce fâcheux débat en donnant à ses adversaires, le 4 juillet 1349, des satisfactions qu'ils acceptèrent (3).

Godefroy Ier de Boulogne, alors seigneur de Montgâcon et de Gerzat, ratifia ce traité le 3 février 1366, c'est-à-dire à la même époque où son frère Jean réglait avec le chapitre pour le testament d'Etienne (4).

Deux damoiseaux, deux braves gens, tout porte à le croire ; l'un s'éteignant après dépossession de sa terre, dans une prébende canonicale ; l'autre finissant dans l'imbécillité au dire de contemporains dignes de foi ; tels sont les souvenirs que nous laissent les documents sur les derniers Mercœurs, seigneurs de Gerzat.

Il ne nous reste plus qu'à voir ce que devinrent leur frère Jean de Mercœur, seigneur de Demolle et de Servant et ses enfants.

(1) « Pro se et causa domini Stephani de Mercorio quondam concanico ». La maison qu'il assigne était « dans la paroisse du Port, joignant le mur d'enceinte de bise, et la Porte de la ville » (Arch. nat. J. 1085, n° 16).

(2) Marie de Flandre, au nom de ses enfants, transigea avec elle en 1340, moyennant 60 livres de rente viagère sur Gerzat et une maison dans le bourg (Arch. nat. R² 126, fol. 63).

(3) Arch. du Puy-de-Dôme, Fonds Jacobins, carton 9. — Jean relate dans cet acte un legs de 40 sous de rente fait naguère.

(4) Par lettres délivrées au château de Novacelle, où il rappelle, qu'au dire des Frères Prêcheurs, Guillaume de Mercœur n'était pas « sain d'esprit » *(Arch. Puy-de-Dôme. Jacobins, carton 9. Orig. muni du sceau de Godefroy)*. Godefroy II de la Tour en 1398, Claire de Gonzague, comtesse de Montpensier et de Clermont en 1404, Godefroy III de la Tour en 1464, ratifièrent aussi cette convention, en leur qualité de seigneurs de Gerzat. *(Ibid.)*

VIII.

FIN DE RACE.

Jean de Mercœur et ses fils, seigneurs de Servant et de Demolle (1310-1334).

Jean de Mercœur, fils de Guillaume II, fut également un assez pauvre sire.

En 1312, il hommageait au roi pour sa part de Gerzat, en se qualifiant seigneur du lieu (1), prétention qui pourrait justifier son extraction du premier mariage de son père (2), mais que les partages de famille ne lui permirent pas de maintenir. Il ne conserva dans la châtellenie de Gerzat qu'une part très secondaire dont le chef-fief haut justicier paraît avoir été à Donnevignes. Ce fut sans doute de l'hoirie maternelle que lui vint la seigneurie de Servant (canton de Menat, arrondissement de Riom), dans la Combraille bourbonnaise, ainsi que le fief de Demolle (3). Servant était fort peu de choses et ne rapportait certainement pas 100 livres de revenu (4). Demolle, village de la paroisse de Luzillat, canton de Maringues (320 habitants en 1885), en pays remarquablement fertile

(1) Bettancourt. *Noms féodaux*, II, 635.

(2) Il est, en effet, nommé le premier dans une lettre d'Humbert, provincial des Cordeliers, délivré en 1310 le mercredi après *Oculi mei* (Bibl. nat. Fonds Baluze. Arm. VIII, page 8, vol. 199. Mss. Crouset).

(3) « Noble damoiseau Jehan de Mercœur, seigneur de Cernant *(corr, Cervant)* et de Demolle » dans l'hommage de 1312 (Bettancourt, *loc. cit.*).

(4) Le 31 janvier 1494, malgré l'augmentation considérable de la valeur des biens dans l'intervalle, cette petite seigneurie fut vendue à réméré avec celle de Besson, par son propriétaire Godefroy III de La Tour, seigneur de Montgâcon, à Charles de Laqueuille, au prix total de 2,000 livres, en garantie d'un prêt de pareille somme ; et une sentence du bailli de Montferrand en ordonnait la délivrance réelle au prêteur, le 23 août 1503, en garantie des 100 livres d'intérêts annuels qui lui étaient dus. (Arch. nat. Carton R² 108, n° 389.) [Alex. Bruel. *Invent. du fonds d'Olliergues*. Titres de la maison de Bouillon.]

avec une chapelle vicariale sous le vocable de Saint-Jean dépendant autrefois du prieuré de Ris (1) eût valu un peu plus s'il n'eût été déjà très divisé entre les châtellenies du voisinage. Ce petit fief était limitrophe de celui de Lagarde, propriété des Montaigut à la fin du xive siècle. Etienne mentionne son frère Jean comme défunt en 1334 (2).

Besogneux, ou mol administrateur, il vit ses vassaux déguerpir sa terre pour se soustraire à l'âpreté de ses officiers de justice. Plusieurs se réfugièrent à Riom où l'un d'eux se fit recevoir bourgeois (3). Les consuls interdirent aux sergents de Mercœur de pratiquer aucune saisie sur les nouveaux venus en vertu de leurs privilèges municipaux. Procès. Un mandement de Charles V y mit fin en ordonnant à son bailli d'Auvergne de s'opposer à ce que les consuls reçussent les sujets des hauts-justiciers sans leur assentiment (4). Il devait s'agir de mainmortables ; il n'en est pas moins vrai que ces exodes ne se produisaient guère que dans les seigneuries où les abus n'étaient pas réfrénés (5).

Jean laissa plusieurs fils : Guillaume IV, Jean, et peut-être Pierre de Mercœur qui fut convoqué en 1350 au ban de la noblesse d'Auvergne avec Jean de Boulogne, seigneur de Montgâcon et de Gerzat, le duc de Bourbon et Béraud Dauphin, sire de Mercœur (6). J'en perds la trace après cette date.

(1) *Calendrier d'Auvergne* de 1765.

(2) Arch. nat. J. 1085, n° 9. Voir aussi J. 1035.

(3) Des sujets du chancelier de France Guillaume Flotte, seigneur de Ravel et d'Ennezat-ville, en firent autant à la même époque ; mais leur maître était presque toujours absent pour le service de l'Etat.

(4) A la condition qu'ils fussent « habitants hors de Riom et dans les terres des seigneurs, y couchant et levant, y possédant leur domicile ». Dans le doute, les parties devaient être ajournées au Parlement.

(5) Arch. municip. de Riom. **BB. 129.** Liasse. Pièce originale. Au dos est une annotation du xive siècle : « Aysso sunt las rasos que proposez lo senhor de... et de Demola per una ynibic (i) o que avian fayt Pacaus los... en la terra daldit senhor per lo fayt de la borzesia ».

(6) De la Roque. *Le ban et arrière-ban,* p. 103. *Nobil. d'Auv.,* VII, 275.

L'aîné Guillaume, que nous coterons Guillaume IV parce qu'il hérita de son père une partie de la seigneurie de Gerzat, se manifeste en 1351 dans une transaction avec le chapitre cathédral au sujet de sa haute justice de Donnevignes et de ses pâturages (1). L'année suivante il fait hommage à la couronne pour ce qu'il a dans la châtellenie de Gerzat, pour le fief de Servant et pour la terre de Fontnoble entre Gannat et la forêt de Randan (2). Faible d'esprit comme son oncle Guillaume III, il précipite la décadence de la famille.

Après avoir cédé aux habitants de Gerzat ce qui lui reste dans le « casar » et dissipé le surplus on ne sait comment, il se retire à Servant où sa mère est morte. De même que ses oncles ne sont plus que des familiers, des protégés de la maison de Boulogne, il va vivre là, en paysan, sous la protection de Jean de Bourbon, bâtard légitimé du duc Louis Ier (3) et suzerain du lieu. Fait prisonnier sur le champ de bataille de Poitiers avec Jacques de Bourbon (4), le bâtard n'avait recouvré la liberté que pour combattre les Anglais. Sa famille lui revalut le lustre et les services qu'elle en recevait. Son frère, le duc Pierre Ier, lui donna la châtellenie de Rochefort (5) avec le château d'Ebreuil et toutes leurs dépendances (6), dont Servant faisait partie en domaine éminent. Le duc Louis II complétait les libéralités de son père, le 22 juin 1360, par le don de « la terre et justice de Bellenave (7) ». Il reçut

(1) Arch. du Puy-de-Dôme. Chap. cath. Arm. XI, sac M, cote 2.

(2) Dans la commune de Biozat, canton de Gannat.

(3) La Mure. *Hist. des ducs de Bourbon et des comtes de Forez*, II, 31, note 1. Edit. Chantelauze.]

(4) Rymer. *Fœdera et conventiones*, III, 143.

(5 et 6) La Mure. *Loc cit.* Il s'agit de Rochefort, commune de Saint-Bonnet-sous-Rochefort, canton d'Ebreuil, et non des autres lieux homonymes qu'on lui a attribués. Le duc Louis II de Bourbon lui confirma la donation de son père le 4 juillet 1369. (*Arch. nat.* P. 1378², n° 3087). Jeanne de Bourbon lui donna aussi en 1363 la châtellenie importante de Bessay-le-Grand (*Ibid.* P. 1378², n° 3090).

(7) Arch. nat. Titres de la maison de Bouillon. Carton R² 108, n° 120 *bis*. Invent. d'Alex, Bruel, p. 27.

encore la seigneurie de Jenzat, et devint ainsi le défenseur de la marche arverno-bourbonnaise.

Guillaume ne pouvait choisir de soutien plus capable et plus vaillant que ce seigneur aussi remarquable au conseil qu'à la guerre, lieutenant de Louis II de Bourbon, et l'un des gouverneurs de l'Auvergne et du Bourbonnais après le traité de Brétigny. De même pouvait-il espérer d'être à l'abri des maux de la guerre dans ce coin perdu du canton de Menat sur les confins du canton d'Ebreuil.

Il n'en fut rien ; les compagnies anglo-gasconnes du Limousin l'envahirent. En 1360-1361 Menat était occupé par une bande anglaise de « 60 glaives » (lances) sous les ordres de Jean de la Roche et du redoutable commandeur de Bellechassaigne (1). Les Anglais eurent le temps de dévaster et de ruiner le pays avant d'en être chassés par Louis et Jean de Bourbon.

Que Guillaume de Mercœur eût à payer une dette de reconnaissance ou d'argent, ou que tout simplement il se sentît incapable de défendre son bien et que, perdu de dettes, il fût menacé d'expropriation, il recourut à une mesure désespérée, si rare chez un seigneur du temps que ce n'est pas de trop de toutes ces raisons unies à la nullité, pour en fournir une explication suffisante. Le duc Louis venait de marier son oncle naturel à Agnès Chailleu ou Chailheu, fille de de Pépin Chailleu (al. Chailhou) l'un de ses conseillers (2). Guillaume de Mercœur « seigneur de Servant » fit donation universelle et immédiatement réalisable de tous ses biens à Jean de Bourbon, sei-

----

(1) M. Boudet. *Thomas de la Marche, bâtard de France*, p. 140. La lance garnie comportait une moyenne d'au moins quatre cavaliers en armes, et souvent davantage suivant la fortune et la condition du chef de lance.

(2) Ce mariage se fit le 26 septembre 1361 (*Arch. nat.* P. 1378 *bis*, n° 3086). Pépin Chailleu, chevalier, seigneur de Crozet ou de Creuzier, était l'un des quatre membres du conseil du duc Louis II de Bourbon, et comme tel, le collègue de Jean, bâtard légitimé de Bourbon, seigneur de Rochefort.

gneur de Rochefort « et à sa femme » [25 janvier 1363 n. st.] (1).

Se voyant sans enfants de ses deux mariages, le bâtard de Bourbon institua, au lit de mort, Agnès Chailleu son héritière universelle [janvier 1375 n. st.] (2). De sorte que ce fut à Agnès Chailleu que le dernier chef de la maison de Mercœur dut rendre à genoux, suivant la coutume, l'hommage du dernier lambeau de son patrimoine.

Guillaume suivit de près son protecteur dans l'autre monde. Le 15 novembre de la même année 1375, il faisait son testament, y confirmait sa donation générale à Agnès, et il mourait comme un bon pauvre (3).

(1) Arch. nat. Bouillon. carton R², n° 120. Cette donation avait été confirmée par le duc Louis, le 4 juillet 1369.

(2) *Arch. nat.* P. 1378², nᵒˢ 3085 et 1378 *bis*, n° 3086. La donation avait été réciproque. On a fait mourir Jean de Bourbon en 1376, le testament de Guillaume de Mercœur commande d'avancer son décès d'un an.

(3) *Testament de Guillaume de Mercœur, damoiseau, Seigneur de Servant (canton de Menat), 15 novembre 1375* :

Universis presentes litteras inspecturis et audituris, Richardus, ecclesie Bisuntinensis decanus, utriusque juris professor, cancellarius domini ducis suique ducatus Bourbonnensis, salutem in Domino. Noveritis quod coram dilecto nostro Girberto Graulier de Ganniaco, clerico, fideli notario cancellarie dicti ducatus jurato, cui nos quo ad hec que sequuntur commisimus totaliter vices nostras, personaliter constitutus, *Guillelmus de Merqueux*, domicellus, sanus mente per Dei gratiam, licet sit aliquantulum debilis corpore et infirmitate detentus, ac tendens et considerans quod nichil est certius morte nilque incertius hora mortis et quod nichil est quod magis expediat hominibus quam quod suppreme vite liber et utilis sit stilus quicquid de se contingat humanitus, nolens ob hoc decedere intestatus, id circo testamentum suum nuncupativum, ordinationem seu dispositionem suam suppreman fecit, condidit et ordinavit prout sequitur in hunc modum :

In nomine Sancte et individue Trinitatis, Patris et Filii et Spiritus Sancti, Amen. Ego, *Guillelmus de Merqueux*, *domicellus*, sanus mente per Dei gratiam et in mea bona et sana memoria constitutus et existens ac tendens et considerans quod nichil est certius morte nilque incertius hora mortis et quod nichil est quod magis expediat hominibus quam quod suppreme vite liber et utilis sit stilus quicquid de me contingat humanitus, nolens ob hoc decedere intestatus, idcirco coram vobis Girberto Graulier, clerico, cancellario [*corr.* cancellarii ou cancellar.e) ducatus Bourbonnensis jurato, et a discreto viro domino Richardo, ecclesie Bisuntinensis decano, utriusque juris professore, cancellario domini ducis suique ducatus Bourbonnensis quo ad omnia infra scripta audienda et recipienda vice et auctoritate sua misso specialiter et destinato, testamen-

Il élit sépulture « au tombeau de sa mère dans l'église de Servant » ; lègue 3 sous et 1 denier à chacun des sept prêtres qu'il désire avoir à son enterrement, un setier de seigle de rente aux chantres de l'église, un autre à sa luminerie, un autre à la construction de cette même église

tum meum nuncupativum seu dispositionem meam suppremam condo, facio ordinoque dispono prout inferius continetur, venerabili signo sancte crucis preposito.

Et imprimis animam meam, dum egressa fuerit a corpore meo, do, reddo et recomando altissimo. Jhesu Christo, creatori meo, et beate gloriose virgini Marie, ejus matri, et omnibus sanctis ut, ipsi, per gloriosam passionem domini nostri Jhesu Christi, ad ipsum intercedant pro salute et remedio anime mee et parentum meorum totiusque generis mei, et elligo sepulturam meam in ecclesia de Servant in stimulo (*sic* corr. tumulo) in quo jacet mater mea.

Preterea confiteor et pro vero recognosco quod ego olim spontanea mea voluntate donationem feci deffuncto nobili et potenti domino Johanni, domino de Ruppeforti, militi, et suis heredibus, successoribus et ab eo eausam jus et actionem habentibus et habituris in perpetuum, de omnibus universis et singulis bonis meis tam mobilibus quam immobilibus et aliis quibuscumque ; quam vero donationem ratam et gratam habeo et confirmo, et ob hoc nequeam facere legata aliqua que valeant, supplico et requiro nobili et potenti domine domine (*sic*) Agneti Chalheu, domine de Ruppeforti, relicte dicti militis, de qua multum confideo, cui vero domine dicta bona mea pertinere debent virtute cujusdem donationis mutue per dictum deffunctum militem sibi facte, et quam dominam de Ruppeforti volo et concedo ipsam omnino gaudere, debere de dictis bonis meis in perpetuum quathenus eidem domine placeat testamentum meum nuncupativum, ordinationem seu dispositionem meam suppremam adimplere si placet, ant permictere acompleri per executorem meum iufrascriptnm quod testamentum seu ordinationem facio, retenta ejus voluntate et bona ordinatione prout sequitur in hunc modum :

Primo, volo, si placet dicte domine mee, ut habeam in die sepulture mee septem presbiteros et quod quilibet habeat tres solidos et unum denarium. Item do et cantoribus de Servant unum sextarium silliginis redditus ; item luminarie de Servant aliud sextarium silliginis redditus ; item servitoribus ecclesie de Servant aliud sextarium silliginis redditus ; item ediflicio ecclesie predicte aliud sextarium silliginis redditus. Hujus autem testamenti mei executorem meum facio, si placet dicte domine mee de Ruppeforti, carissimum amicum meum Philippum Legaut et rogo pro Deo et pietatis intuitu dictam dominam meam quathenus permictat dictum Philippum Legaut, testamentum meum predictum acomplere.

Hoc est enim testamentum meum nuncupativum quod valere volo jure testamenti nuncupativi ; et si non valet jure testamenti nuncupativi, volo quod valeat jure codicillorum aut illo jure, modo et forma quibus melius de jure et consuetudine valere potuerit et debebit ; et nolo, ymmo expresse prohibeo in hoc meo testamento habere locum jura canonica sive civilia, usus seu consuetudines per quos, quas seu que, hoc testamentum meum nuncupativum et continentia in eo possent cassari, rumpi, dirimi, infringi. Sed solum animi mei motum quem, in premissis et subsequentibus actendens,

que l'on relevait alors de ses ruines « le tout s'il plaît à
sa Dame ». Il institue pour exécuteur testamentaire « son
très cher ami Philippe Legaut » toujours « s'il plaît à sa
Dame, la dame de Rochefort ». Il ajoute ailleurs : « Et
comme j'ai fait naguère donation de tous mes biens mobiliers et immobiliers à feu noble et puissant seigneur Jean,
seigneur de Rochefort, chevalier, et à ses héritiers, successeurs et ayants droit, donation que je confirme, et
qu'à cause de cela je ne puis faire aucun legs quelconque
valable, je supplie et requiers ma noble et puissante dame

volo teneri et servari, obmissa omni publicatione hujusmodi testamenti mei nuncupativi,
cum illud per vos notarium predictum in hiis scriptis redigi vellem ad eterne rei me-
moriam in futuris de predictis et subsequentibus probabendis, non ad aliquam aliam
publicationem solempniter inducendis, per quod omne aliud testamentum, si quod dam
unquam aliud condidi et feci, illud revoco penitus et anullo et hoc et continentia in
eo valere volo cum licentia dicte domine mee, actendens et compleri ; et volo quod
hujusmodi testamentum meum sit apertum et quod habeatur pro publico instru-
mento et quod non indigéat aliqua publicatione.

Hujus autem testamenti mei testes esse volo carissimos amicos meos Petrum deBour
(*sic*), dominum Petrum Garesti rectorem de Servant, Johannem Ferrandon, Bonitum
de Chalhat, Guillelmnm Bodon, Stephanum Maquarat et Petrum Thomaiat qui coram
me presentes estis, quod de hoc testamento et de continentibus in eo sitis testes et
perhibeatis testimonium veritatis loco et tempore competentibus ; et rogo vos dictum
dominum cancellarium quathenus huic testamento meo nuncupativo sigillum dicte
cancellarie apponatis seu apponi faciatis in fidem et testimonium premissorum.

Unde nos dictus cancellarius, ad relationem dicti notarii et cui superpremisso fidem
plenariam adhibemus, huic presenti testamento sive hiis presentibus litteris sigillum
dicte cancellarie duximus apponeudum ; Salvo jure dicti domini ducis et jure quolibet
alieno. Actum apud villam de Servant et datum die Jovis post festum beati Martini
yemalis, anno Domini millesimo trecentesimo septuagesimo quinto.

Girbertus Graulier, notarius.

Le Testament de Guillaume de Merqueur par lequel il confirme la donation par lui
faite de tous ses biens au seigneur de Rochefort (1375) est sur parchemin. La pièce
tout entière est écrite au recto ; au bas se trouve la signature du notaire (seing ma-
nuel) de G. Graulier. Elle était primitivement scellée sous double queue de parchemin.
Mais le sceau a disparu.

Au verso les mentions suivantes :

P. 1378.

III^{xx} IIII^{xx} V.

Rochefort

Testamentum domini de Servant.

Reverendo domino suo domino Cancellario

Bourbonnensis... (not... ?)

Agnès Chalheu, dame de Rochefort, veuve dudit chevalier, en qui j'ai toute confiance.... de permettre, si elle le
veut bien, que mes dernières volontés s'accomplissent ».
Il revient là-dessus au commencement, au milieu et à la
fin de son testament. Et tant de prières pour 21 sous 7 deniers à donner pour son office funéraire et une rente de
4 setiers de seigle à l'église ! Voilà toutes ses libéralités
de mourant. Il ne se rappelle pas s'il a fait ou non d'autres testaments.

Il a fait appeler sept familiers de son choix pour être
témoins de celui-ci : Pierre, du bourg de Servant ; Pierre
Garest, curé de la paroisse ; Jean Ferrandon ; Bonnet, de
Chaliat, hameau de Servant ; Guillaume Boudon ; Etienne
Maquarat, et Pierre Thomayat.

Tel fut le testament dicté par Guillaume de Mercœur
au milieu des brumes de novembre de l'année 1375, non
pas au château, mais dans une maison du village de Servant, en présence de son curé et de sept petits bourgeois
ou paysans de l'endroit « ses très chers amis ». Il n'a ni
femme ni enfants ; mais pas un denier. Il ne laisse pas le
souvenir d'un objet quelconque à un parent ; pas même
celui de son épée !

En avait-il une seulement ? Bien qu'âgé de quarante à
cinquante ans et placé en plein pays d'invasion anglaise,
à côté de Menat et de Saint-Gervais, pris par les compagnies anglo-gasconnes, en un temps où tout noble combat,
où tout combattant de souche illustre reçoit le ceinturon
chevaleresque aux premières appertises d'armes, il meurt,
lui aussi, damoiseau comme il est né. Ce fait d'un Mercœur donnant à un bâtard, si grand qu'il soit, et par donation entre vifs, tout ce qu'il possède, jusqu'aux chausses
qu'il portera à son décès, jusqu'à sa dernière écuelle, sans
se réserver de quoi fonder son anniversaire et laisser la
plus modeste gratification à un serviteur, n'en ayant
peut-être plus d'ailleurs ; réduit à supplier humblement sa
très puissante dame Agnès Chalheu de daigner consentir à

ce qu'il ne soit pas enterré comme le dernier des men-
diants ; la hâte, enfin, que l'héritière met à se faire confirmer une donation si étonnante avec les mœurs du temps,
et jusqu'à l'entourage, tout révèle une fin misérable.

La fin de Jean, son frère puîné, et de Jean fils de celui-
ci est à peine moins triste. Jean avait en partage la seigneurie partielle de Demolle. Du moins la haute justice de
ce petit domaine, son fort et sa nature allodiale étaient-ils
pour rattacher le présent par un vague souvenir à la grandeur passée des Montaigut. Jean en aliène la seigneurie
dominante et la justice en 1365 au profit du seigneur de
Montgâcon (Jean Ier d'Auvergne-Boulogne); il le reconnaît pour suzerain et lui prête hommage par le même
acte (1) ; la même année il achève son dépouillement par
une cession totale sans prix déclaré. Ce fut certainement
une libéralité obligée (2).

Son fils Jean fait encore en 1375 avec Godefroy de
Boulogne devenu seigneur de Montgâcon par son partage
avec son frère devenu comte d'Auvergne, un échange dont
nous ne connaissons ni l'objet, ni la soulte (3). Déraciné
des terres familiales, réduit au dénument, le dernier des
Mercœurs quitte le pays, et, comme il faut vivre, il entre
dans la domesticité des princes.

Ce second Jean de Demolle est en 1398 « varlet tran-

(1) Hommage par « Jehan de Mercœur au seigneur de Montgascon de la ville de
Molles avec ses fossés, forteresses, justices haute et basse ; de l'an mil trois cents
soixante-cinq ». (*Arch. nat. Fonds Bouillon R*², 126, *fol.* 109, *v*°: *Invent. du
Trésor d'Olliergues*). Cet hommage est le premier que l'on connaisse pour Demolle.

(2) « Donation par Jean de Mercœur, seigneur de Desmollès, du lieu de Desmoles
de l'an 1365, coté 351 ». (*Arch. nat. même fonds R*² 127). L'Inventaire du Trésor
d'Olliergues, composé de deux registres, renferme deux autres mentions du même
acte : « Donation par Jehan de Mercœur au seigneur de Montgascon de la ville de
Molle, avec ses fossez, forteresse et toute justice haulte et basse » ; et « Donation
faicte par un filz de Desmole au seigneur de Montgascon des cens et rentes, droits et
devoirs à luy appartenants escrits en parchemin ». (*Ibid. R*² 126).

(3) « Eschange entre led. sieur de Demolle de l'an 1360 et quatorze, coté 370 ».
(*Ib. R*² 127). — Voir aussi la note précédente.

chant » de Jean de Berry, duc d'Auvergne. Il figure dans les comptes de son hôtel à côté de cadets d'Auvergne et du Bourbonnais, de l'échanson Guillaume de Châtel-de-Montagne, de Philippon de Veauce secrétaire du duc, de Pierre de Montespedon, l'un de ses vingt-sept valets de chambre, à côté aussi d'un Montboissier seigneur de Montboissier, d'Augerolles et autres lieux, de Jacques le Loup, des seigneurs de Cordebœuf et d'Allègre. Ceux-là sont les chambellans. Lui, déjà vieux, il tranche les viandes apportées par l'écuyer de cuisine Le Lièvre qu'il a dû connaître parmi les gros bonnets de Demolle et de Montgâcon (1) ; et il est le commensal du fou Jolivet dit Maistre Jehannet, et du roi des Ribauds que Monseigneur nourrit à l'une de ses tables. Qu'en aurait dit Béraud le Magnifique !

Après cette date, je ne le trouve plus, ni lui, ni personne de son nom.

Ainsi s'effondra, peu à peu, dans la ruine et l'affaiblissement intellectuel, sous le règne de Charles VI, la race carolingienne et quasi-princière des Mercœurs.

(1) Terrier de Montgâcon, Luzillat, Demolle, Maringues, etc... de 1392 à 1397, dressé par Jean de Montbardon, notaire à Maringues, et Toniguet Bessoles, sous la surveillance de Pierre Julien le Jeune, chancelier de Godefroy de Boulogne, seigneur de Montgâcon. (Arch. du Puy-de-Dôme. Nouv. acquis).— *Arch. nat. JJ. 24e. Littere conestabuli Arvernie. (Spicil. Brivat,* p. 123).

CORRECTIONS ET ADDITIONS

Page 9, ligne 22, *lire* : sauf le cas, *au lieu de* : pour le cas.

Page 32, ligne 17, *lire* : associer Plasian, *au lieu de* : associer à Plasian.

Page 38, note 1, *supprimer* : et les deux originaux *et le reste de la phrase.*

Page 40, ligne 16, *lire* : note 1, *au lieu de* : note 2; ligne 19, *lire* : note 2, *au lieu de* : note 1.

Page 49, ligne 17, *lire* : de positif sur ce point, *au lieu de* : sur ce point de dispositif; ligne 20, *lire* : ou domaine, *au lieu de* : du domaine.

Page 67, ligne 17, *lire* : comm. d'Arinthod, arr. Lons-le-Saunier, *au lieu de* : Jura.

Page 74, ligne 3, *lire* : et intéressé, *au lieu de* : désintéressé; ligne 29, *lire* : de la connétablie, *au lieu de* : du connétable.

Page 75, ligne 24, *lire* : Nogaret, *au lieu de* : Nougaret.

Page 84, ligne 27, *lire* : Durand, *au lieu de* : Durand IV.

Page 92, note 3, *lire* : Mostuéjouls, *au lieu de* : Montuéjouls.

Page 97, ligne 2, *lire* : pussent, *au lieu de* : puissent; ligne 6, *supprimer le guillemet.*

Page 106, ligne 3, *lire* : retirera, *au lieu de* : retira; ligne 36, *lire* : leurs erreurs, *au lieu de* : leur erreurs.

Page 109, note 1, *lire* : réécrire, *au lieu de* : récrire.

Page 117, ligne 21, *lire* : sunt prises, *au lieu de* : vont commencer.

Page 119, ligne 1, *lire* : parent, *au lieu de* : neveu.

Page 128, ligne 3, *lire* : à 8 kilom. de là d'autres terres, *au lieu de* : et à 8 kilom. de là et d'autres terres.

Page 146, ligne 1, *lire* : Guillaume II, *au lieu de* : Guillaume Ier.

Page 164, ligne 38, *lire* : domino, *au lieu de* : domini.

Page 166, ligne 36, *lire* : verbo, *au lieu de* : verso.

Page 179, ligne 14, *lire* : petit-neveu, *au lieu de* : neveu; *ajouter après la ligne 19* :
Signalons, pour mémoire, un *Odo Marcorius* qui ratifie en 1073-1085 avec Archambaud II dit le Blanc ou du Montet sire de Bourbon, la donation de l'église de Bessay au chapitre de Saint-Ursin. Si Bessay est, comme il semble, Bessay-sur-Allier (canton de Neuilly-le-Réal), la paroisse est située dans la partie du Bourbonnais qui dépendait de l'ancienne Auvergne et du diocèse de Clermont. Cet Odon de Mercœur est dit dans la charte un des *proceres terræ illius* (Arch. du Cher. Fonds Saint-Ursin. PP. sac 2 pièce 4 Orig.). Le nom d'Odon est parfois substitué à son diminutif Odilon dans les cartulaires. Au siècle suivant et jusqu'à leur extinction, les sires de Bourbon conservèrent les meilleurs rapports avec les Mercœurs, qui eurent vraisemblablement une commune origine avec les seigneurs de Jaligny des xie et xiie siècles. Or, en 1081, Guillaume de Jaligny, fils de Faucon seigneur de Jaligny, et, en Limagne, d'Ennezat et de Saint-Beauzire, épousa Ermengarde de Bourbon, fille de ce même Archambaud II le Blanc, et veuve de Foulques le Réchin comte d'Anjou (Chabaud, *Sires de Bourbon*, p. 165). Leur fils Eldin *princeps Jaliniaci* vivait en 1106 (*Gallia Christ.*, II, 266), fut père de Golfier et d'Eldin en 1120 (*Arch. du Puy-de-Dôme*, chap. Cath. Arm. XI, sac P. cote 4).

Page 187, ligne 38, *ajouter* : (sic), après Claromontem.

Page 190, ligne 31, *lire* : Dalfi, *au lieu de* : Dalbi.

Page 192, ligne 5, *ajouter après* : lorsque la mode s'en mêla : témoin André-Dauphin dont la mère et les deux femmes s'appelaient Béatrix.

Page 203, ligne 25, *lire* : était, *au lieu de* : est.

Page 204, ligne 13, *lire* : nièce, *au lieu de* : belle fille.

Page 207, ligne 8, *lire* : 1236, *au lieu de* : 1226; ligne 17, *lire* : où ils, *au lieu de* : qu'ils.

Page 209 : Voici une généalogie de l'origine des Chapteuil que je crois préférable à celle de M. Fontanille, pour le commencement et la fin, parce que je l'ai dressée pour les quatre premières générations sur les cartulaires de Saint-Chaffre, de Savigny et de Chamalières-sur-Loire, et pour les quatre dernières sur les documents utilisés par Aug. Chassaing dans sa publication de la charte de Chapteuil et les chartes de Vertaizon ; et par M. Teilhard du Chardin dans ses *Chartes de Vertaizon*. Ils peuvent avoir une origine commune avec les seigneurs de Mezenc et la famille d'Etienne de Mercœur fils certain d'Itier et d'Arsinde, mais ce serait par des alliances.

MATFRED al. MAINFRED Août 976 (Cart. S. Chaffre ch. 311. — Sav. ch. 256). Inhumé à S. Chaffre vers 1000 (S. Ch. 194).	*Silvius* 976 (Sav. 256).

REDEMPTUS. *Le Racheté* Nobilis vir. Avoué et défen- seur de l'abbaye de S. Chaffre 996-1016. + av. 1016. Moine à S. Ch. Mar. à Léotgarde (S. Ch. 217, 194, 226, 311).	*Silvius* nob. vir. A Hélène vers 1000 (S. Ch. 217, 194, 253).	*Guillaume* à Tanta Filia.	*Godescalch.* (S. Ch. 183, 226).	*Adon* al. Adzon Azzon.	*Rostain* *Isnard* *Bernard* *Astorg* *Pierre*

SILVIUS
Nob. vir dominus de castro Capitoliensi (S. Ch. 228).
Qui fuit filius Mainfredi qui fuit filius Redempti. 1016.
(S. Ch. 311). A Tanta Filia. (S. Ch. 383). 1034-1090 env.

PONS Ier *Consularis de Fayno* (S. Ch. 243). 1034 env. (S. Ch. 383). A Agnès de Polignac fille du vic. Armand (S. Ch. 243). + Avant 1096.	*Bertrand*	*Redemptus* 1021-1028 (S. Ch. 383, Cham. 28).	*Arcald*	*Raymond*	*Guigues?* Tige des seigneurs de Bouzols.

---

* PIERRE Sr de Fay et de Chapteuil. A Marie de Chapteuil sa parente. 1097. (S. C. 243).	* PONS II 1097 (S. C. 243).

---

* PIERRE A Marie du Solier.	* PONS III Sr de Chapteuil.	*Silvius* de Fay. Prieur de Chamalières-s-Loire de 1144 à 1179 au moins. (Cart. Cham. 94, 234, 88, etc.).

---

* PONS	PONS IV de Chapteuil A Jarentonne dame de Vertaizon 1195-1236.

PIERRE Sr de Fay. A Agnès. + 1250.	*Guillaume-Jourdain* + S. p.	*Jarenton*	*Azalaïs*

PONS V dit Poncet A Marquise. + S. p. 1283-84.	Une fille mar. à N. de Goudet.

Nota. — Seuls les personnages précédés d'un astérisque sont empruntés à M. Fontanille.

Page 211, ligne 5, *lire :* ne le lui, *au lieu de :* le lui.

Page 217, ligne 18, *lire :* Camalerie, *au lieu de :* Camaleria; note 5, *lire :* s'entend, *au lieu de :* s'étend.

Page 218, ligne 19, *lire :* On revoit son fils Béraud V, *au lieu de :* On le revoit.

Page 219, *intercaler entre les lignes 2 et 6, à la place de la seconde phrase :* ; et son fils Béraud VI épousera avant le mois de juillet 1243 la sœur de cet ancêtre des rois de France. Archambaud de Bourbon aura assez de confiance en lui pour le charger de l'exécution de ses dernières volontés et du gouvernement provisoire de ses Etats, par son testament du mois d'août 1248 (Chazaud, *Et. sur la Chronol. des sires de Bourbon*, pp. 216, 225, 228 et texte du testament, *Pièces justif.*, pp. XL et XLI). Il exécutait encore son mandat testamentaire en Bourbonnais le 2 avril 1252 (*Op. cit.*, p 229).

Page 233, ligne 27, *supprimer :* pourvu d'une.

Page 224, ligne 1, *supprimer :* procuration de son père; ligne 5, *lire :* avant, *au lieu de :* après; note 2, *lire :* fratrum, *au lieu de :* fratribus.

Page 225, note 2, *lire :* Robert VI, *au lieu de :* Robert

Page 227, ligne 18, *lire :* capitis, *au lieu de :* capite.

TABLE DES NOMS D'HOMMES ET DE LIEUX

TABLE DES CHAPITRES

I.

Béraud VII de Mercœur, connétable de Champagne

II.

LES MERCŒURS SEIGNEURS DE GERZAT. — LEURS AUTEURS ET LEUR FIN.

Clermont-Ferrand, typographie Mont-Louis, rue Barbançon.

CLERMONT-FERRAND

TYPOGRAPHIE ET LITHOGRAPHIE G. MONT-LOUIS

Rue Barbançon

9 782019 955083